国家社科基金
后期资助项目

中国跨境资本流动的规模测算与金融风险演化研究

王桂虎 著

Research on the Scale Measurement and
Financial Risk Evolution of
China's Cross Border Capital Flow

上海社会科学院出版社
SHANGHAI ACADEMY OF SOCIAL SCIENCES PRESS

图书在版编目(CIP)数据

中国跨境资本流动的规模测算与金融风险演化研究 / 王桂虎著. — 上海：上海社会科学院出版社，2021
ISBN 978-7-5520-3420-2

Ⅰ.①中… Ⅱ.①王… Ⅲ.①资本流动—研究—中国 Ⅳ.①F832.6

中国版本图书馆 CIP 数据核字(2021)第 084415 号

中国跨境资本流动的规模测算与金融风险演化研究

著　　者：王桂虎
责任编辑：应韶荃
封面设计：周清华
出版发行：上海社会科学院出版社
　　　　　上海顺昌路 622 号　邮编 200025
　　　　　电话总机 021-63315947　销售热线 021-53063735
　　　　　http://www.sassp.cn　E-mail: sassp@sassp.cn
排　　版：南京展望文化发展有限公司
印　　刷：上海龙腾印务有限公司
开　　本：710 毫米×1010 毫米　1/16 开
印　　张：14.5
字　　数：252 千字
版　　次：2021 年 6 月第 1 版　2021 年 6 月第 1 次印刷

ISBN 978-7-5520-3420-2/F·659　　　　　定价：75.00 元

版权所有　翻印必究

前　言

　　自从全球金融危机爆发以来,各国学界对系统性金融风险的关注程度大幅上升。对中国来说,一旦国内的金融机构不能守住不发生系统性金融风险的底线,就可能引发金融危机,这不仅会对宏观经济的发展形成巨大的负面影响,而且也会影响到宏观经济目标的顺利实现。党的十九大报告明确指出,"健全金融监管体系,守住不发生系统性金融风险的底线"。同时,"六稳"政策也指出,稳外资、稳外贸是中国经济实现高质量发展的重要任务。可见,当前我们深入研究跨境资本流动引发的金融风险,具有非常重要的战略意义和现实意义。

　　近年来,中国已经成为世界上跨境资本流动规模最大的国家之一,跨境资本流动问题也日益引发了学界和业界的高度关注。根据英国《金融时报》的测算,2016年中国跨境资本流动的规模仅比委内瑞拉、墨西哥、阿根廷要少,在世界上排第四位。但是如果从跨境资本流动规模与GDP比重来看,那么中国的数值则仅比俄罗斯的数值低,可以说已经到达了需要预警的程度。世界银行则认为,无论中国跨境资本流动规模变化速度如何,到2030年中国跨境资本流动的规模都会大幅增加,甚至会达到2010年的四倍左右,其可能导致系统性金融风险隐患的放大效应值得人们重点关注。

　　从全球经济形势来看,随着全球经济增速放缓和"逆全球化",新兴经济体出现了较为严重的跨境资本流动问题。从长期来说,全球跨境资本流动遵循着金融周期的规律,而且全球在信贷增长、杠杆率和资本流动等多方面都存在着金融周期。从历史视角看,中国的跨境资本流动自20世纪以来经历了两个较大的发展阶段。第一阶段发生于2000—2014年6月,当时中国的资本账户和经常账户出现了双顺差,外汇储备的规模大幅增加,大量的跨境资本流入至中国。第二阶段发生于2014年6月之后,中国的经常项目出现顺差,但经常项目的顺差低于资本项目的逆差,这导致跨境资本的大幅流出,外汇储备的规模也开始降低。中国跨境资本流动的表现形式包含外汇储备资产下降、经常账户余额和服务贸易余额发生显著变化、热钱流动和净误差与遗漏项指标为负值；中国跨境资本流动的特征包含近年来中国跨境资本流动的规模不断上升、中国跨境资本流动规模与人民币汇率波动有关、海外因素对中国跨境资本流动的影响较大和迂回性的跨境资本流动仍占一定比例。结合现有文献的观点，跨境资本流动对经济增长的影响，有可能是通过导致系统性金融风险隐患放大来传导的。根据测算，近年来中国跨境资本流动问题较为严重，其中一些违规投机行为导致金融市场的监控失效，引发了金融市场的较大波动，从而对经济增长也形成了较大的负面影响（王倩和周向南，2016）。中国跨境资本流动引致的风险点主要是资产负债表效应、金融外部性和金融放大效应。与此同时，全球化资产配置、短期外债和违规违法操作的日益增加，会助推系统性金融风险。而人民币离岸市场的快速发展，有可能使得本币流出成为跨境资本流动的新形式（汤柳，2017）。由以上观点可知，近年来中国跨境资本流动可能导致系统性金融风险隐患的放大，其具体规模需要我们重新测算，对于金融风险的演化机理也需要我们进行深入分析和梳理。

本研究首先介绍了中国跨境资本流动的发展现状、表现形式、特征与原因、影响因素，然后使用世界银行与李扬的方法分别测算出了1992—2019年中国跨境资本流动的规模，梳理了跨境资本流动冲击下金融风险的演化机理，总结了跨境资本流动的国际经验，最终提出防范金融风险的政策建议。本研究认为，对于跨境资本流动规模的测算，现有文献并没有形成统一的方法，而且多数文献的相关测算集中于2011年以前，因此近几年中国跨境资本流动的规模需要我们重新测算，并且使用理论模型和实证模型分析跨境资本流动对经济增长的影响和金融风险的演化机理。

跨境资本流动与金融风险的传导机制为：当一个国家遭遇严重的外部冲击或者内部冲击时，例如贸易摩擦、国内的房地产价格或股市出现大跌等，这些因素都会引发跨境资本流动，尤其是资本外流规模的大幅度增加。在此背景下，跨境资本流动规模的大幅度增加会导致该国的汇率出现贬值，并且引发对外部门出现危机。与此同时，跨境资本流动规模的大幅度增加还会导致该国的流动性下降、利率上升，在该国可能引发非金融企业去杠杆、房地产价格加速调整等风险，甚至会导致银行业出现危机；在国际金融市场上，由于交叉传染风险的出现,该国的跨境资本流动规模的大幅度增加会影响其他国家的居民对于金融稳定的信心,并且引发这些国家金融市场的波动幅度加大,从而导致系统性金融风险放大效应的出现。跨境资本流动与金融风险演化的动态耦合模型表明,当 $\zeta\psi-\eta s>0$ 的条件不满足时,跨境资本流动就会对该国的经济增长率产生负面影响,从而有可能导致系统性金融风险隐患放大。

在实证分析中,本研究使用邹至庄检验,以 2001 年为临界点,把 1992—2001 年称为第一阶段,把 2002—2019 年称为第二阶段,本研究的最终结论和现有文献存在一定的差异,可能的原因在于,近年来中国跨境资本流动对经济增速的影响出现了结构性的变化。以 2008 年为临界点的断点回归模型表明,2008 年前后中国跨境资本流动与经济增速之间可能存在断点的假设可能并不成立。

为了深入研究跨境资本流动冲击下金融风险的演化,本研究首先构建金融风险指数,然后根据国际收支均衡理论,设定了开放经济条件下的跨境资本流动的理论模型,然后使用固定效应模型和 PVAR 模型对亚洲各国跨境资本流动和金融风险之间的关系进行实证检验。实证结果表明,跨境资本流动可能导致系统性金融风险的放大效应。此外,本研究对相关文献的基本观点和创新之处进行引用和借鉴,并且梳理了非洲撒哈拉以南、拉丁美洲和亚洲的新兴经济体以及美国、德国、法国、日本等发达国家跨境资本流动的国际经验,以期为读者提供跨境资本流动规模测算和金融风险演化的较为全面的分析框架。

国家社科基金后期资助项目
出版说明

　　后期资助项目是国家社科基金设立的一类重要项目,旨在鼓励广大社科研究者潜心治学,支持基础研究多出优秀成果。它是经过严格评审,从接近完成的科研成果中遴选立项的。为扩大后期资助项目的影响,更好地推动学术发展,促进成果转化,全国哲学社会科学工作办公室按照"统一设计、统一标识、统一版式、形成系列"的总体要求,组织出版国家社科基金后期资助项目成果。

全国哲学社会科学工作办公室

目 录

第一章　跨境资本流动的基本问题概述 / 1
　　第一节　跨境资本流动的概念界定、范围与动机 / 1
　　第二节　跨境资本流动发生的机制 / 8
　　第三节　提升跨境资本流动监管水平的意义 / 9

第二章　中国跨境资本流动的发展现状 / 11
　　第一节　全球跨境资本流动的概况 / 11
　　第二节　中国跨境资本流动的发展现状 / 15
　　第三节　中国跨境资本流动的未来变动趋势 / 30

第三章　中国跨境资本流动的表现形式、特征、动因和类型 / 33
　　第一节　中国跨境资本流动的表现形式 / 33
　　第二节　中国跨境资本流动的特征 / 37
　　第三节　中国跨境资本流动发生的动因 / 41
　　第四节　中国跨境资本流动的类型 / 43

第四章　中国跨境资本流动的影响因素 / 46
　　第一节　宏观经济层面影响因素 / 46
　　第二节　社会发展层面影响因素 / 51
　　第三节　金融体系层面影响因素 / 53

第五章　中国跨境资本流动的规模测算 / 57
　　第一节　国外学者关于跨境资本流动规模测算的方法 / 57
　　第二节　国内学者关于跨境资本流动规模测算的方法 / 61
　　第三节　中国1992年以来跨境资本流动的规模测算 / 65
　　第四节　跨境资本流动测算结果分析及适度规模区间探讨 / 95

第六章　中国跨境资本流动与经济增长的关系分析 / 100

　　第一节　概述 / 100

　　第二节　理论模型的构建与现实意义 / 102

　　第三节　实证分析过程 / 105

　　第四节　模型结论的启示 / 124

第七章　跨境资本流动与金融风险演化的理论分析 / 127

　　第一节　跨境资本流动与金融风险的关系概述 / 127

　　第二节　跨境资本流动与金融风险演化的传导机制 / 135

　　第三节　跨境资本流动与金融风险演化的动态耦合模型 / 136

第八章　跨境资本流动与金融风险演化的实证分析 / 139

　　第一节　金融风险指数的构建 / 139

　　第二节　理论模型的构建 / 140

　　第三节　实证模型的建立 / 141

　　第四节　实证检验过程 / 144

　　第五节　结论及现实意义 / 149

第九章　跨境资本流动的国际经验与借鉴 / 154

　　第一节　全球跨境资本流动的情况 / 154

　　第二节　美国跨境资本流动情况 / 156

　　第三节　欧洲跨境资本流动情况 / 159

　　第四节　新兴经济体跨境资本流动情况 / 164

　　第五节　亚洲跨境资本流动的现状 / 183

第十章　政策建议与未来研究展望 / 197

　　第一节　本研究的创新之处 / 197

　　第二节　政策建议 / 199

　　第三节　未来研究展望 / 208

参考文献 / 211

第一章 跨境资本流动的基本问题概述

第一节 跨境资本流动的概念界定、范围与动机

近年来,中国的跨境资本流动问题引起了大量学者的关注和研究。根据英国《金融时报》的报道,假如按照跨境资本流动占 GDP 的比例进行排序,目前中国位居世界第二,仅低于俄罗斯;假如按照跨境资本流动的规模排序,中国也位居全球各国的前列,在有些年份能够排到第四位,仅次于委内瑞拉、墨西哥与阿根廷。因此,目前中国的跨境资本流动问题已经非常严重,可能已经达到了需要预警的水平。由于跨境资本流动可能对一国的经济发展形成一定的影响,而且有可能引致系统性金融风险的放大效应,因此本章首先探讨中国跨境资本流动的基本问题,力争为本研究做好铺垫工作。

一、跨境资本流动的概念界定

从学说史上看,关于跨境资本流动的文献非常多,但多数文献是从某一视角或者某一方面展开深入研究。"跨境资本流动"这一术语最常用于指从资本或财富从新兴经济体转移到西方发达国家,这种转移的动机通常被认为是投资组合多样化,或担心政治或经济不稳定,或担心税收增加、通货膨胀或财富被没收。以上方面都是对这一现象的有效解释,但最普遍的动机似乎是对财富转移的渴望。

由于学者们对跨境资本流动研究的视角或动因不尽相同,因此关于跨境资本流动的概念,迄今为止学界还没有形成统一的观点和定义。

早在几十年之前,就有国外学者对跨境资本流动的概念进行了较为深入的分析和探讨。从资本流动的动机看,跨境资本流动是由于资产持有人疑虑

或恐慌而引发的异常短期资本外流(Kindleberger,1937);从表现形式看,跨境资本流动是游资的外流,该游资可能是由于追逐短期超额利润而形成的(Cuddington,1986);从流动范围看,跨境资本往往会从经济不发达的地区流出,其目的是为了规避该国或该区域管理层对金融资产的监管(Dooley,1986);跨境资本流动的目的也可能是将物质资料从经济不发达的国家或地区转移到经济发达的国家或地区(Tornell,1992)。由以上观点可知,国外学者对跨境资本流动的概念尚未达成共识。

  国内方面,由于研究的出发点和落脚点不同,很多学者对跨境资本流动概念的理解和表述也不尽相同。从某种意义而言,跨境资本流动是为了实现保值增值和规避风险或者其他目的而发生的迷失的或者异常的资金(李扬,1998);从资本流动的动机看,跨境资本流动是由于规避管理层的监管,或者防范某种风险所引发的资金外逃(杨海珍,2000);部分跨境资本流动,特别是其中一些不合法的资本流动其实就是资本外流,而且管理层对它们难以有效控制(任惠,2001)。

  从上述观点看,国内外学界目前对跨境资本流动的概念仍未形成统一的解释。关于跨境资本流动的原因和经济影响已经有数十年的争论。本章首先梳理了前述文献,并将文献中关于跨境资本流动概念的主要观点划分为:

  第一种观点为避险论。该观点认为,"避险"可能是跨境资本流动概念中最应该强调的。由于担忧或者怀疑本国的经济增速下降,或者为了规避管理层的监管,人们可能将其资产或财富转移至国外。该理论可能针对某一特定区域或国家,也可能泛指跨境资本从某一国家或地区流出至境外。有人认为,跨境资本流动是由个人财富最大化的风险厌恶行为引起的,由于预期会发生政治或金融危机,导致大量资本从国内流出。与此同时,恶性通货膨胀、对外支付失衡、汇率贬值、贸易壁垒、金融管制和外汇限制往往是随之发生的事件,这将导致风险收益的恶化,资金流将流入更有前途的地区。随着资本流出的激励机制越来越多,银行体系的资金流动机会也越来越少,一些为了避免政府监管的资本将不可避免地会出现在国际贸易等其他行业(Mariae,2015)。

  第二种观点为投机论。该观点认为,跨境资本流动发生的最主要动机是"投机"。由于国内可能正在发生债务危机、金融风暴或汇率贬值,资本外流可能导致居民资产或财富的保值增值和福利上升,因此出现了大规模跨境资本流动。

  第三种观点为迂回论。这种观点主要涉及中国国内跨境资本流动的一些现象,学者们也经常将这种资本流动称为"过渡性"跨境资本流动。这种资本流动可能并非是真正的资本外流,而是资金在出境之后,还会以外资的形式返回至国内,并参与其经济活动。由于中国对国内外注册地址不同的企业的税收政策存在一定的异质性,境外的资本回流之后就可以享受更多支持的优惠政策,还可以在国内投资中捕捉套利机会,这促成了迂回性跨境资本的频繁出现。

在对以上文献梳理和理解的基础上,本研究认为,尽管上述文献对跨境资本流动研究的出发点和侧重点有所不同,但是在本质上具有一定的相似性和一致性。本研究对上述文献进一步进行整合,并且吸收学界最新文献的一些观点,最终提炼出了几个关于跨境资本流动的主要特征:

首先,跨境资本流动是一种异常的资本外流,它与普通的资本外流具有一定的异质性。它可能是由于担忧或者怀疑本国的经济增速下降,或者为了规避管理层的监管,也可能是为了实现居民资产或财富的保值增值和福利上升,但这种资本流动一般很难得到官方的认可。

其次,跨境资本流动的来源既可能包含国内资本的异常外流,又可能包含境外热钱入境后的撤离,还可能包含迂回性的资本流动,其中迂回性的资本流动可能在中国跨境资本流动的总规模中占据较高的比例。从持续时间看,跨境资本流动既包含短期的资本流动,又包含长期的资本流动,二者之间可能存在一定的替代关系。

再次,跨境资本流动会可能受到避险或投机等动机的驱动。"避险"可能是由于担忧或者怀疑本国的经济增速下降,或者为了规避管理层的监管所引发的,而"投机"则可能是由于居民资产或财富的保值增值和福利上升等动机引发的。从表现形式看,跨境资本流动可能通过合法形式发生,也有可能通过走私或者地下钱庄等非法形式发生。

基于以上特点,本研究将跨境资本流动的概念界定如下:跨境资本流动是一种非正常的资本外流,它可能是由于避险、投机等动机引发的,其形式包含合法形式与非法形式两种。当然,上述概念可能存在一定的缺陷,笔者在未来的研究中将对其做进一步的修正和完善。

二、跨境资本流动的范围

从是否合法角度看,一般而言我们可以把跨境资本流动分为两种形式:合法形式和非法形式。合法的跨境资本流动在热钱分析法中被计算为有价证券投资和其他短期投资,但不包括长期的外商直接投资。这种资本通常被记录在转移的实体或个人的账簿上,而利息、股息和实际资本收益的收益通常返回到原籍国。非法的跨境资本流动可以通过国民账户或国际收支平衡表中未披露的一些数据表现出来,包括贸易错误定价、跨国公司内部关联交易、大宗商品交易、走私等。虽然合法和非法的跨境资本流动在概念上有明显的区别,但两者的统计可能是非常困难的。由于非法跨境资本流动的大部分已经逃脱了国家监管机构的监视,因此新兴经济体的统计数据往往不完整或者存在一定的疏漏(Kar & Devon,2013)。

从对经济的影响上看,非法的跨境资本流动会对一国的宏观经济产生负面影响。如果考虑到社会特定的政治经济背景,那么可以分为直接影响和间接影响。所谓直接影响是指特定非法跨境资本流动对一国经济增长表现的直接影响,例如降低国内私人投资或对税收和公共投资的不利影响。所谓间接影响是非法跨境资本流动在一个国家的社会和政治结构和动态的可持续性中所引起的对经济增长不利的反馈效应(Khan,2010)。此外,合法形式和非法形式跨境资本流动主要了反映了跨境资本流动的不同方面,它们对经济增长形成了不同的影响,而且对股票和房地产市场也形成了不同的影响,管理层应当对它们实施不同的监管政策,这凸显了管理跨境资本流动的复杂性(Tropina,2016)。

在对合法形式和非法形式跨境资本流动的规模度量方面,人们一般使用国际收支平衡表中的资本和金融账户的数值来度量合法形式的跨境资本流动,而用错误与遗漏项目的数值来度量非法形式的跨境资本流动。使用国际收支平衡表的优势之一是,这些数据提供了居民和非居民之间资金流动的详细记录,以及不同交易类别的资本流动细目(张明,2015)。此外,人们还可以使用贸易误报来度量国际贸易数据中非法形式跨境资本流动的规模。例如,对于中国香港非法形式跨境资本流动的规模度量来说,使用贸易管理指数要比国际收支平衡表可能更加合适(Bruno & Shin,2015)。在合法形式下,其他投资是资金账户中资本外流的主要形式,一些企业的资本运作将导致贸易信贷和海外贷款的大幅萎缩,而证券投资是资金账户中资本外流的重要形式。根据数据统计,2015年中国外汇资产的实际流出规模与官方、民间持汇资产名义下降量的比例大约为71.8%左右。而在非法形式下,进口低报是中国香港的贸易套利资本流入的主要形式,错误与遗漏项目反映的跨境资本流动的规模与资本账户逆差的比例大约为27.2%(陈卫东、王有鑫,2016)。

根据世界银行发布的报告,近年来"非法跨境资本流动"越来越频繁地在文献中被人们使用,这个词最初出现在20世纪90年代,当时其含义与资本外逃有关。现在一般是指与非法活动有关的资本的跨境流动,或者更为明确地说,非法获得、转移或使用跨境的资本。这主要可以分为三个方面:这些行为本身是非法的(如逃税等);这些资本是通过违法违规所得到的(如贩运矿物);这些资本被用于非法目的(如资助有组织犯罪)。因此,虽然"非法跨境资本流动"这个词越来越多地被使用,但目前在确切的定义上还是没有达成一致。

表1-1是彼得·鲁伊特总结的新兴经济体合法/非法跨境资本流动的逻辑分析框架。在表1-1中,只有中间一部分的跨境资本流动才是合法的,右列的案例均是非法的。即便有些跨境资本流动看起来对经济增长产生不利影响,但是将其定义为非法资本流动,这可能是一个政策错误,而且有关合法/非法跨境资本流动划分的法律也并没有给出明确的说明(Peter Reuter,2012)。

表1-1 新兴经济体合法/非法跨境资本流动的逻辑分析框架

增长的净效应 (包括间接效应)	跨境资本流动规模增长的直接效应	
	直接效应为负 (流动是合法的)	直接效应为正或中性 (流动是非法的)
净效应为负 (一些流动即便是合法,也应当视为违法的)	1. 资本外流目的是合理避税 2. 为了规避某一个产业政策的限制 3. 资本外流是在现行政策框架下的一种政治行为	资本外流与毒品、麻醉药等联系在一起
净效应为正或中性 (一些流动即便是非法的,也应当视为不违法的)	资本外流是一种在没有正式协议下的非限制性行为	1. 非法支付给国外机构,为了寻求比国内更好的工作机会(例如:孟加拉国) 2. 对在一些发展中国家投资失败的关键技术进行回收利用,并且通过国内投资者增加投资 3. 由于缺乏产业政策,或者存在保护垄断等一些破坏性政策,导致一些国家出现资本外流

资料来源:Peter Reuter, *Draining development?: controlling flowing of illicit funds from developing countries*, World Bank Publications, 2012.

如果我们按照跨境资本流动的流动方向将其进行细分,就会发现,它可以细分成资本流入和资本流出。资本流出是指国内资本流至国外,也就是国内资本的输出,而且主要表现为外国对本国的负债增加、外国在本国的资产减少、本国在外国的资产增加,以及本国对外国的债务减少。资本流入是指外资流入本国,也就是国内资本向外输入,且主要表现为外国对本国的负债减少、外国在本国的资产增加、本国在外国的资产减少,以及本国对外国的债务增加。

为了避免混淆,国际清算银行(2008)曾经对跨境资本流出和流入做出了界定,具体公式如下:

跨境资本流出＝居民购买的外国资产－这些资产的销售额;

跨境资本流入＝非本国居民购买国内资产－这些资产的销售额。

从国际清算银行(2008)的定义看,跨境资本的流出和流入可以是正值也可以是负值。举例来说,面向非本国居民的国内资产出售应当算成跨境资本的负流入,而不是跨境资本流出。跨境资本的净流量则是指跨境资本流入减去流出后的净值。

三、跨境资本流动的动机解析

由于跨境资本流动的大幅增加往往会伴随着宏观经济的大幅波动和系统性金融风险的放大效应,因此学界对跨境资本流动的关注度不断提升。目前学者们对跨境资本流动发生的动机有多种解释和阐述,最具有代表性的观点主要有:

1. 为了避险或投机动机

跨境资本流动是由于资产持有人疑虑或恐慌而引发的异常短期资本外流(Kindleberger,1937);跨境资本流动是游资的外流,该游资可能是由于追逐短期超额利润而形成的。这些游资对政府监管、税率的变化、各国利率的差异和汇率的波动非常敏感,它们往往会逃至利润更高的国家或区域(Cuddington,1986)。

2. 为了追求更高的福利

从历史上看,20世纪80年代拉丁美洲发生了非常严重的债务危机。为了追求更高的福利,该地区的居民将自己的资产或财富纷纷转移至境外(世界银行,1985)。跨境资本流动的目的也可能是将物质资料从经济不发达的国家或地区转移到经济发达的国家或地区(Tornell,1992)。此外,由于对征收或低利润率的担忧(除逃税和避税之外),也可能发生跨境资本流动。这些因素有助于解释新兴经济体的居民经常把资产转移到税率较高和银行存款的回报率名义上较低的先进国家管辖区的悖论。其中一些跨境资本流动具有破坏性,对它们采取风险防范措施可能对社会更为有利。

一个典型的案例是,如果政府的外部借款可以直接转化为国内居民在国外的私人资产积累,那么这种跨境资本流动就可能涉及债务累积。例如在菲律宾和一些撒哈拉以南的非洲国家,如果能够阻止这些债务累积的发生,那么这些新兴经济体的直接投资效应可能更好。此外,为了逃避环境限制、劳动法或者其他社会需要的降低利润的法规,有些新兴经济体也会发生跨境资本流动,而且这种跨境资本流动是非法的(Cerra & Saxena,2008)。

3. 为了规避管理层的监管

一些学者也从规避管理层监管的视角对跨境资本流动的动机进行分析。为了规避管理层的监管,一些经济不发达的国家或地区出现了大量的资本外流,流动至监管相对宽松的国家或地区(Kim,1993)。跨境资本往往会从经济不发达的地区流出,其目的是防止该国或该区域管理层对金融资产的监管(Dooley,1986)。

4. 由于债务引发的跨境资本流动

如果一国的跨境资本流动的规模大幅增加,而且规模大幅增加通过债务的形式,尤其是债券和银行资本的形式实现的,那么这一现象就可以被称为由于债务导致的跨境资本流动。研究发现,在一些极端的跨境资本流动的样本中,大约有70%—80%的事件都是由债务所导致的。因此,使用风险衡量标准来解释以债务为主导的事件很重要;当风险厌恶情绪高涨时,债务主导的风险较小,反之债务主导的风险则较大(Kristin & Francis,2012)。除了对国内经济增长发生冲击之外,债务对于国家层面其他变量的冲击在很大程度上是微不足道的。对于经济增长出现停滞的国家来说,债务有可能对国内经济增长发生负向冲击;而对于经济增长较为正常的国家来说,债务有可能对国内经济增长发生正向冲击(Forbes & Warnock,2012)。

5. 迂回转出导致的跨境资本流动

有学者认为,20世纪八九十年代在印度的外商直接投资的重要部分来自毛里求斯等管辖区。一个合理的解释是,印度的这些资本大部分都是通过毛里求斯返回印度再投资的。这些跨境资本流动显然是隐藏的金融外流,并受到外商直接投资的监管不透明的影响(Schneider,2003)。其他新兴经济体可能也存在着同样的问题。从严格意义上讲,这种资本流动可能并非是真正的资本外流,而是资金在出境之后,还会以外资的形式返回至国内,并参与其经济活动。由于中国对国内外注册地址不同的企业的税收政策存在一定的异质性,境外的资本回流之后就可以享受更多支持的优惠政策,还可以在国内投资中捕捉套利机会,这促成了迂回性跨境资本的频繁出现(贺力平、张艳花,1992)。

第二节 跨境资本流动发生的机制

多年来,跨境资本流动受到各国研究者和决策者的高度重视,例如世界银行就多次发布各国跨境资本流动的相关报告。一些新兴经济体,尤其是亚洲、拉丁美洲和非洲国家的跨境资本流动较为严重。人们普遍认为,过去几十年来,这些大量的跨境资本流动已经成为许多新兴经济体的重要宏观经济问题。

在分析了跨境资本流动发生的动机以及对它的概念进行了界定之后,跨境资本流动发生的机制又是如何呢？接下来,笔者将通过数理模型来构建和论证跨境资本流动发生的理论机制。

在本节中,构建数理模型时使用的变量主要包含：一个国家或地区的利率 r_0,国外的利率 r_f；一个国家或地区的初始汇率 e_0,用直接标价法来衡量；Ω 表示一个国家或地区投资者的风险规避情况,它主要会受到经济增速、金融风险、国内外利率差异和汇率波动等多种因素的影响；P 表示投资者对期末汇率的预期价格。

在模型的初始期,假设投资者的资本为1美元,他可以选择在国内进行投资,也可以选择去国外投资。当在国内投资时,该投资者1年之后的收益等于利率 r_0,总的资本金就可以变为 $1+r_0$；当在国外投资时,按照直接标价法,1美元能够兑换为金额为 e_0 的国外的货币,该投资者1年之后的收益是 $e_0 r_f$,总的资本金就可以变为 $e_0(1+r_f)$。

根据国际经济学的知识,假如投资者预计1年之后在国内进行投资的收益低于去国外投资的收益,这时才会发生较为严重的跨境资本流动,用公式可以表示为：

$$P \times (1+r_f)/e_0 > 1+r_0 \qquad (1-1)$$

式1-1可以变换为：

$$(P-e_0)/e_0 > 1+r_f \qquad (1-2)$$

假若投资者资本外流的主要动机是规避国内的风险,那么他在进行投资选择时不仅要考虑国内外投资收益率的差异,还要考虑国内投资的风险。此时式1-2可以写为：

$$(P-e_0)/e_0 > (r_0-r_f)/(1+r_f) + \Omega \qquad (1-3)$$

式1-3表明,跨境资本流动的规模与国内利率 r_0 呈现负相关的关系,

而与国外利率 r_f 呈现正相关的关系。在式 1-3 中我们也可以看出,如果投资者对期末汇率的预期价格,即 P 值的数值越大,此时可能本国的货币发生了贬值,跨境资本流动的规模可能就会越高。

基于以上分析,得出了发生跨境资本流动的重要条件:第一,当国内外投资的收益率不同时,即当在国外投资的收益率高于国内时,就很容易出现资本外流;第二,当投资者预测到国外汇率升值、本国汇率贬值时,该国也容易出现资本外流。实践表明,在"逆全球化"的背景下,一些新兴经济体都出现了资本外流,而以美国为代表的发达国家则出现了资本流入,这也在一定程度上验证了上述理论模型的有效性。

第三节 提升跨境资本流动监管水平的意义

当前,跨境资本流动成为各国学界和业界持续关注的热点问题之一,它对经济稳定增长的作用和导致的系统性金融风险的放大作用也日益明显。国际清算银行(BIS)、国际货币基金组织(IMF)等大型研究机构均表达了对中国跨境资本流动引发风险的担忧。[①]

在以上背景下,测算中国跨境资本流动规模,梳理跨境资本流动与金融风险演化的传导机制和机理,对于防范其可能带来的系统性金融风险的放大作用无疑是十分重要的,也具有很强的学术价值和现实价值。

首先,在全球经济金融一体化的条件下,当"逆全球化"趋势来临、新兴经济体加大金融开放的步伐时,跨境资本流动可能对各国经济的发展形成影响,并引发系统性金融风险的放大作用。根据国际清算银行(BIS)的测算,近年来新兴经济体的跨境资本流动总规模呈现上升的态势,这些新兴经济体跨境资本来源的最重要一部分是企业和银行的贷款或外债,这些融资活动有可能导致新兴经济体的资产端和负债端匹配难度加大、宏观杠杆率大幅上升,最终可能对实体经济的发展形成一定的伤害。基于上述原因,新兴经济体包括中国的跨境资本流动,已经成为全球各国高度关注的课题。

当前,跨境资本流动经常被认定为是引发全球金融危机的一个重要因

[①] 国际清算银行(BIS),英文全称为 Bank for International Settlement,它是由英、法、德、意、比、日等国的中央银行与代表美国银行界利益的摩根银行、花旗银行组成的银团,对于全球跨境资本流动有比较深入的研究。

素,也是造成金融体系不稳定的根源,而且它们还可能破坏一个国家管理层的有效金融监管。研究发现,越来越多的跨境资本流动加剧了某些新兴经济体的腐败、生产力水平低下、私营部门间的税负不平等问题。联合国已经在研究并发展一系列的监管措施来应对非法跨境资本流动、洗钱、避税天堂和贸易错误定价等问题。这些监管措施的改进和执行力度的提高可以在一定程度上促进一些新兴经济体的私人投资和经济增长,减少民营企业的普遍不信任情况(Moore,2015)。对 190 个国家的研究发现,跨境资本流动引发的金融、政治危机有可能成为一国的长期经济成本,这一般表现为该国的经济产出损失。从统计数据上看,历史上各国的国际收支危机平均造成的银行危机大约为 10%,长期经济产出损失大约为 5%,包含二者的双重危机大约为 15%(IMF,2018)。在 2008 年金融危机后,虽然中国管理层强调了跨境资本流动管理的重要性,但随着市场化程度的加深,甚至自由化的推进,企业的金融外部性呈现进一步增加的态势,相关的金融监管仍需加强,管理层对跨境资本流动的监管水平和监管方法也有待进一步提高。

其次,根据笔者测算,近年来中国跨境资本流动的规模呈现出了快速增长的趋势。自 2005 年开始,中国跨境资本流动的规模就开始大幅增加;在 2009 年宣布实施"四万亿"和宽松的财政政策之后,中国跨境资本流动的规模有所减少;在 2012 年中国经济步入"新常态"之后,跨境资本流动的规模又出现了快速上升的态势。以上发展历程表明,中国跨境资本流动的规模会随着经济形势和政策的不同而发生变化,即在不同的时间段可能存在一定的异质性。2017 年,党的十九大报告和中央经济工作会议强调,中国应当加大对系统性金融风险的管控力度。在这种情况下,厘清跨境资本流动风险的成因并加以应对,对维护中国金融稳定和管控系统性金融风险具有特别重要的意义。

再次,从普通民众的视角来看,尽管人们可能对跨境资本流动的接触和了解较少,但它与汇率波动、出境旅游和经济增速相关,并可能对股票市场和房地产也形成较为严重的影响。因此,测算中国跨境资本流动规模,梳理跨境资本流动与金融风险演化的传导机制和机理,对于普通民众的生活质量提高和幸福感的提升都有着较强的关联。

因此,基于以上几点,无论是对宏观经济、管控系统性金融风险和普通民众来说,当前中国完善跨境资本流动监管都具有很强的战略意义和现实意义。本研究将对中国跨境资本流动的规模测算与金融风险的演化展开深入分析,以期为管理层制定相关政策提供理论依据。

第二章　中国跨境资本流动的发展现状

第一节　全球跨境资本流动的概况

一、全球经济的失衡与再平衡对跨境资本流动的影响

在全球经济金融一体化的条件下，各国之间的溢出效应和金融风险交叉传染效应变得越来越显著。跨境资本流动成为各国学界和业界持续关注的热点问题之一，它对经济稳定增长的作用和系统性金融风险的放大作用也日益明显。如果我们按照跨境资本流动的流动方向将其进行细分，就会发现，它可以细分成资本流入和资本流出，这里主要研究和分析的是其中资本流出的部分。

从长期看，全球跨境资本流动较为符合金融周期的运行法则，即它与信贷和资产价格的变动存在一定的关联。基于以上原因，各国政府和央行都在研究和制定关于跨境资本流动的逆周期性的货币政策。与此同时，全球金融周期变化对跨境资本流动对跨境资本流动形成了很大的影响，最大的变化是将资本管制、固定汇率和独立货币政策的"三难困境"转变了"两难困境"或者"不同调和的两难困境"，即只有资本账户得到管制，独立的货币政策才有可能实现(Rey,2015)。

1944年，"布雷顿森林体系"的建立为各国提供了货币政策的自主权和相对稳定的可调整的固定汇率，但是需要较为严格地限制资本流动性。由于自身制度存在一定的缺陷，1971年"布雷顿森林体系"崩溃，之后一些国家采用灵活的汇率作为实现货币独立的途径，有些国家也放松了对资本流动性的管制。

2008年国际金融危机后，美国实行了长达四轮的量化宽松政策，这使得

六年内美国基础货币增长了四倍。目前,美国已经退出了量化宽松政策,并且通过"价格量配合"的方式,也就是通过缩减资产负债表组合方式来实现货币政策的常态化。在美元的流动性正从"量宽"转至"量缩"的阶段,全球跨境资本流动受到美元流动性的影响和冲击主要表现在以下几个方面:

第一,美元跨境资本流动方向出现变化。根据国际金融协会(IIF)的数据,2015年全球新兴经济体的跨境资本流入总额下降为410亿美元,其中债市的跨境资本流入为280亿美元,股市的跨境资本流入为130亿美元,这比2010—2014年的新兴经济体的跨境资本流入总额平均水平2 850亿美元大幅降低。2015年之后,全球金融的市场风险偏好出现了明显回升,跨境资本出现了回归新经济体的迹象,这使得这些国家的跨境资本流动出现了改善。

第二,美元估值效应会对跨境资本流动产生较为显著的影响。近年来,美元的强势导致了新兴经济体的外汇资产加速下跌,也导致了其他国家央行所持有的以美元计价的其他外汇资产遭受了较为严重的市场价值损失。数据统计显示,2014年6月—2015年6月期间,美元指数上涨了将近18%,与人民币和美元的外汇储备相比,美元的估值效应可能已经超过了2 200多亿美元。

从本质上讲,全球跨境资本流动主要依赖于两个循环,即贸易循环与金融货币循环。首先,贸易赤字国向盈余国支付贸易货款,用以带来跨界资本流动;其次,贸易盈余国把积累的外汇资产再次投资于赤字国的金融资产,这使得金融账户的资本出现流动。以上两方面形成了完整的贸易循环与金融货币循环,并且意味着全球贸易失衡的情况越严重,流动性也会越多。

在2008年金融危机发生以前,全球各国的外汇储备资产达到了一个峰值。但是2008年金融危机以后,金融周期和贸易循环被全球经济再平衡逐步改变和修正。除了中国外,俄罗斯官方储备资产于2015年7月缩水39.45亿美元,并在连续两个月后再次降低;南非的官方储备缩水10.6亿美元,印度的官方储备缩水17.61亿美元,巴西的官方储备缩水4.16亿美元,这表明新兴经济体的官方储备面临缩水的拐点。与此同时,根据2015年国际货币基金组织(IMF)的统计数据,在"逆全球化"的背景下,全球一半以上的跨境资本流入了美国以及欧洲的发达国家,很多国家的跨境资本都去购买并且持有美元资产。从数据上看,2015年美国的跨境资本流入规模达到4 600亿美元,同比增长了18.3%,占全球跨境资本流入总规模的38%左右,而2014年的跨境资本流入规模增速仅为3.5%左右。

总体来看,在全球经济失衡的背景下,全球跨境资本流动具有以下条件:第一,全球储蓄和计划投资均衡的条件下,长期利率出现了大幅降低;第二,亚洲一些新兴经济体的储蓄向美国流动,可以弥补美国的经常账户失衡;第三,在发达国家以美元计价的资本市场中,美元资产的供给出现了大幅缩水。伴随着全球经济的再平衡,以及各国实际利率的上涨,美国国债等债券的融资成本也会随之上涨,从而会提高世界的实际利率,跨境资本流动的规模也会受到相应的影响。

二、全球跨境资本流动的总体形势

近年来,随着"逆全球化"来临和全球经济增速放缓,新兴经济体出现了较为严重的跨境资本流动。根据国际货币基金组织2016年发布的《全球金融稳定报告》,2015年大约有80%的新兴经济体均发生了不同程度的资本外流,这些资本外流的总规模与以上新兴经济体GDP的比重达到了5%左右。2016年后,随着中国等新兴经济体的汇率升值,这些经济体的跨境资本流动出现了改善的迹象。

图2-1为国际货币基金组织统计的1980—2015年新兴经济体(不含中国和俄罗斯)资本外流情况。由图可知,在1983、1995和2010年左右很多新兴经济体出现了经济放缓,与之对应的是跨境资本流动的规模上升。自

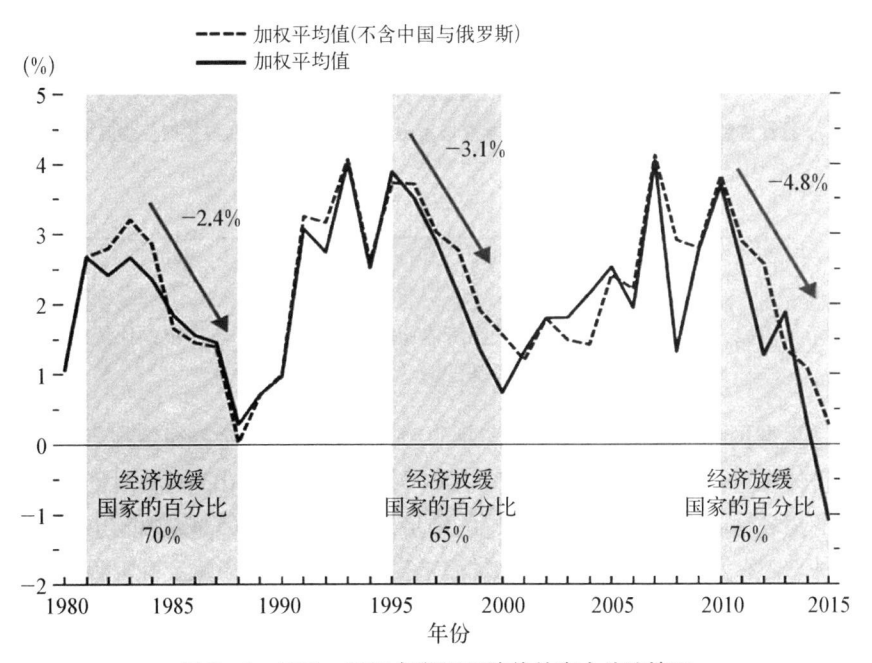

图2-1 1980—2015年新兴经济体的资本外流情况

资料来源:国际货币基金组织:《全球金融稳定报告2016》,2017。

2010年以来,新兴经济体的跨境资本流动,尤其是资本外流的规模呈现出了大幅上升的趋势,2015年的总规模已经高于20世纪80年代的拉丁美洲的金融危机和90年代的亚洲金融危机。新兴经济体的跨境资本流动,除了受到全球经济、贸易形势的动态影响之外,还会受到国内外利率差异、汇率波动等因素的干扰。此外,自2008年全球金融危机爆发以来,在部分新兴经济体中,由跨境资本流动所导致的金融市场的溢出效应也呈现出了大幅上升的态势,其中俄罗斯、中国和巴西等新兴经济体金融市场的溢出效应在某些年份能够达到40%左右(戴金平、王晓天,2012)。

图2-2是《世界经济展望2016》公布的关于2007—2015年新兴经济体跨境资本流动规模与GDP的比值的数据。由图2-2可知,在新兴经济体中,中国的相关数据位居前茅,这反映出国内的跨境资本流动的情况可能较为严重。从具体原因看,自2014年以来中国的汇率贬值预期以及中美利率差额的缩小等,是推动跨境资本流动规模上升的关键因素(国际货币基金组织,2016)。

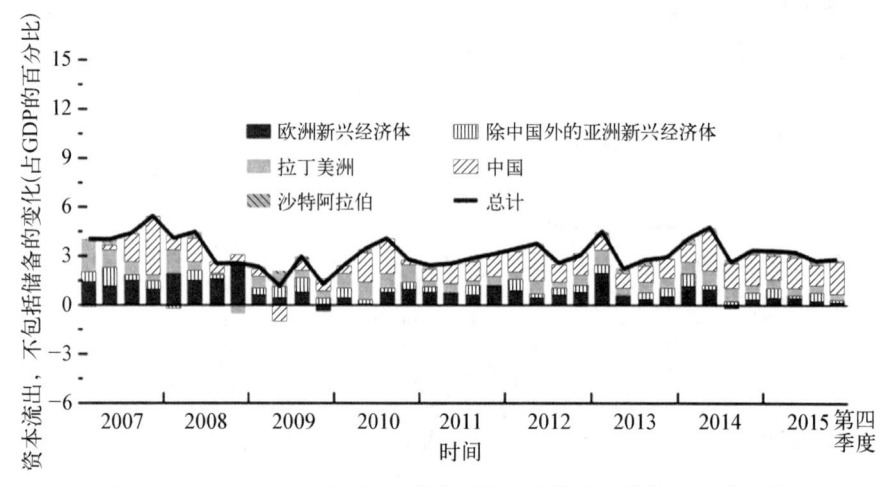

图2-2 2007—2015年新兴经济体跨境资本流动规模与GDP的比值

资料来源:国际货币基金组织:《世界经济展望2016》。

根据国际货币基金组织2018年10月发布的《全球金融稳定报告》,新兴经济体在过去四个季度的时间内,大约5%的概率可能出现1 000亿美元以上的债务证券资本外流,大约占这些经济体GDP的0.6%,该规模与2008年全球金融危机爆发之前非常相似。

新西兰储备银行行长惠勒(Graeme Wheeler)认为:在2008年国际金融危机之后,多数的亚洲新兴经济体都出现了跨境资本流动规模的大幅增长。由于跨境金融链接可以显著提高资源配置的效率,因此资本账户开放将是一项强有力的改革措施。但是值得警惕的是,全球跨境资本流动将对金融稳定和各国货币政策形成严峻的挑战。具体而言,全球金融市场的动荡可能导致实际有效汇率的不合理升值,这将扭曲经济中的资源配置,并且抑制长期的经济潜力,各国货币政策将面临汇率传导渠道的巨大不确定性。基于以上几点,跨境资本流动可能对各国金融稳定产生重大影响,而国际投资者的羊群效应、从众行为等则往往会放大跨境资本流动对各国金融稳定的负面冲击。

惠勒的观点对我们有重要的启示作用,并且引发了我们对跨境资本流动与金融风险演化的思考。

第二节 中国跨境资本流动的发展现状

一、基本情况分析

当前,中国的跨境资本流动已经成为各国学界和业界持续关注的热点问题之一,它对经济稳定增长的作用和导致的系统性金融风险的放大作用也日益明显。

自2014年以来,中国跨境资本流动的规模呈现快速上升的态势,尤其是短期资本外流的规模大幅上升。发生以上情况的背后原因有:其一,在特朗普上台之后,美国的经济增速较之前有所上升,而中国的经济增速较之前有所下滑,这使得人们对两国的经济发展情况产生疑虑,进而导致一些资本回流至美国等发达国家;其二,随着美元和人民币之间的汇率不断波动,中美两国利率差额的缩小也引发资本回流至美国;其三,在中国资本账户逐步开放的背景下,国内居民可以选择购买境外房地产、境外保险等境外资产,还有一部分资金通过境外旅游、甚至地下钱庄等方式流出至境外。

根据外汇管理局发布的报告,近年来中国跨境资本的最重要流出渠道集中于两个方面,即企业去杠杆和居民购汇。国家金融与发展实验室发布的《中国国家资产负债表2018》显示,2018年中国非金融企业杠杆率为153.6%,比2017年下降了4.6%。从数据上看,中国非金融企业的杠杆率仍然位居世界前列,而且2017年的"去杠杆"主要得益于民营企业杠杆率的下降,国有企业的杠杆率仍然较为严重。在企业去杠杆的背景下,资本流出较为明显。2018年下半年,中国的"去杠杆"政策转变为"稳杠杆",以上情况才有所改善。居民购汇也可以称之为"藏汇于民",

它是指普通民众倾向于将手中的人民币兑换成美元等外币,并且购买境外资产来分散投资风险。在金融开放和"逆全球化"的背景下,中国居民购汇的现象也较为严重。

图 2-3 展示了国家金融与发展实验室公布的 2008—2019 年中国非金融企业杠杆率。由图 2-3 可知,近年来中国非金融企业杠杆率总体上呈现较快上升的趋势,自 2017 年 6 月之后才有所下降。从数据上看,2017 年 3 月非金融企业杠杆率达到了最高的 161.4%;经历了"去杠杆"的阵痛之后,2019 年 9 月回落至 152.5%。根据麦肯锡全球研究院的测算,自 2014 年起,中国非金融企业杠杆率已经上升到全球各国的首位。在此背景下,自 2015 年年底中国政府提出了"降低企业杠杆率"的政策,该政策有可能导致国内一些外贸企业在贸易融资方面的"去杠杆"。在实际运营中,这些外贸企业可能减少对美元等外币融资的依赖并降低这方面的债务,进而造成远期结算规模的减少和居民购汇规模的上升。从以上视角而言,企业去杠杆政策可能对中国跨境资本流动形成较为严重的影响,甚至它是中国跨境资本流动规模上升重要的原因之一(世界银行,2017)。

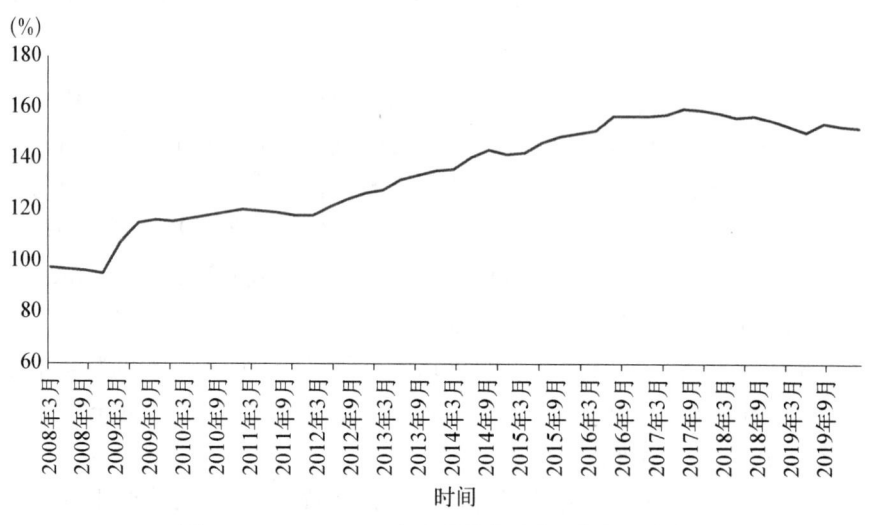

图 2-3　2008—2019 年中国非金融企业杠杆率走势

资料来源:国家金融与发展实验室数据库。

图 2-4 展示了 2000—2019 年中国储蓄总额占 GDP 比重走势。由图 2-4 可知,自 2000 年来,中国居民储蓄存款规模一直处于上升态势;尽管 2007 年来该走势出现了缓慢下降,但是 2016 年之后又出现了小幅回升。截至 2019 年,中国储蓄总额占 GDP 的比重为 44.73%。当前,中国资本账户开放遵循"渐进开放"的政策。假如该政策开放的速度较快,尤其是居民换汇的

额度快速放开(目前规定每个居民每年的换汇额度为5万美元),一些居民会将手中的人民币兑换成美元等外币,并且购买境外资产来分散投资风险。根据测算,这种现象将引发非常严重的资本外流,其规模有可能达到数万亿美元。从数据上看,中国居民购汇的积极性非常高,其中2015年兑换外汇的规模几乎等于2004—2014年居民兑换外汇规模的总和(中国人民银行,2017)。

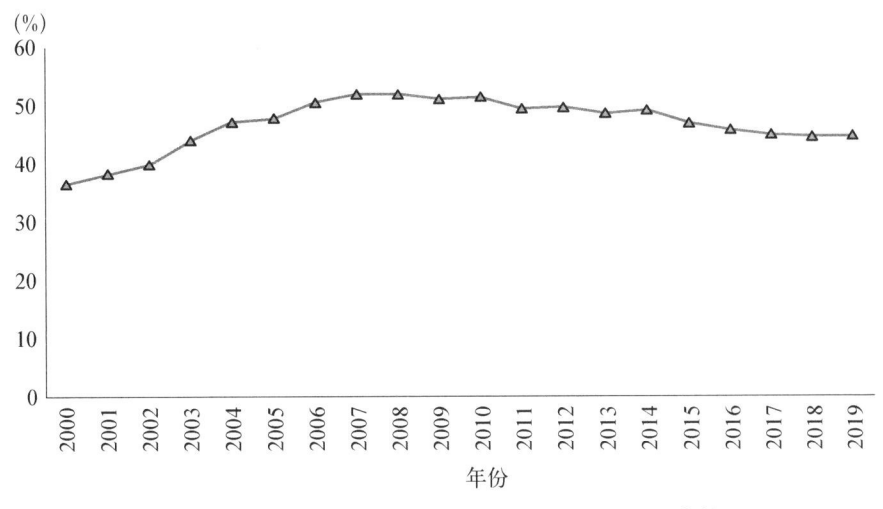

图2-4　2000—2019年中国储蓄总额占GDP比重走势

资料来源:世界银行网站。

从某种意义而言,如果未来中国跨境资本流动现象进一步恶化,那么在悲观的情况下,如果外资撤退和国内资本外流同时发生,跨境资本流动的规模甚至可以达到中国GDP的一半左右(张明,2015)。导致以上现象发生的主要因素包括:全球经济可能较长时间处于"逆全球化"趋势之中,中美贸易摩擦可能导致中国出现外汇储备减少与跨境资本流动规模上升的恶性循环;中国资本账户开放过快有引发居民购汇规模大幅上升的风险;经济增速下降导致的金融风险等。特别是在中国推进金融开放政策的背景下,人民币资产套利机会将有所增加,各国银行也可以向中国居民发放贷款,居民购汇的积极性很高,这些都是引发未来中国跨境资本流动规模进一步上升的风险因素。当人民币资产套利机会增加时,一些追逐利润的资本或热钱会更加热衷于购买境外资产,这将导致中国资本流出的规模远高于购买国内资产的规模。因此,假如外资撤退和国内资本外流同时发生,未来中国跨境资本流动的规模会大幅增加。此外,中央人民银行发布的《中国金融稳定报告2015》明确指出,新兴经济体尤其是中国的跨境资本流动现象应当引发关注。

图 2-5 是 2004—2013 年新兴经济体中跨境资本流动规模与 GDP 比值的前十名。由图 2-5 可知,2012 年以后中国的相关数据高居新兴经济体中的首位,超过了俄罗斯、印度等国家。尽管全球金融诚信组织(Global Financial Integrity)得到的结果与英国《金融时报》有所差异,但是它们的结果都反映出近年来中国跨境资本流动问题较为严重。

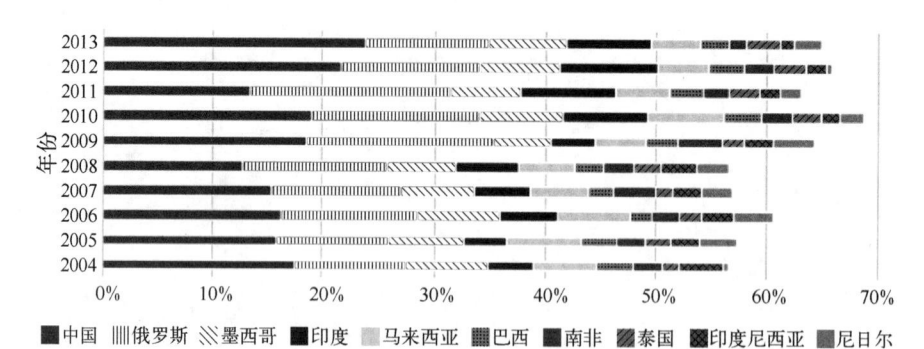

图 2-5　2004—2013 年新兴经济体中跨境资本流动规模与 GDP 比值前十名

资料来源：全球金融诚信组织数据库。

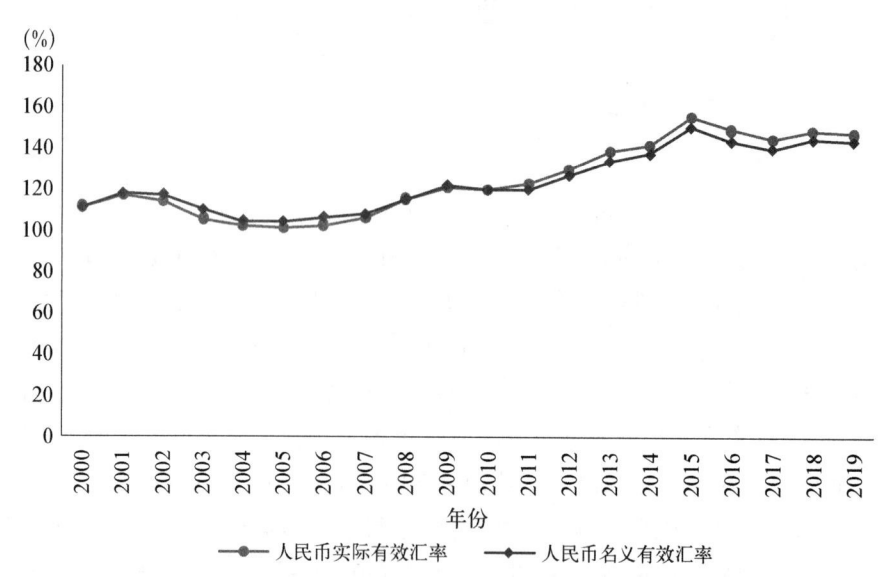

图 2-6　2000—2019 年中国人民币实际有效和名义有效汇率走势

资料来源：国际清算银行网站。

从图 2-6 也可以得知,国际清算银行(BIS)、国际货币基金组织、全球金融诚信组织等大型研究机构均对中国跨境资本流动进行了较为深入的研究,并且表达了对中国跨境资本流动引发风险的担忧。根据测算和分析,2004—2013 年间中国非法形式的资本外流的规模为 1.252 万亿美元,在 2013 年后还出现了逐步上升的趋势,这有可能对中国经济的长期稳健增长形成一定的负面影响,并有可能导致系统性金融风险的放大作用(全球金融诚信组织,2015)。

图 2-6 是 2000—2019 年中国人民币实际有效和名义有效汇率走势图。由图 2-6 可知,2001—2005 年无论是人民币实际有效汇率还是名义有效汇率均出现了震荡下跌,2006—2015 年二者均出现了较快上升,之后则略有下跌。自 2006 年以后,伴随着人民币实际有效和名义有效汇率的上涨、对外需求的下降,以及劳动力成本的增加,中国跨境资本流动的规模也出现了大幅上升(陈卫东、王有鑫,2016)。

除了以上因素之外,央行外汇占款、境内银行代客涉外收付款顺差和银行代客结售汇顺差等因素也能够在一定程度上反映出中国跨境资本流动的变动情况。图 2-7 是 2014—2016 年中国央行外汇占款、境内银行代客涉外收付款顺差和银行代客结售汇顺差的走势图,可以为了解中国跨境资本流动的变动趋势提供一定的参考和借鉴。

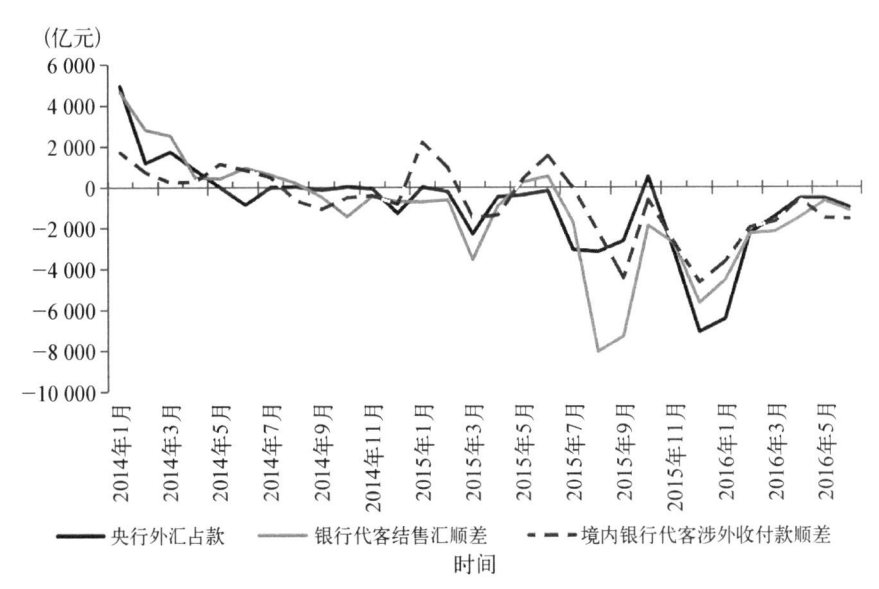

图 2-7　2014—2016 年中国央行外汇占款和银行代客结售汇顺差等数据

资料来源:Wind 数据库。

此外,和许多新兴市场国家所不同的是,目前中国的信贷仍然在继续快速增长。中国的银行在支持信贷方面继续发挥着重要作用,从数据上看,中国银行的总资产现在已经超过了 GDP 规模的三倍,其中城市商业银行、股份制银行和其他小型银行的扩张速度最快。与此同时,其他非银行金融机构在短期融资的帮助下提高了信用风险和杠杆率,并且引起了交易对手的担忧。

根据国际清算银行的测算,目前中国的信贷缺口大约为25%,这表明中国的信贷已经出现了过剩,有证据表明,这种规模的信贷繁荣有可能导致系统性金融风险的放大效应(IMF,2017)。

国际货币基金组织发布《全球金融稳定报告》指出,自2012年起中国的信贷规模持续以高于国内生产总值的速度增长,尽管2017—2018年中国开展了"金融去杠杆",但是2018年之后逐步进入了"稳杠杆"阶段,信贷增长速度有所恢复,因此国际货币基金组织提出的信贷繁荣风险仍需要引起我们的重视。

在上述背景下,中国企业和居民购买外国资产可能是近年来中国跨境资本外流的主要原因之一。根据统计数据,中国公司增加了对海外外国公司的投资,但是海外公司在中国的外国直接投资在过去几年出现了显著下降,中美利差的缩小和人们对美元升值的预期加大了中国资本外流的压力(IMF,2017)。

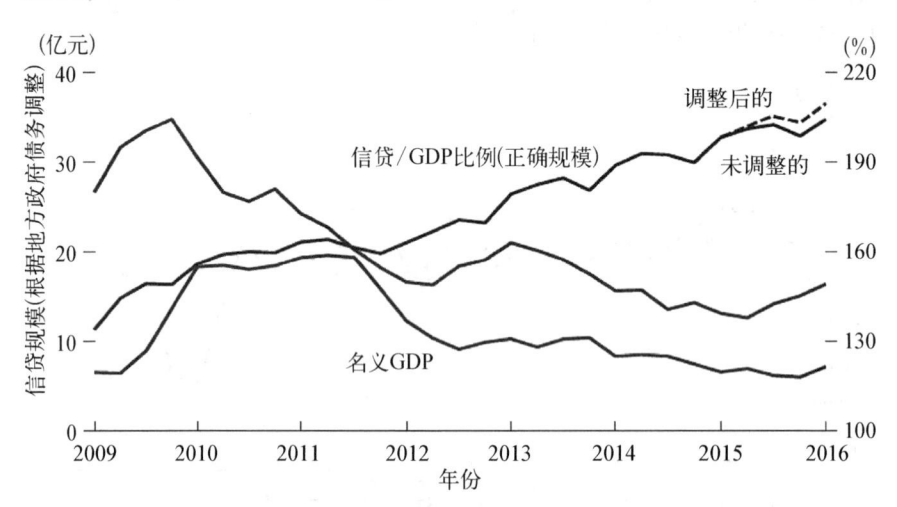

图 2-8　中国的信贷规模持续以高于国内生产总值的速度增长

资料来源:国际货币基金组织:《全球金融稳定报告2017》。

图2-9是2005—2016年国际货币基金组织统计的中国居民和非居民的资本外流情况,其中黑线表示的是居民的资本外流情况,灰线表示的是非居民的资本外流情况。从图2-9中可以看出,自2013年下半年开始,中国居民的资本外流的规模开始超过非居民,而且2015—2016年二者的差距被迅速拉大。基于以上现象,笔者认为中国管理层应当继续对资本账户开放保持谨慎态度,以应对信贷规模和居民资本外流快速增长所带来的日益严重的金融脆弱性。

对于中国跨境资本流动规模的测算方法,国内一些学者如贺力平和张艳

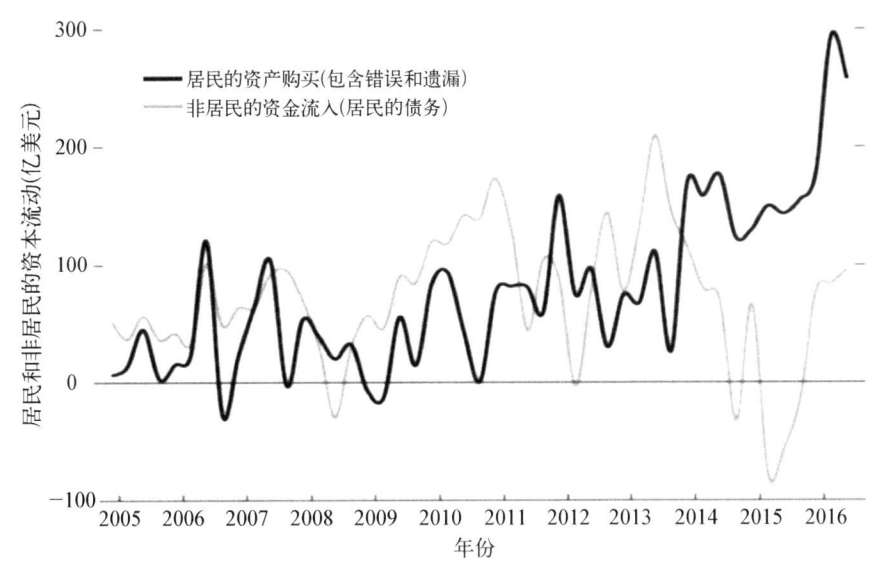

图 2-9　2005—2016 年中国居民和非居民的资本外流情况

资料来源：国际货币基金组织：《全球金融稳定报告 2017》。

花(2004)、李扬(1998)进行了较为深入的研究。由于学界对跨境资本流动的理解具有异质性和多样性的特点，而且由于新兴经济体和发达国家的情况不同，因此关于跨境资本流动的测算方法有多种。国外文献的测算方法主要包括直接法、间接法和混合法三种，国内文献关于跨境资本流动的测算方法则集中在直接法、间接法和平均法三种。上述方法均存在一定的优点和缺陷，目前学界尚未形成统一的研究标准和结论。除此之外，大多数的测算数据较为陈旧，国内可以查找到的较为系统的跨境资本流动的测算数据仅延续到 2010 年，2010 年之后的相关数据有待进一步研究和完善。

综合而言，包含中国在内的新兴经济体的跨境资本流动情况越来越错综复杂，中国的相关数据需要进一步更新和完善，其引致系统性金融风险放大效应的机理也需要梳理和阐释。

二、新形势下的结构性变化

根据国家外汇管理局的统计数据，在 1999—2013 年间，中国的国际收支在绝大多数年份(仅 2012 年例外)均维持了资本账户和经常账户"双顺差"的态势。其中 2013 年尽管经常项目盈余出现了同比大幅下降，但是因为大量企业使用顺周期的金融运作手段，反而使得资本项目顺差和国际收支顺差达到了历史性的高峰。在此期间，中国能够保持长期资本账户盈余，主要的原因如下：首先，由于中国金融体系运营过程中存在一些金融摩擦，这些金融摩擦导致资源配置出现了结构性矛盾,其中生产率较高的民营企业较为依赖于内生融资,而生产率较低的国有企业面临的融资约束也较低。伴随着民营企业在中国宏观经济中的比例逐步增加,中国的储蓄率也不断提高,这是中国能够保持长期资本账户盈余的主要原因之一。其次,为了促进经济较快增长,中国很多地方政府纷纷采取了区域性财政金融政策,以及各种税收优惠和土地供应政策,并且吸引了大量的外国直接投资的净流入(殷剑峰,2018);再次,统计数据显示,2005—2013年间在中国的外商投资的回报率为6.9%左右。同期,外商投资在美国的回报率为3.1%左右,在日本仅为1.5%左右。以上数据表明,外商投资在中国的回报率要远远高于一些发达国家,这也是导致中国能够保持长期资本账户盈余的重要原因。

但是在2014年以后,中国的资本账户(包括错误和遗漏项目)开始出现了逆差。统计数据显示,从2014年第二季度至2014年底,中国资本账户的逆差从369亿美元迅速上升至5 595亿美元;2015年中国资本项目的逆差为1 424亿美元,其中金融账户的逆差为4 856亿美元。以上统计数据显示,中国已经从资本账户和经常账户"双顺差"的格局转变为了"资本账户逆差、经常账户顺差"的国际收支的新格局。

与此同时,从中国的直接项目看,近年来对外直接投资规模的增长速度要远远高于外商直接投资规模的增长速度。

图2-10展示了2006—2018年中国对外直接投资和外商直接投资规模。由图2-10可知,2006—2011年间中国的对外直接投资规模显著低于外商直接投资规模,但是从2014年开始,情况出现了逆转。2014年,中国对外直接投资规模为1 231.2亿美元,而外商直接投资规模为1 195.62亿美元,这是中国对外直接投资规模首次超过外商直接投资规模。2015年,中国对外直接投资规模与外商直接投资规模之间的差额出现了快速上升。2016年,中国对外直接投资规模为1 961.50亿美元,而外商直接投资规模为1 260.01亿美元,二者的差额高达701.49亿美元。2017年中国对外直接投资规模与外商直接投资规模之间的差额与2016年相比有所下降,2018年则同比有所回升。伴随着"一带一路"和"走出去"倡议的实行,笔者认为未来中国对外直接投资规模与外商直接投资规模之间的差额有可能继续扩大,资金账户的直接投资项可能长期维持逆差状态。

从中国外商直接投资中各行业的实际金额看,近年来也出现了一些结构性的变化。图2-11展示了2006—2018年中国外商直接投资中金融业、房地产业和建筑业实际使用金额。由图2-11可知,2006—2014年间中国外商直接投资中金融业的实际使用金额相对较小,2015年之后金融业的实际使

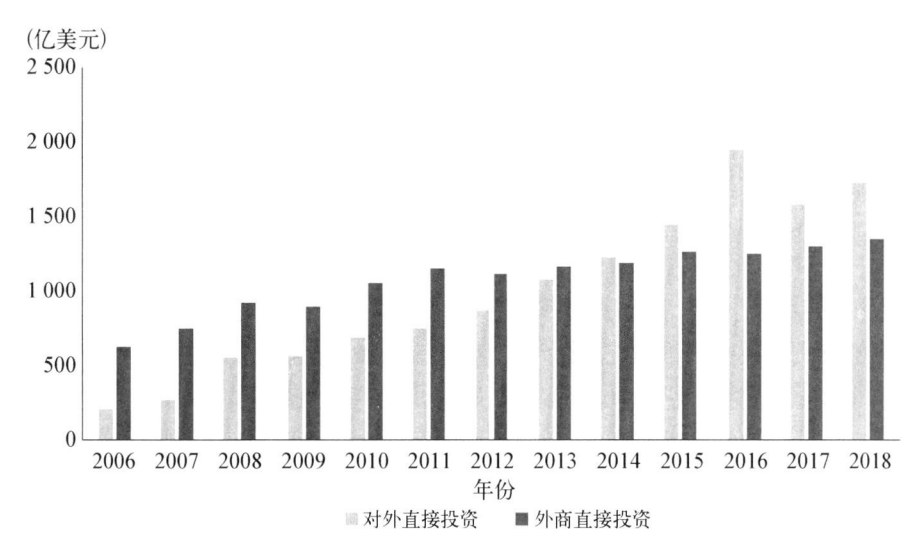

图 2-10 2006—2018 年中国对外直接投资和外商直接投资规模

资料来源：商务部和国家统计局网站。

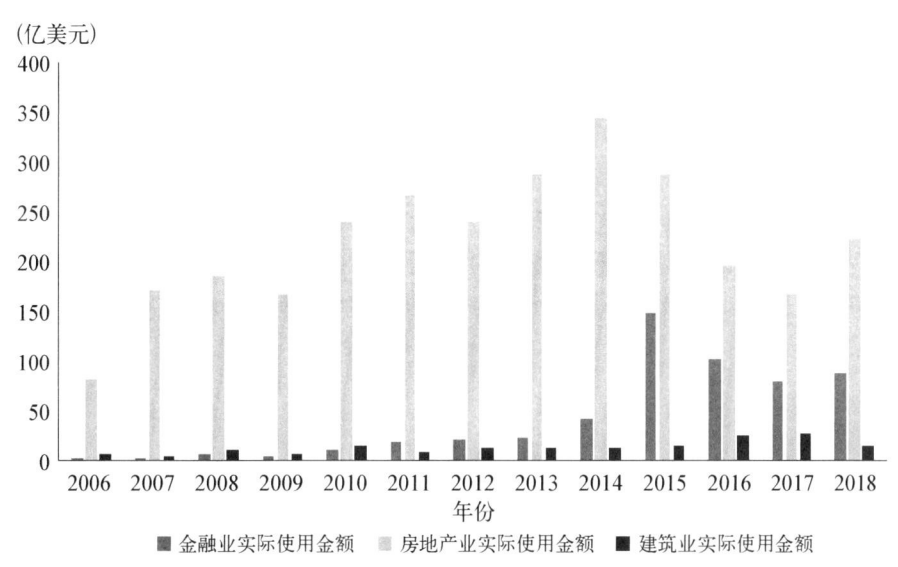

图 2-11 2006—2018 年中国外商直接投资中金融业、房地产业和建筑业实际使用金额

资料来源：国家统计局网站。

用金额出现了大幅度的增长。例如，2015 年中国外商直接投资中金融业的实际使用金额为 149.69 亿美元，是 2014 年金融业的实际使用金额 41.82 亿美元的 3.8 倍左右。在 2006—2014 年间，中国外商直接投资中房地产业的实际使用金额呈现逐步上升的趋势，尤其是在 2014 年达到 346.26 亿美元的峰值，之后逐步下降，2018 年出现大幅反弹。而 2006—2018 年间中国外商直

接投资中建筑业的实际使用金额则呈现出小幅上升的趋势,从 2006 年的 6.88 亿美元上升至 2017 年的 26.19 亿美元,之后又出现了下滑。中国外商直接投资中金融业和房地产业的实际使用金额变化较大,在一定程度上反映了中国金融业和房地产业的发展趋势变化,以及外资对于中国金融业和房地产业未来发展的判断。

  图 2-12 展示了国家外汇管理局统计的 2006—2018 年中国国际投资头寸中证券投资规模。由图 2-12 可知,2006—2015 年间中国国际投资头寸中证券投资规模一直维持在 2 427.74 亿—2 846.20 亿美元范围之内,2015 年之后中国国际投资头寸中证券投资规模出现了大幅增长,2018 年达到了 4 979.57 亿美元。中国外商直接投资中金融业实际使用金额和国际投资头寸中证券投资规模快速上升,主要的原因包含以下几点:第一,就国际环境而言,2008 年全球金融危机爆发之后,欧洲、美国等普遍实行了量化宽松的货币政策,全球投资者资产配置严重不足,迫切需要寻求高回报和风险低的投资对象,这就构成了国外投资者对于人民币资产购买的外部需求。第二,近年来中国经济一直维持较快的增长速度,尽管 2012 年以来进入了经济"新常态",但经济增速仍远高于西方发达国家。作为全球经济增长的重要引擎,中国自 2015 年底开始实行供给侧改革,并且于 2016 年开始实行"金融去杠杆",金融市场上的风险已经被有效降低,为国外投资者提供了较为安全的证券化率。第三,伴随着法律法规的完善和产品流动性不断增加,中国的金融市场日趋成熟。深港通、沪港通和 QFII 等都为国外投资者提供了较为方便的资金流入渠道,这也使得国外投资者对中国的证券投资规模将继续增加。

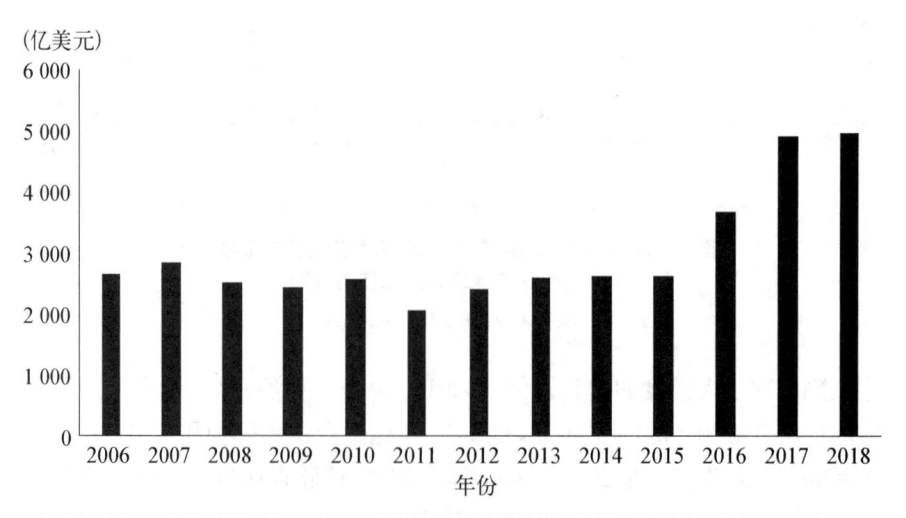

图 2-12　2006—2018 年中国国际投资头寸中证券投资规模

资料来源:国家外汇管理局网站。

第四,目前中国政府积极推动金融开放政策,该政策为国外投资者配置人民币资产提供了保障和信心。

值得关注的是,在新形势下,国外官方资本流入中国的比例也呈现出逐渐增加的趋势。近年来,中国中央银行已经逐步放松了国际金融机构和外国中央银行购买人民币债券规模的限制,并且为国外官方资本购买人民币债券提供了专门的通道。例如在2015年,中国中央银行在伦敦发行了50亿元人民币规模的央票,大约有300亿元的认购规模,其中亚洲投资者获得了51%的份额,欧洲和美国的投资者获得了49%的份额。伴随着人民币加入国际货币基金组织的SDR货币篮子和人民币国际化的推进,国外官方资本流入中国的比例逐渐上升(张礼卿,2016)。根据中国中央银行发布的《人民币国际化报告2018》,目前人民币已经成为世界上第六大的支付货币,中国已经和36个国家或地区的货币当局或中央银行签订了双边本币互换协议,协议总规模已经达到了3.6万亿元,这标志着人民币国际化正在驶入快车道[①]。随着人民币国际化的不断推进,中国的金融实力和在国际上的地位将不断上升。

此外,在新形势下,中国的资本外流也出现了结构性的变化。

首先,近年来中国官方资本流出的方向和目标已经出现了大幅的变化。在以往资本账户和经常账户呈现"双顺差"格局的时期,为了防止人民币汇率出现大幅波动,中央银行实行了有管理的浮动汇率制度,并使用外汇占款渠道来扩大基础货币的投放规模,这使得外汇储备资产的规模不断上升,并且成为国际投资头寸中的重要组成部分。就中国外汇储备资产的流动方向而言,由于欧洲、美国、日本等西方发达国家不希望看到大量的外国直接投资流入,而希望流入的资金购买它们的政府债券,此外基于流动性和安全性的视角考虑,中国外汇储备资产主要用于购买美国国债和日本国债等资产,即采取被动措施来防止人民币汇率的大幅波动。

对于未来中国官方资本流出的方向和目标,学者们已经进行了较为深入的研究。伴随着中国外汇储备资产规模的不断增加,中央银行持有外汇储备资产的边际收益已经低于边际成本,这要求我们使用新的国际收支手段去解决上述问题。因此,在新形势下,为了与"一带一路"和"走出去"的倡议保持一致,未来中国官方资本流出的方向和目标也应当从欧洲、美国、日本等西方发达国家转移至新兴经济体(易纲,2014)。由于新兴经济体的物质资源丰富、劳动力成本低廉,尽管缺乏必要的资金支持,但它们有可能成为未来全球

---

① 资料来源:http://rmb.xinhua08.com/a/20180714/1769342.shtml。

经济增长的重要推动力量。因此,在新形势下,中国使用外汇储备资产对这些新兴经济体进行投资,有可能提高外汇储备资产的投资回报率。与此同时,中央银行应当使用货币互换等渠道来进行官方资本输出,这可以有效推进人民币国际化进程,并且可以提高中国外汇储备资产在国际储备货币中的地位(周小川,2017)。

其次,在新形势下,中国官方资本流出规模在总体规模中的比重呈现不断下降的趋势,而民间资本流出规模在总体规模中的比重则呈现出日益上升的趋势。由于近年来中国资本项目中的证券投资、直接投资与其他投资都出现了逆差,民间资本流出规模在总体规模中的比重持续上升,并且导致官方资本流出规模在总体规模中的比重日益下降。从数据上看,中国官方资本流出规模在总体规模中的比重从2011年初的72%一路下滑至2015年底的55%。由于国民财富的较快积累,中国很多居民具有了较强的境外资产配置的需求,而且对外直接投资规模已经大幅超过了外商直接投资规模,这也反映出在2008年全球金融危机爆发之后,中国已经逐步演变成世界劳动分工和供应链中的中坚力量。目前,丝路基金和亚洲投资银行为"一带一路"沿线国家的经济建设与信贷服务提供了有力的金融支持,这减少了全球范围内生产要素和贸易自由流动的障碍,并且拉动了"一带一路"沿线国家的经济增长,促进了这些国家的区域经济一体化。与此同时,中国对外直接投资规模的快速上升有效促进了人民币国际化过程中建立国际信用的进程,并推动了人民币"走出去",这为提升人民币国际结算和计价功能提供了新的途径,并且提高了中国在全球资本市场上的议价能力。

三、新形势下存在的风险隐患

根据世界经济学理论,新兴经济体的经济增速和所拥有的内部化、所有权和地理位置等多方面的优势会影响它们的吸引外资和对外投资的能力,并且会影响该国的跨境资本流动(Dunning,1981)。随着一个国家经济增长情况的变化,该国的跨境资本流动中的净对外直接投资可能经历如下四个发展阶段:在初始阶段,该国不存在内部化和所有权方面的优势,因此也不存在对外投资的能力,也难以利用地理位置的优势来吸引外资。在第二个阶段,该国的经济水平有所改善,国内市场和证券化率都有所优化,它可以利用地理位置的优势推动外商直接投资规模的快速增长。但是由于在内部化和所有权方面仍然存在一定的劣势,导致该国的对外直接投资规模仍很少,因此对外直接投资和外商直接投资之间的缺口将进一步扩大。在第三个阶段,该国的经济水平出现了较快的发展,国内企业已经具备了在内部化和所有权方面的一定优势，此时它的对外直接投资规模也出现了大幅的上升，对外直接投资和外商直接投资之间的缺口会逐步缩小。在最后阶段，由于多年的经济增长，该国的经济水平已经接近于发达国家，它也具有较强的内部化和所有权方面的优势，此时它的对外直接投资规模已经超过了外商直接投资，二者之间的缺口也会由负数逆转为正数(Dunning,1981)。

结合中国的实际国情来看，中国的跨境资本流动的发展现状与 Dunning(1981)提出的理论非常符合，而且当前中国可能已经处于该理论的第三个阶段。在此阶段，中国的对外直接投资规模出现了大幅的上升，对外直接投资和外商直接投资之间的缺口逐步缩小，而且前者的增长速度远远超过后者。与此同时，随着资本账户开放程度的提升，中国跨境资本流动的规模可能受到其他一些国际因素的制约，例如美国、日本和 OECD 国家的货币政策和利率使得中国跨境资本流动出现了结构性变化和新的风险隐患，主要的风险隐患包含以下几点：

首先，跨境资本流动的大幅波动将加剧中国金融体系的脆弱性。

在 2000 年以前，中国的跨境资本流入中的证券投资流入的规模很少，外商直接投资(FDI)占据了主要的地位，由于当时的资本账户管制较为严格，因此跨境资本流入的波动性较低、稳定性较高，其波动带来的不利风险的影响较为有限。在新形势下，随着中国跨境资本流动出现了结构性变化，跨境资本流动的大幅波动会加剧中国金融体系的脆弱性，并且形成新的不利冲击。造成跨境资本流动大幅波动的原因主要包括以下两个方面：其一，包含热钱、虚假贸易资本在内的被动型国际资本具有不稳定性和波动性较大的特点，它们往往会绕过金融监管和资本账户开放规则进入国内金融市场；其二，伴随着中国金融市场的开放和国外投资者对华投资渠道的增加，金融资本流入规模呈现出不断上升的趋势，其中波动性较大的证券投资和其他投资的比例也大幅上升，导致中国的跨境资本流入出现了结构性变化。国家外汇管理局按照波动性的大小将中国的跨境资本流动划分为两类：第一类是波动性较小的国际收支差额，它通常是指经常项目和直接投资的差额，二者均与实体企业维持着较为密切的关系；第二类是短期流动性资本，也可以被称为非直接投资资本，主要包含波动性较大的证券投资和其他投资，由于它们容易受到金融市场情绪影响并经常偏离宏观经济的基本面，因此它们的不稳定性较强。

2000 年以后，中国实行了有管理的浮动汇率制度，人民币汇率长期面临升值的压力，国际收支长期维持了资本账户和经常账户"双顺差"的态势，导致大量的包含热钱、虚假贸易资本在内的被动型国际资本流入境内；与此同时,全球金融危机和欧洲债务危机接连爆发,欧洲、美国、日本等均实行了量化宽松的货币政策,这增强了人民币升值的预期,并且导致大量的短期流动性资本流入中国。2014年以后,伴随着中国经济增速的下滑,美国家庭和企业的资产负债表得到了较好的修复,其国内的经济也走出困境并有复苏的迹象,美联储逐步退出了量化宽松政策。此时跨境资本流动的方向出现了逆转,其中一些不稳定的短期流动性资本出现了大规模外逃(殷剑峰,2017)。由于资本外逃的压力持续增加、美元指数不断走强和人民币汇率面临贬值的压力加剧之间形成了循环反复的机制,中国中央银行不得不使用外汇储备来稳定汇率,该措施造成了外汇储备资产规模的大幅下降。在此背景下,跨境资本流动的大幅波动对中国金融体系的稳定形成了负面影响,资产价格和信贷增长等金融周期因素则放大了这种风险。当大量的短期流动性资本流入中国时,它会对人民币升值形成较大压力,此时中央银行不得不采取对冲措施稳定汇率。由于中央银行的国外资产规模迅速扩大,持有外汇储备的成本也不断上升,这导致国内的金融市场出现流动性过剩和信贷市场出现非理性繁荣,进而引发资产价格泡沫和严重的通货膨胀的风险;当大量的短期流动性资本流出中国时,它会对人民币贬值形成较大压力,并且有可能严重阻碍人民币汇率实现均衡状态。大量资本出现外逃,将导致国内出现信贷紧缩和流动性紧张,如果前期资产价格出现了大幅上涨,那么此时国内就有可能发生资产泡沫破裂和严重的通货紧缩。此外,跨境资本流动还会对银行稳健性形成负面冲击和影响(杨海珍、黄秋彬,2015)。

其次,企业资本运作的顺周期性有可能放大中国企业的外债风险。

一国企业的外债风险越高,会导致该国越容易受到外部冲击的影响,这是金融机构脆弱性的重要原因之一(IMF,2018)。短期流动性资本主要包括股权投资和固定收益投资,它们都反映了金融投资行为。其中固定收益投资主要通过企业财务运作的其他投资渠道和证券投资渠道进行投资(孙国锋,2014)。在2008年全球金融危机爆发之后,受国外量化宽松货币政策的影响,人民币汇率呈现出了持续升值的趋势。结合2008年中国的资本管制政策,很多企业实行了"债务美元化、资产本土化"的顺周期性资本运作,这在其他投资账户上表现为进出口规模的顺周期性和高波动性。

图2-13是国家外汇管理局统计的2006—2018年中国短期、中长期外债余额及占比情况。由图2-13可知,2006—2009年中国短期外债余额和中长期外债余额的规模较为接近。自2010年起二者的规模出现了较大的差别,即短期外债余额增长的幅度要远高于中长期外债余额。此外,从短期外债占外债总额的比重看,该数值在2010年后出现了大幅上升,其中2011年

高达 73.9%。2015 年中国实行"金融去杠杆"之后,该数值出现了下降,2018 年之后又重新反弹。从中国外债的总规模上看,随着美国的经济走出困境并有复苏的迹象,美联储逐步退出了量化宽松政策,此时中国一些不稳定的短期流动性资本外逃,一些采用顺周期性资本运作的企业面临着较为沉重的资本外流的压力,这导致中国的外债总额呈现出逐渐上升的趋势。

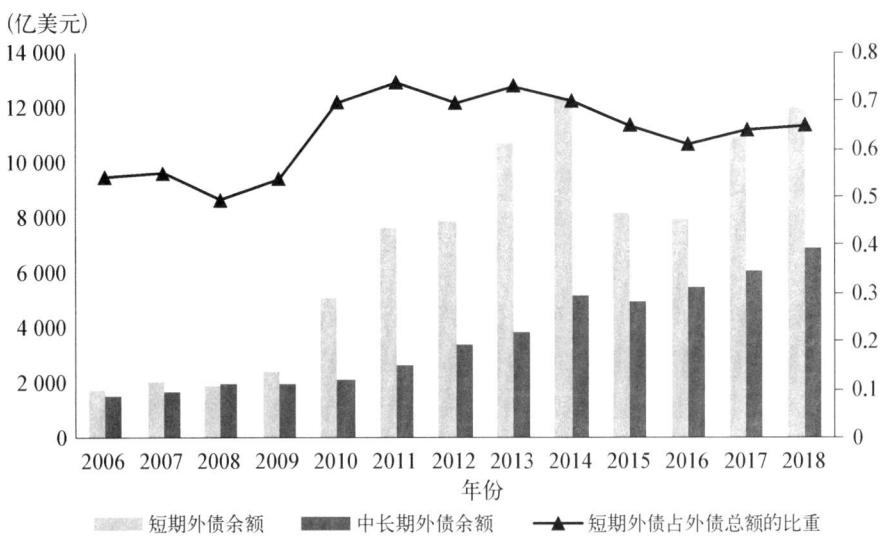

图 2-13 2006—2018 年中国短期、中长期外债余额及占比情况

资料来源:国家外汇管理局网站。

再次,新形势下,中国对外直接投资的风险也大幅增加。

近年来,随着民营资本和官方资本外流的结构性变化,中国对外直接投资的目标已经转变为"一带一路"沿线国家和一些新兴经济体的基础设施建设。根据商务部的统计,中国 2016 年对外直接投资的规模超过了 2 000 亿美元,该规模大致相当于 2013 年对外直接投资规模的两倍。在"一带一路"和"走出去"倡议的指引下,未来中国对外直接投资规模仍有望保持快速增长,对中国在全球产业链中的地位提升起到积极推动作用,并有望促进相关国家的经济增长与区域合作。

值得注意的是,中国对外直接投资中的一部分目标是落后国家或新兴经济体。由于上述地区普遍存在法律法规不完善、政治不太稳定等问题,它们容易受到国际金融风险的交叉传染,这在一定程度上增加了中国对外直接投资的信用风险和主权债务风险。美国经济复苏和"逆全球化"趋势对这些落后国家或新兴经济体的资产价格和汇率有可能形成较为严重的负面冲击,也有可能放大这些地区的系统性金融风险,甚至可能导致这些地区的政局出现动荡。这不但可能对已经签署协议的对外直接投资项目造成一定的经济损失,还可能影响到中国未来双边贸易协定的签署,并且会对"一带一路"和"走出去"倡议形成负面影响。

第三节 中国跨境资本流动的未来变动趋势

近年来,随着全球经济增速放缓和"逆全球化"趋势来临,新兴经济体出现了较为严重的跨境资本流动。与此同时,中国已经成为世界上跨境资本流动规模最大的国家之一,跨境资本流动问题日益引发学界和业界的高度关注。

目前,学界和业界人们对于中国跨境资本流动未来趋势的讨论很多,观点也大相径庭。招商证券(2017)认为,从国际视野看,近年来国际资本持续流入的状况并没有改变,特朗普的税制改革也没有改变这一大趋势。金融市场开放的红利也会给中国带来部分较为稳定的国际配置资金,这将改变证券投资赤字的状况。从国内看,企业偿还外债的过程即将结束,机构的境外投资行为仍然受到监管限制,居民的外汇购买预期将保持稳定。但是,考虑到中国居民和企业还需要配置海外资产,以及之前过度抑制外汇购买需求的外汇管制政策将逐渐放开,未来中国的跨境资本流动面临着较大的压力,但是资本流出的规模应该是可控的。

世界银行对中国跨境资本流动未来趋势的观点没有这么乐观。图2-14展示了Volz预测的2010—2030年全球资本流动总量的变化。由图2-14可知,无论是在缓慢还是快速的情况下,2030年中国的资本流入和流出都会大幅增加。尤其是2030年跨境资本流动的规模将达到2010年的4倍左右,值得人们引起重视,并且对其可能引发的金融风险进行防范。

为了充分认识未来中国跨境资本流动的趋势,我们必须在世界经济再平衡和全球资本流动调整的总体框架下进行考虑,深入分析影响中国跨境资本流动和国际资本流动逆转的内外因素,以及国际形势变化中的被动调整与主动调整。

在今后一段时间内,中国跨境资本流动将受到内外部压力的影响,跨境资本流入和流出的方向可能更加不确定。从外部看,西方发达国家的货币政策的溢出效应是影响跨境资本流动的一个重要因素。从内部看,新兴经济体经济实力是吸引跨境资本流入的关键因素。在产能过剩、企业去杠杆化与外

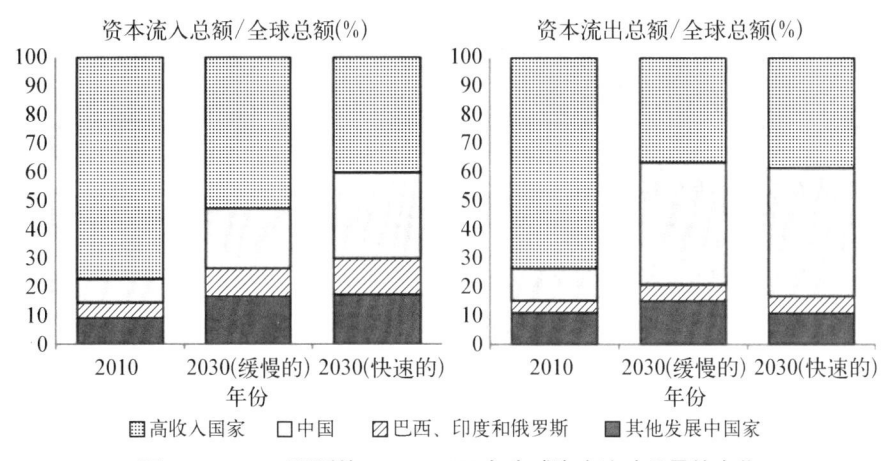

图 2-14 Volz 预测的 2010—2030 年全球资本流动总量的变化

资料来源：V. Volz, "Financial Stability in Emerging Markets-Dealing with Global Liquidity" *Social Science Electronic Phblishing*, Vol.4, 2012.

需疲软等多重因素的影响下，近年来中国的宏观经济下行压力仍然较大，国际资本追求利润的空间逐步缩小。为了充分了解中国未来跨境资本流动的发展趋势，我们必须重视以下两点：

首先要认识到影响中国跨境资本流动的积极因素与消极因素。具体来说，中国跨国资本流动的传导机制和形成原因非常复杂，除了受到内外部压力的影响之外，中国还有一些积极的调整和被动调整活动，以应对国际形势的变化。目前中国的市场化改革已经进入深水区，管理层逐步放松了对利率和汇率形成机制的管制，它们的浮动弹性在未来有可能进一步增强。在接下来的一段时间，伴随着资本账户开放和跨境贸易人民币结算的加速，中国居民对海外资产配置的需求将进一步增加，跨境资本流动的波动性有可能更加剧烈。与此同时，近年来中国对外投资的步伐明显加快，尤其是伴随着国际产能合作和"一带一路"建设，外汇储备资产在中国的运用正在发生重大战略性结构调整，未来几年中国对外直接投资可能比外国直接投资的规模更大。

其次，要对中国跨境资本流动有可能导致的系统性金融风险隐患的放大效应采取预警制度。中国可以考虑学习智利、巴西等国家建立的统一的跨境资本流动实时统计监测系统，使用直联接口直接获得第一手资料，这样可以提高统计分析的及时性和准确性。与此同时，由于跨境资本流动涉及企业、银行、居民、证券等部门，建立宏观审慎和微观审慎管理部门与监管协调机制是非常重要的，保持政策信息的透明度、有效引导投资者形成理性预期，都会对中国跨境资本流动预警制度的形成起到重要推动作用。

在对以上两点予以充分重视的基础上，对于中国跨境资本流动未来趋势的研判才能趋于客观。从目前的国际权威研究机构和多数文献的观点看,人们对于中国跨境资本流动未来趋势普遍较为担忧。例如,余永定(2018)指出,中国绝对不能放松对跨境资本流动的监控,并且要对其可能导致的系统性金融风险隐患的放大效应进行管控。只有这样,才能够降低系统性金融风险,从容应对特朗普和贸易摩擦的冲击。

第三章 中国跨境资本流动的表现形式、特征、动因和类型

第一节 中国跨境资本流动的表现形式

在经历了2016年和2017年的剧烈波动之后，中国汇市进入一个相对稳定的时期，人民币汇率表现得更加具有弹性，经济增长也呈现探底回升的走势。然而，由于美国政治环境出现了剧烈变化以及欧洲大陆不确定性等众多因素的影响，人民币汇率在未来一段时间的表现和跨境资本流动的管理仍然成为各方关注的焦点。那么从全球角度来看，中国跨境资本流动的表现形式和特点是什么？本章将对该问题进行深入分析和探讨。

从历史视角看，2000年以后全球的跨境资本流动经历了两个较大的发展阶段。第一阶段发生于2000—2013年。彼时较多的跨境资本流入新兴经济体境内。在2008年全球金融危机爆发之前，跨境资本受到新兴经济体经济快速增长和资本回报率高所吸引。全球金融危机爆发之后，跨境资本流入新兴经济体主要是国际市场流动性泛滥和西方发达国家实行量化宽松货币政策所导致的。第二阶段发生于2014年以后，大量的跨境资本流出新兴经济体，转而流入西方发达国家。主要的原因在于，新兴经济体的经济增长放缓，西方发达国家的货币政策出现分化，尤其是美联储实行量化宽松货币政策退出，导致跨境资本流动的转向。当前全球的经济增长仍拥有很多不确定因素，很多新兴经济体也面临着一些风险因素，导致跨境资本流动的规模和转向变得错综复杂，其流动速度和结构都在发生动态变化。

在全球跨境资本流动模式发生较大变化的影响下，中国的跨境资本流动自20世纪以来也经历了两个较大的发展阶段。第一阶段发生于2000—2014年6月。当时中国的资本账户和经常账户出现了双顺差，外汇储备的规模大幅增加，大量的跨境资本流入中国。在2008年全球金融危机爆发之前，直接

投资的流入规模很大,全球金融危机爆发之后,外债与证券投资等其他投资基金的比重开始增加。第二阶段发生于2014年6月之后。中国的经常项目出现顺差,但经常项目的顺差低于资本项目的逆差,这导致跨境资本的大幅流出,外汇储备的规模也开始降低。从时间和流动的角度来看,中国和全球的跨境资本流动形势非常相似。

当前,中国跨境资本流动出现了两个较为明显的变化。首先,市场主体的对外资产出现了快速增长。在过去几年中,中国的对外资产基本上是由官方的外汇储备形成的,其中官方的对外资产占总数的70%以上。2014年6月以后,中国的对外资产出现了结构性的变化,市场主体持有的对外资产有所增加,而外汇储备形成的官方对外资产则出现了大幅下降。根据数据统计,2016年年底中国官方和民间持有的外汇资产均占50%,彰显了这一发展趋势。其次,市场主体的外债出现了下降。在过去的几年里,美联储逐步退出了量化宽松政策,这导致美元汇率走强,中国国内的利率则有所下降。在利率较低的环境下,国内的企业更倾向于转向国内融资,并且加快偿还外债的速度,货币错配与高杠杆经营的风险有所降低。自2016年第二季度开始,中国外债规模开始上升,企业外债去杠杆化的进展较为顺利。

自2014年起,包括中国在内的一些新兴经济体都经历了汇率贬值与外汇储备资产下降,其中俄罗斯和巴西等新兴经济体的汇率贬值幅度要超过了人民币汇率。

图3-1展示了2000—2019年中国外汇储备的规模情况。从图3-1中

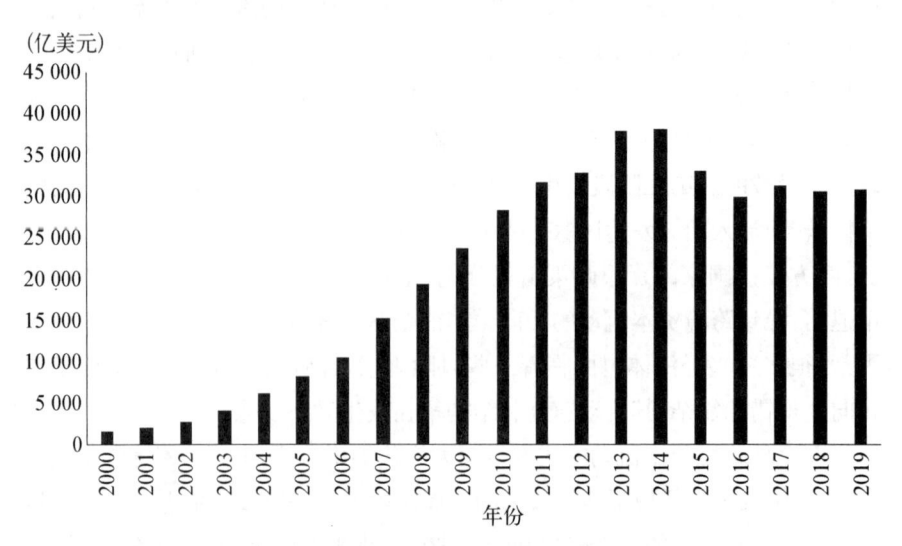

图3-1 2000—2019年中国外汇储备的规模

资料来源:国家外汇管理局网站。

可以看到,自 2014 年以来,中国外汇储备呈现出逐步下降的态势。在中国处于经济"新常态"、债务风险很高和中美贸易摩擦的背景下,尽管未来中国的外汇储备的规模仍然存在继续下降的可能,但是它的规模有可能与跨境资本流动的规模变动实现动态的均衡。

除了外汇储备资产的变动情况,学者们也对中国服务贸易与经常账户余额较为重视。图 3-2 展示了 2005—2016 年中国服务贸易与经常账户余额走势。由图 3-2 可知,近年来中国服务贸易余额和与经常账户余额的走势存在较大的差异,具体而言,服务贸易余额自从 2011 年开始出现了快速下跌,而经常账户余额则一直呈现出高位震荡的态势,这也使得二者在 2011 年之后的差异越来越大。

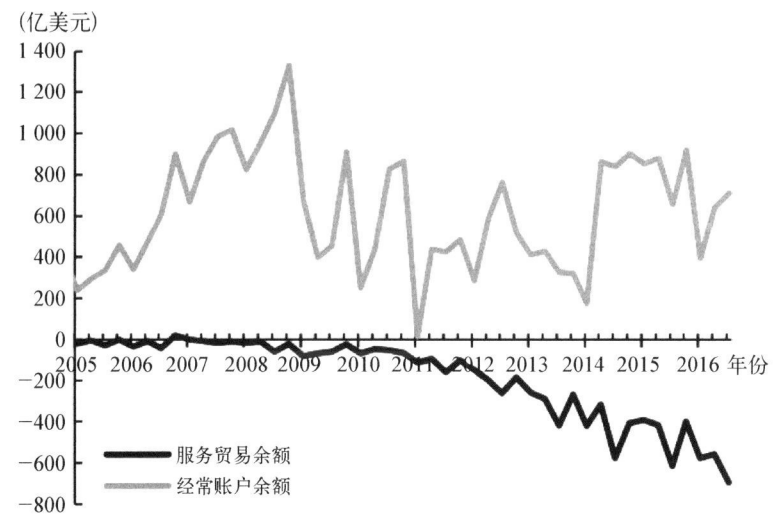

图 3-2 2005—2016 年中国服务贸易与经常账户余额走势
资料来源:国家外汇管理局网站。

根据国泰君安证券研究所的测算,近年来中国旅游项下支出与购汇流出规模成为服务贸易逆差的重要内容。图 3-3 展示了 2013 年下半年—2016 年上半年中国旅游项下支出与购汇流出规模。从图 3-3 中可以看到,由于通货膨胀、生活质量提高等因素,中国旅游项下支出呈现出震荡走高的态势;与此同时,由于资本账户的逐步开放,个人购汇流出规模在 2013 年 12 月、2014 年 6 月、2015 年 6 月和 2016 年 6 月都出现了下降,即每年 6 月均有所下降,其他月份的规模则较高。

除上述指标以外,中国跨境资本流动情况还可以通过净误差与遗漏项、经常项下热钱流动等指标来反映。图 3-4 展示了 2007—2016 年中国以上两个指标的走势。从图 3-4 中可以看出,从 2009 年起上述两个指标就长期

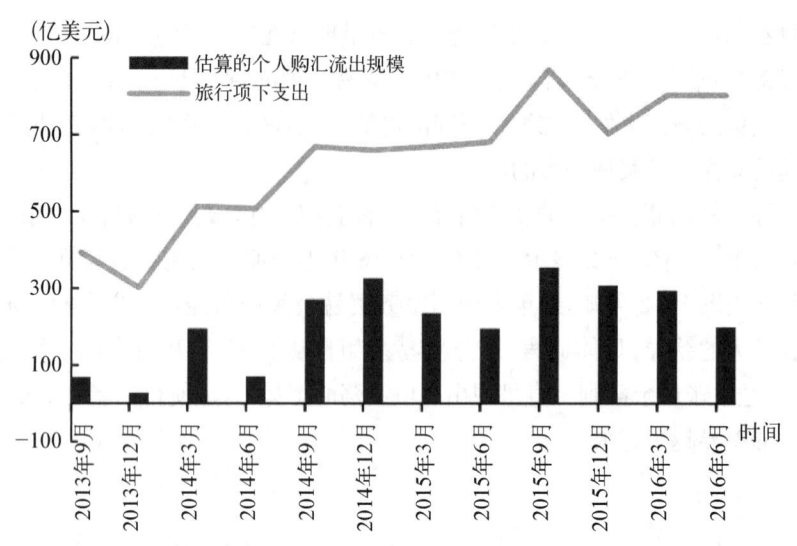

图 3-3　2013 年下半年—2016 年上半年中国旅行项下支出与购汇流出规模

资料来源：国泰君安证券研究所：《历史经验、作用机制、分析框架：从资本流动到全球金融周期》，《国泰君安研报》，2018。

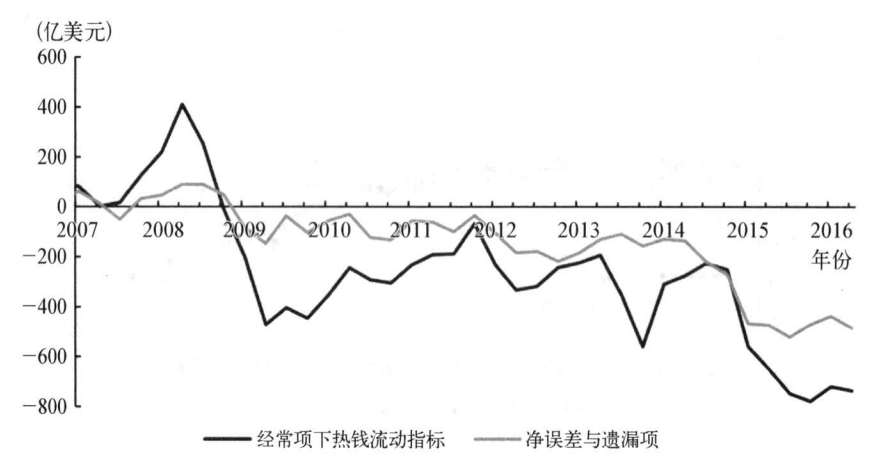

图 3-4　2007—2016 年中国经常项下热钱流动和净误差与遗漏项

资料来源：国泰君安证券研究所：《历史经验、作用机制、分析框架：从资本流动到全球金融周期》，《国泰君安研报》，2018。

居于零轴下方，并且 2014 年之后均出现了快速下降。从上述两个指标的走势，人们可以大致判断出中国跨境资本流动的变动趋势。

国际经济学指出，伴随着全球经济一体化的加速推进，只要在全球范围内存在套利空间，就会有跨境资本流动的存在。这是每一个经济体在对外开放和经济发展过程中不可避免的现象。从这个角度而言，跨境资本异常流动有可能在各国未来的经济发展中成为一种常态。通常而言，跨境资本异常流动的影响因素包括国内外经济发展状况、外汇管理政策的缺陷等，它会对该国的经济发展形成一定的负面影响。在当前的国际环境下,跨境资本异常流动可能成为国际投机资本在新兴市场经济体制造资产泡沫的重要手段。当这些异常流动的跨境资本撤离时,新兴市场经济体有可能出现银行坏账率上升和资产价格快速下跌等问题,在它们的经济泡沫破裂之后还有可能出现较为严重的风险损失。

对于中国跨境资本异常流动现象,中国人民银行济南分行课题组给出了山东省跨境资本流动的一些案例,并且对设立壳公司、关联企业分头借债、股权溢价转让、频繁汇入外汇资本金和以红利形式汇回股东的减持股份等形式进行了深入探讨。[①] 跨境资本异常流动现象之所以存在,可能与目前中国发展的特点和宏观政策中存在一定的薄弱环节有关。它们的套利运作规律可以分为政策寻租、市场套利、关联交易和资金退出等几个环节。其中,政策性寻租是指政府对一些经济行为或范畴的控制或激励,它也形成了某些"利益链条"来吸引外资进行套利。例如,在中国政府提出和颁布了一些扶持环保技术和绿色低碳经济等战略性新兴产业的优惠政策之后,有些跨境资本通过相关优惠政策在中国开设了空壳公司,在注册的资本金结汇之后,再将这些资金转用于其他目的。在市场套利的环节中,人民币汇率升值、资本价格持续上升和国内外实际利差的扩大等因素都会引发跨境资本异常流入,并进行市场套利。关联交易是指,在企业的经营决策和收购重组等资本运作的过程中,如果其中一方可以直接或间接控制另一方,或者它可以对另一方施加影响,则该交易可以称之为关联交易;如果两方或者两方以上都被同一方控制,那么该交易也可以称之为关联交易。资金退出是跨境资本异常流动的最后一个环节,因为它们只能通过退出机制来实现套利的收益。虽然不同形式的跨境资本异常流动的退出手法不尽相同,但是通常它们都会采用看似"合理"的渠道实现资金退出。

第二节 中国跨境资本流动的特征

从 2014 年 6 月开始,中国的跨境资本表现为净流出状态,并且规模出现了大幅增加。与此同时,中国隐蔽性、迂回式的跨境资本流动的规模也有所增加,其原因主要包含人民币的波动、中国企业走出去的步伐较快等。伴随

---

① 资料来源:http://wzdig.pbc.gov.cn:8080/search/pcRender?pageId=fa445f64514c40c68b1c8ffe859c649e。

着企业"走出去"战略的加速推进,结合"一带一路"建设的逐步实施,国内的对外投资将进一步加速,这将导致基于国际分工关系和国际产业转移的跨境资本流出的规模在未来将不断增加。

根据现有文献对中国跨境资本流动的阐释和分析,并结合中国跨境资本流动的基本事实,笔者总结了它的主要特征,包含以下几点:

一、近年来中国跨境资本流动规模整体上呈现出逐步增加的态势

图3-5展示了2000—2019年中国跨境资本流动的规模。由图3-5可知,尽管2002—2004年和2007—2009年该规模出现了快速下降,但是之后均出现了迅速反弹,因此在整体上呈现出逐步增加的态势。尤其是2018年,受到中美贸易摩擦加剧、一些外资企业撤离中国的影响,中国跨境资本流动的规模达到了16 525.47亿美元,2019年中美贸易摩擦趋缓之后,跨境资本流动的规模才出现了下降。

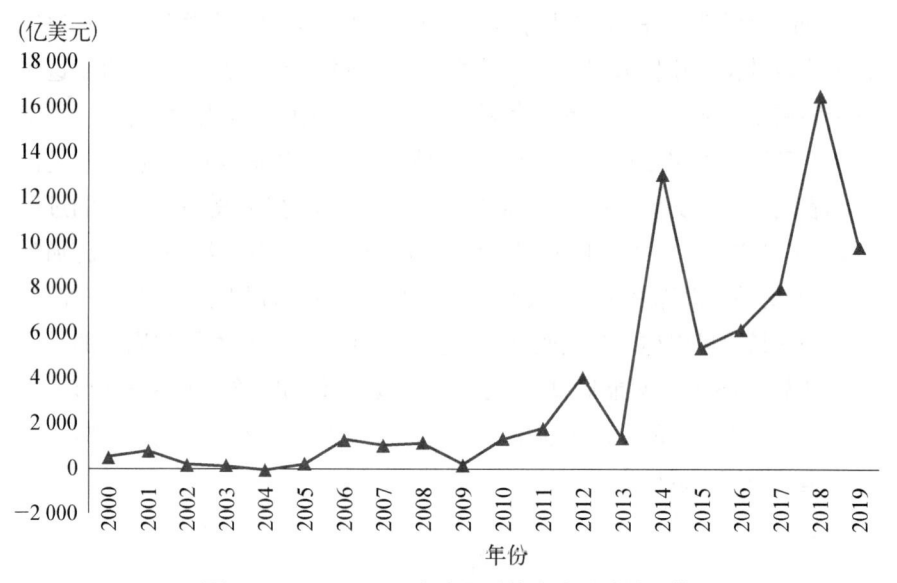

图3-5 2000—2019年中国跨境资本流动的规模
资料来源:笔者测算。

目前,还有一些因素对中国跨境资本流动的规模产生较大的影响。从国际视角看,跨境资本流动的趋势没有改变,特朗普的税制改革也没有改变这一趋势。金融市场对外开放的政策将释放出一定的制度红利,会为中国带来一定的跨境资本流入。从国内看,中国企业偿还外债的进展较为顺利,居民外汇占款预计将保持稳定,机构的对外投资行为仍然受到监管。但是,由于中国企业和居民仍然需要配置海外资产,并且以前过度抑制外汇购买需求的

政策将逐渐放松,因此未来中国跨境资本流出仍然存在很大的压力。

二、中国跨境资本流动规模与人民币汇率波动有关

图3-6展示了2003—2019年美元兑人民币汇率的波动情况。由图3-6可知,从2004年起人民币汇率就开始了贬值,同时中国跨境资本流动的规模开始呈现上升趋势,这表明两者之间可能存在较强的关联。

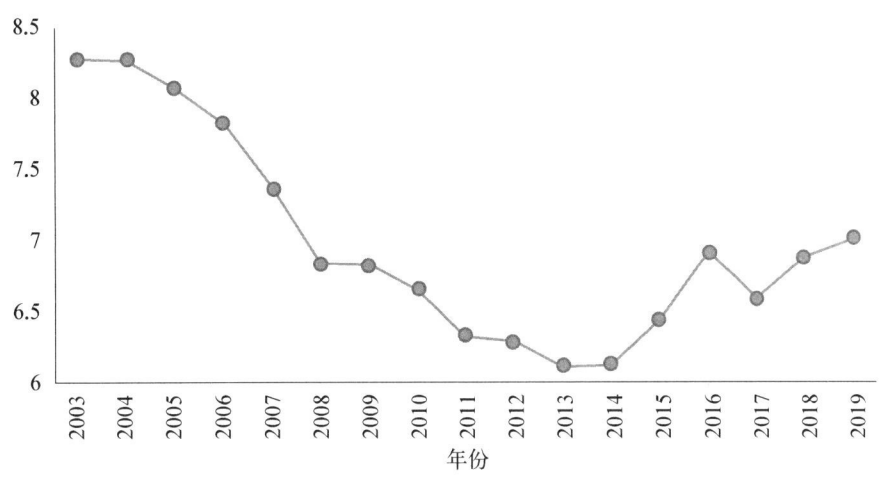

图3-6　2003—2019年美元兑人民币汇率的波动情况
资料来源:国家外汇管理局网站。

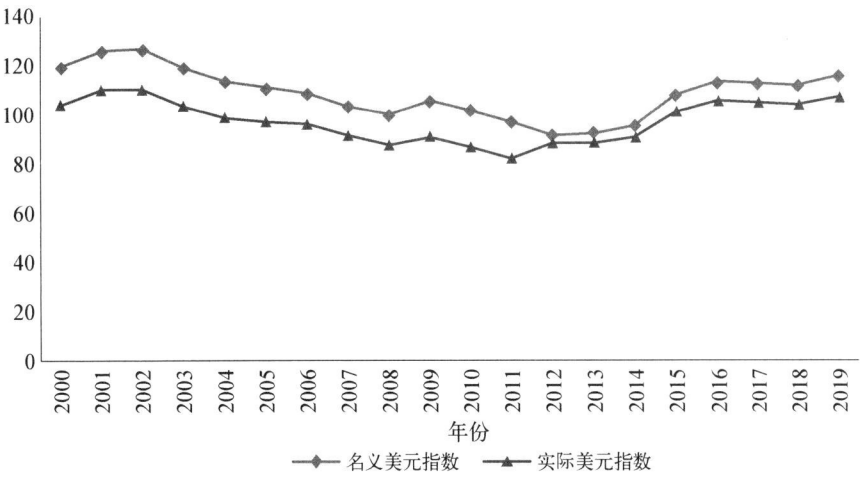

图3-7　2000—2019年名义和实际美元指数走势
资料来源:国家外汇管理局网站。

由图3-7可知,从2010年起名义美元指数和实际美元指数都呈现出了快速上涨的态势,尤其是2014年美元指数上涨的斜率更加陡峭,这与人民币

汇率贬值、笔者测算的跨境资本流动规模上升恰好相对应。

自2017年5月起,人民币汇率的中间价机制从两因素模型转变为三因素模型,也就是一篮子货币汇率变化、收盘价和逆周期因子这三个因素。从效果上看,伴随着逆周期因子的引入,人民币汇率的双向波动幅度将增大,汇率变动的方向则不会发生变化。由于逆周期因子的引入会适当增加一篮子货币汇率变化的权重,同时还会促使美元走强时人民币汇率走弱,因此导致人民币汇率的双向波动幅度变大,也导致人民币汇率指数的走势更加稳定。综合来看,未来人民币汇率波动对中国跨境资本流动的影响可能降低,但具体实践效果仍需要考察。

三、海外因素对中国跨境资本流动的影响较大

从2011年开始,西方发达国家的经济出现了复苏状态,尤其是美国的房地产和制造业开始活跃,而中国经济进入了"新常态",这导致跨境资本从中国大量流出。2017年至2018年初,美国国内的经济较为稳定,并且实行了几轮加息,这使得中国和美国之间的利差缩小,也导致中国跨境资本流动的压力较大。

图3-8是中美利差与央行新增外汇占款的走势图。由图3-8可知,两者的走势极为接近,而央行新增外汇占款基本可以反映中国跨境资本流动的走势。因此,可以得出结论,即中美利差与中国跨境资本流动相关度较高,对跨境资本流动的规模也会产生一定影响。

图3-8 中美利差与央行新增外汇占款的走势

资料来源:招商证券研究所:《中国央行外汇占款进入常态低速波动》,2017。

四、中国存在一定规模的迂回性的跨境资本

从严格意义上讲,这种资本流动可能并非是真正的资本外流,而是资金在出境之后,以外资的形式返回至国内,并参与其经济活动。由于中国对国内外注册地址不同的企业的税收政策存在一定的异质性,境外的资本回流之后可以享受更多支持的优惠政策,还可以在国内投资中捕捉套利机会,这促成了迂回性跨境资本的频繁出现。

五、有可能导致系统性金融风险的隐患放大

2015年8月汇率改革之后,中国的跨境资本流动、宏观杠杆率与资本市场价格之间的关系就开始从单向关系转变为循环性互动关系,也就是说,跨境资本流动规模会对宏观杠杆率和资本市场价格产生显著的影响。在某种程度上讲,跨境资本流动引发的风险将与金融市场风险、房地产风险和机构风险等交织在一起,并具有传染性,这将使得局部或单个市场的风险引发联动冲击,从而导致系统性金融风险出现的概率大幅上升。尽管目前中国并没有面临"明斯基时刻",但是需要重点防范跨境资本流动可能导致的系统性金融风险隐患的放大效应(余永定,2017)。中国现在处于经济转型升级的重要阶段,假如跨境资本流动的规模很高,势必导致区域性和系统性金融风险的隐患放大,进而导致金融不稳定现象出现(黄益平,2017)。

第三节 中国跨境资本流动发生的动因

2012年以后,中国跨境资本流动的规模呈现快速上升的态势,引发了学界和业界很多人士的关注和忧虑。现有文献从不同视角阐释中国跨境资本流动发生的动因,主要包含以下几个方面:

一、中国企业对外直接投资规模不断增长

近年来,在企业"走出去"战略和"一带一路"倡议的指引下,中国企业对外直接投资规模出现了快速增长。根据商务部的统计数据,2017年上半年中国企业对世界范围内145个国家和地区进行了直接投资,投资规模达到了481.9亿美元,面向国外派出的劳务合作人员总数则达到了91.7万人。英国《金融时报》预测,虽然在特朗普政策的影响下,目前全球贸易保护主义有重新抬头的趋势,但是未来十年以后,中国企业对外直接投资规模将达到1.5

万—2.5万亿美元。在此背景下,中国跨境资本流动的规模也随之大幅增长。

值得注意的是,自2015年开始,中国部分企业的对外投资呈现出不理性的倾向,甚至存在一些盲目性的特征,这有可能导致金融风险的爆发。经过调查发现,中国部分企业的对外投资并购存在一些异常情况,例如"快设快出""母小子大"等现象,这些异常情况导致了不少风险隐患,需要监管部门加强对这些企业的引导(潘功胜,2017)。

二、美元升值导致跨境资本流动规模增加

在美元升值、人民币汇率波动加大的背景下,国内的很多企业往往倾向于偿还外债,并且选择在国内的银行进行贷款。这些企业"负债本币化、资产外币化"的财务运作行为在一定程度上导致了中国跨境资本流动规模的上升,尤其是资本外流的增加。除此之外,人民币汇率存在贬值预期还会导致一些投机套利资本规模的增加。例如,很多企业"境外结汇、境内购汇"跨境套利行为的大量出现,甚至很多企业和个人力图通过贸易方式和融资渠道将自有的资金或财富转移至国外,促使了隐蔽性跨境资本流动规模的大幅增加。

三、中国居民去境外旅游和留学的支付规模上升

近年来,伴随着全球经济金融一体化和中国对外开放程度的提高,中国居民去境外旅游和留学的支付规模上升。根据国家旅游局的统计数据,中国居民去境外旅游的人数达到了1.29亿人,人均出游次数为3.7次,同比2016年增长了7%。在世界范围看,中国去境外旅游的人数规模已经连续多年在全球保持第一位。尤其是"80后"和"90后"的人群更加注重于生活品质和精神需求,目前已经成为中国去境外旅游的核心群体。根据中国教育部的统计数据,2017年中国出国留学的人数规模达到了60.84万人,同比2016年增长了11.74%,并且连续多年在全球保持了最大的留学生生源国的地位。在这些留学生中,自费留学生的规模较大,在全部留学生的占比为88.97%,他们主要的留学目的地为欧洲和美国等发达国家和地区。随着中国居民去境外旅游和留学的支付规模上升,中国跨境资本流动规模也出现了大幅增加。

四、避税天堂的存在

《21世纪资本论》的作者托马斯·皮凯蒂指出:"避税天堂的快速发展,导致各国收入以各种方式流向这些地方,这些财富或资产的大部分甚至不包

含在国民账户中,这导致我们低估了最富10%的人所掌握的财富规模,也加剧了人们的收入不平等。"从定义看,避税天堂是指某些国家为了吸引跨境资本流入,在国内选定一定的范围,允许外国人进行投资或参与各种贸易或服务活动,并且对他们实施特殊税收优惠甚至减免直接税的国家或地区。目前,全球拥有五个较为知名的避税天堂,分别是开曼群岛、百慕大群岛、英属维尔京群岛(BVI)、特克斯和凯科斯群岛、海峡群岛。这些避税天堂对外国投资者的公司所得税、个人所得税和不动产税等税种均进行了很大程度的减免,从而吸引了大量的跨境资本流入。这种资本流动可能并非是真正的资本外流,而是资金在出境之后,还会以外资的形式返回至国内,并参与其经济活动。由于中国对国内外注册地址不同的企业的税收政策存在一定的异质性,境外的资本回流之后可以享受更多支持的优惠政策,还可以在国内投资中捕捉套利机会,这促成了迂回性跨境资本的频繁出现(杨海珍,2000;贺力平、张艳花,2004等)。这些"迂回性的资本"或"过渡性跨境资本"流动的中转站正是避税天堂。

以上分别从不同视角阐释了中国跨境资本流动发生的动因,并且均符合目前的现实情况。伴随着中国的经济增速逐步放缓、宏观杠杆率的快速上升,管理层应当对跨境资本流动可能导致的系统性金融风险隐患的放大效应保持足够的警惕,特别是需要防范以市场、政策套利为目的的跨境资本流动,并且防范中国陷入"人民币汇率贬值—跨境资本流动规模上升"的恶性循环,进而导致金融不稳定甚至金融危机的发生。

第四节 中国跨境资本流动的类型

为了分析中国跨境资本流动的类型,必须对国际收支平衡表各科目的变动特征有较为透彻的了解。在中国的国际收支平衡表中,整体可以分为经常账户、资本与金融账户、错误与遗漏三个部分,其中资本与金融账户可以划分为资本账户和金融账户,金融账户又可以划分为储备资产和非储备性质金融账户。为了简化分析,可以将非储备性质金融账户和资本账户当做同一类账户,以突出储备资产科目。

一般而言,经常账户中包含商品、服务、初次收入和二次收入等四个方面,其中商品和服务是重要的组成部分,服务主要包括出境旅游、信息服务和金融服务等方面。近年来中国经常账户中的服务贸易逆差大幅增加,可能隐藏着大量的资本外流。根据国家统计局的数据,自2014年起,中国出境旅游服务项下反映资本外流的借方的规模呈现大幅上升的趋势,直到2017年该项的上升速度才出现了减缓,该指标的走势与人民币汇率呈现出非常高的相关性。由于该项资金的流动很难用会计因素或经济基本面来解释,因此人们不得不怀疑该项资金流动的真实程度,并认为有可能存在转移资产去海外购买金融资产或者房产的嫌疑(张明等,2018)。

在非储备性质金融账户中,证券投资、直接投资和其他投资是最主要的组成部分,而且都根据资产和负债项目进行了细分。其中,资产项目中的正、负值分别表示对外投资的资本净流入和净流出,负债项目中的借方表示资本外流的规模,贷方表示资本流入的规模。在这些项目中,直接投资差额是重要组成部分,而且外国投资者在FDI中占据主要地位。

以上是国际收支平衡表各科目的简要介绍。如果按照流动期限进行分类,可以将跨境资本流动划分为长期流动和短期流动。其中,长期流动是指资本流动的期限大于一年或者没有明确规定期限的投资,主要包括国际借贷、证券间接投资和直接投资等内容;短期流动是指资本流动的期限小于一年的投资,主要包括保值性、投机性和贸易性资本流动,以及各国间调拨资金而产生的短期资本流动。在短期资本流动中,有一类资金在国际金融市场上快速流动,这类资金的特点是投机、套利和短期,因此人们往往称它为"国际热钱"或者"逃避资本"。在1997年亚洲金融危机中,索罗斯正是使用"国际热钱"在泰国和中国香港掀起了金融风暴。

按照资本流动的用途划分,跨境资本流动可以分为实业投资和金融投资两种。其中,实业投资是指跨境资本流动用于投资至实体部门的资金,金融投资则是指用于投资至金融市场或者股权的资金。此外,跨境资本流动还可以分为直接投资和间接投资。其中,直接投资是指投资者对流入境内的资金有充分的控制权和影响力的投资,例如其他国家在中国建立的跨国公司的子公司。间接投资是指境外投资者不直接影响资金实际运行的投资,例如境外投资者购买中国上市企业的股票或债券,而并非直接参与企业的实际运营和管理。

学界普遍认为,直接投资理论的最关键问题是解释清楚投资发生的原因、机理和后果。在实践中,跨国公司在跨境资本流动中也发挥了一定的作用。垄断优势理论认为,由于跨国公司拥有垄断优势,因此它们是国际直接投资中的重要力量。其机理在于,一般而言,跨国公司拥有当地企业所没有的某种优势,导致它们能够在海外投资和竞争中处于优势。由于在不完全竞争的市场上,跨国公司才能实现和维持竞争优势,因此跨国公司一般处于不完全竞争的市场环境中。具体而言,跨国公司的优势主要包括技术、产业组织、企业家才能、原材料或资金成本较低等方面。除此之外,跨国公司的优势还包括其母国的经济环境,主要的原因在于,该企业的优势是在特定环境中形成并发展的,其对外投资在一定程度上会受到国内经济形势的影响。

第四章　中国跨境资本流动的影响因素

第一节　宏观经济层面影响因素

如果按照跨境资本流动的流动方向将其进行细分,就会发现,它可以细分成资本流入和资本流出,本研究主要分析的是其中资本流出的部分。在全球经济金融一体化的条件下,各国之间的溢出效应和金融风险交叉传染效应变得越来越显著。跨境资本流动成为各国学界和业界持续关注的热点问题之一,它对经济稳定增长的作用和导致的系统性金融风险的放大作用也日益明显。CNKI 数据库统计显示,近年来国内关于"资本外流"的论文数量呈现出了逐步上升的态势。2003 年以前,中国关于"资本外流"的论文数量较少,2004 年之后相关论文数量的增长幅度较快。2008—2012 年间,由于美国次贷危机爆发,国内学者的研究方向有所转移,导致相关论文数量出现了下降。2013 年之后国内学者又重新对资本外流问题进行重视,导致相关论文数量出现了快速上升。总体来看,在 2003—2018 年间,国内学者对资本外流的关注度要高于跨境资本流动。

根据现有文献的分析,关于中国跨境资本流动的影响因素非常多,包括宏观经济层面、社会发展层面和金融体系层面。主要的原因在于,以上三个层面的因素都会对跨境资本流动形成不同程度的影响。本节将介绍宏观经济层面影响因素。

一、经济增速和经济体制改革

经济增速一般是指一个国家的 GDP 增长率或是居民平均收入的增长速度,它可以衡量一国国内资产总收入波动的程度,可以用 GDP 增长率来表示。自改革开放以来,中国经济维持了 30 多年的高速增长,但是在 2010 年之后,随着中国进入了"供给侧机构性改革"和经济"新常态"的发展阶段,经济增速出现了显著的下降。

根据国家统计局的数据,2010年之后中国GDP增速和人均GDP增速都出现了明显的下滑,从图4-1中可以观察到以上现象。一般来说,当投资者对经济增速的预期不确定时,为了避免资产价值的下降,跨境资本流动的现象会经常发生。与此同时,跨境资本流动还会导致工业增加值和国家投资水平的下降,甚至形成恶性循环。在理论上,有学者认为,一个国家的经济增速可能与跨境资本流动呈现负相关的关系,也就是当一个国家的经济增速下降时,跨境资本流动的规模将大幅增加;当一个国家的经济增速上升时,跨境资本流动的规模将有所减少(Conesa,1987)。

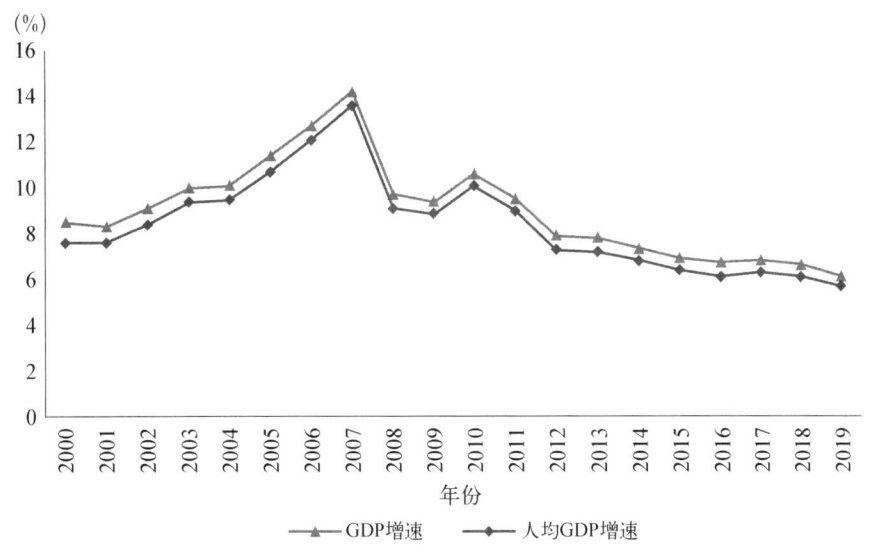

图4-1 2000—2019年中国GDP增速和人均GDP增速走势情况

资料来源:国家统计局网站。

除了经济增速之外,中国的经济体制改革也会对跨境资本流动形成较为严重的影响。研究显示,不同的汇率制度对跨境资本流动产生的影响不尽相同。人民币汇率制度改革的效应显示,中国的汇率弹性较为明显,但是对热钱的限制效果并不显著,因此中国的汇率制度应当继续改革,汇率浮动区间也应当扩大(曹垂龙,2006)。在中国推进市场化改革的过程中,利率、汇率等资产价格的形成和变动机制均出现了很大的变化,伴随着国内外利率和汇率的差距降低,跨境资本流动的投机套利行为也会大幅减少,这在一定程度上会降低跨境资本流动带来的系统性金融风险的放大效应。与此同时,利率、汇率等资产价格的形成和变动机制比较容易受到国际经济环境的影响。主要的原因在于,国际经济环境的大幅波动可能加剧跨境资本双向波动的风险,并且更容易将其他国家的经济和金融风险传染至本国(中国人民银行南昌中心支行招标课题组,2014)。在汇率和利率市场化的过程中,中国央行应当适当改变汇率和利率的影响方式,通过增加汇率波动和影响美元远期汇率等措施抑制跨境资本流动,进而降低资本外流的风险(邹小龙,2016;曹勇,2016;白晓燕、唐晶星,2013)。实证检验结果显示,在"三期叠加"的背景下,汇率波动对中国跨境资本流动产生的影响较为严重;利率市场化对中国跨境资本流动也存在一定的影响,但是影响不太严重。因此,中国应当进一步对汇率市场进行改革,并且培育国内外汇率衍生品市场,这样有助于降低跨境资本流动导致的系统性金融风险的放大效应(吴彬、金海平,2015)。从具体案例看,一些距离中国边境较近的城市可能受到跨境资本流动较大影响,例如佳木斯市;这些城市的跨境资本流动也会受到汇率和利率市场化的严重影响(白岩,2015)。

综合以上学者的研究看,在中国向市场经济转型过程中,汇率和利率市场化对跨境资本流动形成了较为严重的影响。此外,在目前中国的改革进入深水区之后,跨境资本流动引发的不确定性将逐步增大。本书后面的实证部分,将进一步予以分析和讨论。

二、通货膨胀率(CPI)

通货膨胀率通常是指物价水平的平均上升幅度。实际上,通货膨胀率一般由物价指数的增长率来间接反映,并非是直接计算出来的。消费者价格可以充分反映商品流通中货币的需求量,因为它反映了商品流通形成的最终价格。基于以上原因,消费者价格指数可以全面和充分反映通货膨胀率的物价指数,因此目前世界各国均采用消费者价格指数(CPI指数)来衡量一国通货膨胀的数值。

由图4-2可知,2007年和2011年中国CPI、城市CPI和农村CPI的数值较高。2009年由于全球金融危机的爆发导致CPI、城市CPI和农村CPI的数值出现了大幅下跌,甚至出现了通货紧缩。2010年由于"四万亿"政策的实施,CPI、城市CPI和农村CPI的数值出现了快速反弹。2011年之后出现了逐步下降。2017年后又出现了反弹。

目前,学界对通货膨胀率与跨境资本流动之间的关系仍然存在一定的争论,具体二者之间的关系如何,需要进行实证分析和检验。

三、财政赤字规模

财政赤字规模是指一个国家财政赤字的总量,可以用来衡量一个国家的

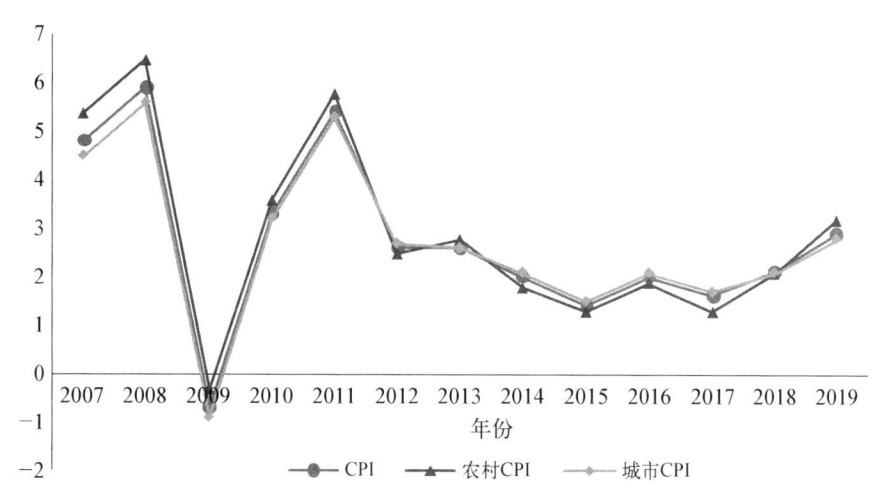

图 4-2　2007—2019 年中国 CPI、城市 CPI 和农村 CPI 的变动趋势

资料来源：国家统计局网站。

财政风险情况。有学者认为，一个国家财政赤字规模过高往往导致较为严重的通货膨胀，进而会引发跨境资本流动的规模上升(Eaton,1989)。如果该国维持固定汇率制度，那么政府向中央银行贷款时就很容易导致财政赤字规模的上升，为了弥补由财政赤字引发的资金缺口，中央银行往往会通过印钞和发行货币来实现，它在某种意义上等同于向居民征收了"铸币税"。假如由财政赤字引发的资金缺口继续扩大，那么民众就会预期，未来央行仍然会大量印钞和发行货币，有可能导致较为严重的通货膨胀，进而引发严重的跨境资本流动。从现有文献的研究结果看，学者普遍认为，一个国家财政赤字规模和跨境资本流动之间存在正相关的关系。

图 4-3 是 2017 年各月中国地方财政预算赤字和中央财政预算赤字趋势图。由图 4-3 可知，2017 年中国地方财政预算赤字规模呈现不断上升的趋势，而中国中央财政预算赤字规模则呈现不断下降的趋势，这显示出中国地方政府融资平台问题较为严重，而中央政府盈余较多。

四、海外的经济和贸易等因素

从 2011 年开始，西方发达国家的经济出现了复苏，尤其是美国的房地产和制造业开始活跃，而中国经济进入了"新常态"，这导致跨境资本从中国大量流出。图 4-4 是 2000—2019 年美国经济增速走势图。由图 4-4 可知，2004—2007 年，美国的经济增速较高，2008 年全球金融危机导致美国经济增速出现了大幅下跌，2009 年开始出现了快速反弹，2011 年之后则呈现经济复苏状态。

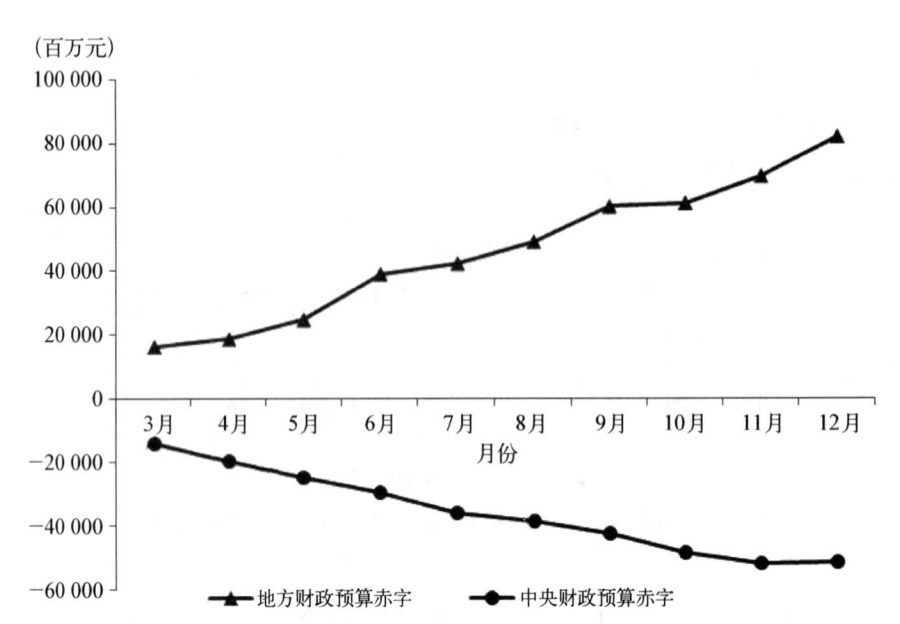

图 4-3　2017 年各月中国地方财政预算赤字和中央财政预算赤字趋势

资料来源：Wind 数据库。

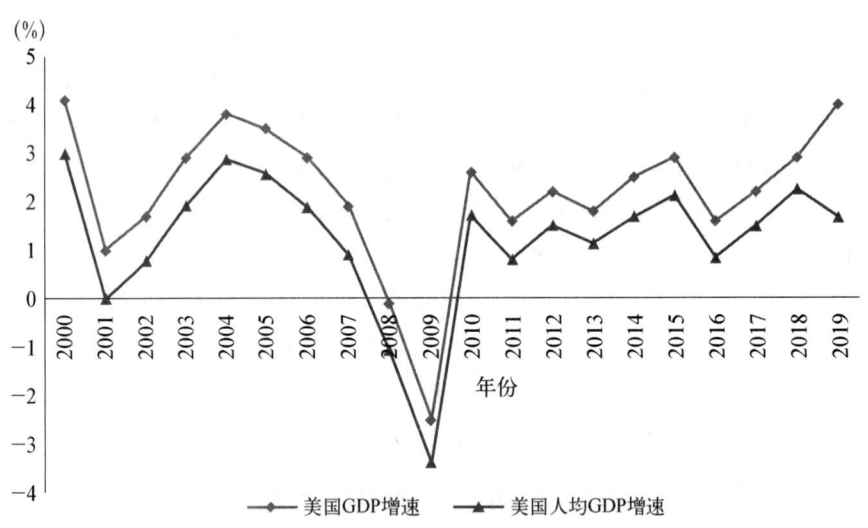

图 4-4　2000—2019 年美国经济增速走势

资料来源：Wind 数据库。

2017 年之后,美国经济增速保持平稳的状态。特朗普上台之后,美国新增了 240 万个就业岗位,其中制造业增加了 20 万个就业岗位。在多年的停顿之后,美国工人的工资开始重新上涨,而且失业率达到了 45 年内的新低。特朗普制定了美国历史上规模最大的改革和减税方案,该方案为小企业和中产阶级提供了非常大的帮助。自从减税方案推出以来,大约有300万中产阶级已经得到了减税红利,其中有些人的减税红利高达数千美元。从数据上看,2019年美国GDP增速出现了较快上升,而人均GDP增速则同比出现了下降。

此外,由于中国和其他国家之间的自然禀赋或劳动力成本方面存在着比较优势或绝对优势,因此这会影响两国之间的贸易情况,进一步会影响跨境资本流动的方向和规模。根据重叠需求理论,两国之间的贸易情况还取决于二者的收入水平和需求结构,因此收入水平和需求结构等因素也会进而影响跨境资本流动。

第二节 社会发展层面影响因素

一、政治稳定程度

政治稳定程度是影响跨境资本流动的重要因素,有学者认为,在一些政局不稳定的国家或区域,由于资产持有人疑虑或恐慌,往往会导致较为严重的异常短期资本外流(Kindleberger,1937);为了防范政治不稳定的风险,人们往往将物质资料从经济不发达的国家或地区转移到经济发达的国家或地区,从而引发了大量的跨境资本流动(Tornell,1992)。从国际经验看,一些现象和案例支持了以上观点。从历史上看,20世纪80年代拉丁美洲曾经发生了非常严重的债务危机,为了追求更高的福利,该地区的居民将自己的资产或财富纷纷转移至境外(世界银行,1985)。

从现有文献的观点看,多数学者认为,一个国家的政治稳定程度对跨境资本流动会形成较大的影响。如果该国的政治不太稳定,那么跨境资本流出的可能性就较大;反之,如果该国的政治比较稳定,那么跨境资本流出的可能性就相对小一些。

二、资本管制政策

有学者认为,为了规避管理层的监管,一些经济不发达的国家或地区出现了大量的资本外流,流动至监管相对宽松的国家或地区(Kim,1993);跨境资本往往会从经济不发达的地区流出,其目的是为了防止该国或该区域管理层对金融资产的监管(Dooley,1986)。

根据IMF的统计,自2014年开始,新兴经济体如何有效应对跨境资本流动成了一个非常紧迫的任务和问题。一般来说,当跨境资本流动对一个国家的金融稳定和信贷周期产生较大的影响时,该国可以采用宏观审慎监管政策,并且运用逆周期操作应对跨境资本流动。当宏观审慎监管政策难以应对跨境资本流动时,该国则可以考虑对跨境资本流动进行管制。举例来说,当一国居民通过国内银行系统借入太多外汇并且导致信贷大幅增加时,该国可以通过强化对国内银行系统的宏观审慎监管来防止其可能导致的系统性金融风险隐患的放大效应;当一国居民直接向外国银行借款,该国的宏观审慎监管政策有可能失去效力,在这种情况下,该国就可以考虑使用资本管制政策对跨境资本流动进行限制。

综合来看,资本管制等政策也会对跨境资本流动产生较为严重的影响,余永定(2017)认为,中国应该实行严格的资本管制政策,尤其是要对跨境资本流动进行监管,这样可以有效降低金融不稳定发生的概率。

三、失业率

通常情况下,失业率指在一定时期内,所有就业人口中能够满足就业条件却失业的劳动者的比例。该指标的意义在于衡量闲置的劳动生产率,它是衡量一个国家或地区失业情况的重要指标之一。长期以来,失业率一直被认为能够反映一个国家经济全体状况的指标。与此同时,它是统计局每月公布的第一份经济数据,也是最敏感的经济指标之一。因此,学者在分析一个国家的经济发展水平时,一般都会考察该国的失业率情况。

图 4-5 是 2000—2019 年全国城镇登记失业率走势图。由图 4-5 可

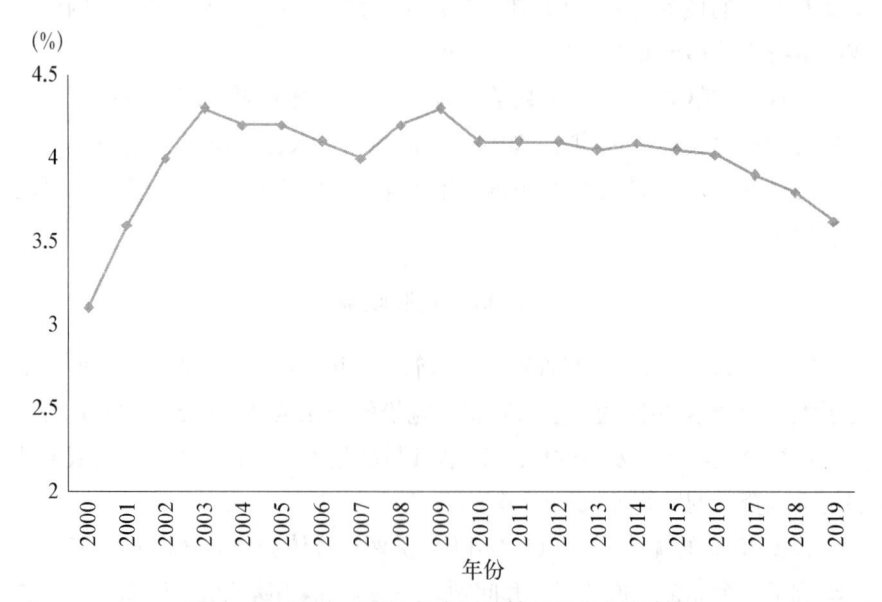

图 4-5 2000—2019 年中国城镇登记失业率走势
资料来源:国家统计局网站。

知,2000—2003 年中国城镇登记失业率呈现快速上升的走势,从 3.1% 最高上升至 4.3% 左右。2006—2008 年间中国城镇登记失业率出现了小幅上升。从 2009 年开始,中国城镇登记失业率不断下降,2016—2019 年更是下降至 3.62% 的低点,这表明中国城镇居民的就业较为稳定,经济情况也非常良好。

一些文献认为,失业率与跨境资本流动之间的关系并不显著;但也有些文献认为,二者之间可能存在正相关的关系,即失业率越高,表明国内的经济越发不稳定,从而导致跨境资本流动的规模随之增加(张广婷等,2015)。至于失业率与跨境资本流动之间究竟存在什么样的关系,还需要通过实证分析来深入检验。

第三节 金融体系层面影响因素

一、汇 率

20 世纪 80 年代以来,中国汇率的波动范围很大,在有些年份中还出现了严重高估的现象。根据国际货币基金组织的研究报告,目前中国汇率和美元相比仍然存在一定的高估,这表明在未来几年,人民币汇率可能还存在较大的波动范围。如果人民币汇率出现贬值,那么中国的居民实际购买力和资产价格就有可能出现下降,引发他们将自己或者家庭的财富转移至境外,进一步促使跨境资本流动规模的大幅上升。有观点认为,如果一个国家汇率的波动幅度较大,就有可能对民众的预期造成负面影响,进而会导致跨境资本流动规模的增加(世界银行,2015)。使用因子分析的实证结果表明,一个国家宏观经济的基本面是影响跨境资本流动的关键因素,但是国际金融因素也非常重要。此外,跨境资本流动也很容易受到汇率、国内外利率差异和其他风险因素的影响(张广婷,2016)。2016 年年底,人民币汇率加入国际货币基金组织(IMF)的 SDR 货币篮子,并成为其中的重要货币之一,这在一定程度上反映了中国金融体制改革的成就。在此之后,跨境资本流动可能更加短期化,金融市场波动可能加剧,羊群效应可能更加明显,由此会导致中国金融机构的脆弱性增加,系统性金融风险隐患的放大效应也会随之形成。

由图 4-6 可知,2013—2017 年美元指数全体上呈现震荡上升的态势,从 2013 年的 80 美元上涨至 2017 年的 104 美元左右。与此同时,美元兑人民币也呈现逐步上涨的趋势,从 2014 年的 6 左右上涨至 2017 年的 6.8 左右。

图 4-6 2013—2017 年美元指数与美元兑人民币的变动趋势

资料来源：国家统计局网站。

在理论分析方面,笔者将在第六章系统研究开放经济下动态的 Mundell-Fleming 模型,该模型将跨境资本流动和汇率波动容纳在统一的分析框架之中。笔者将使用动态经济学的知识解出该方程的最优解,并且以该模型为基础来分析跨境资本流动和汇率波动之间存在的动态关联。

二、国内外利率差异

根据现有文献的研究,国内外利率差异也会对跨境资本流动形成一定的影响。当国内外利率差异较大,尤其是国外的利率较高、本国的汇率波动幅度不太大时,跨境资本往往流动至投机或者其他国内业务中;相反,如果外国利率上升,那么国内资本就有可能出现向国外逃离的需求和趋势(中国人民银行,2017)。国内外利率差异的变化,有可能引发金融市场的溢出效应,进而导致系统性金融风险隐患的放大(Bruno,2016)。对全球各国而言,利率差异是解释跨境资本流动的一个关键推动因素,它们的作用经常被比喻为"突发的洪水"。因为国内利率的上升会加剧跨境资本流入并导致货币升值;而当世界无风险利率下降之后,管理层通过货币政策应对宏观经济和金融不稳定风险的范围往往高于或超过通过标准泰勒规则做出的"正常"反应。因此,国内外利率差异的变动给各国的政策制定者带来了巨大的限制(Agénor 等,2014)。此外,根据国际经济学理论,跨境资本很容易从收益较低的国家转移到收益较高的国家,衡量一个国家收益率的指标就是利率。由于决定要素价格的是该要素的边际产出情况,因此跨境资本容易从要素的边际产出较低的国家向较高的国家流动。此外,资本的充足程度也对资本的边际产出起到较为显著的影响。

图4-7是2000—2019年中美两国的利率差异走势图。由图4-7可知,2006—2008年中美实际利率差异出现了快速上升的态势,2008年全球金融危机后则出现了断崖式快速下跌,2010—2012年后出现了较为缓慢的上涨,2013年后则出现了较快下跌,2015年以后又出现了强劲反弹。

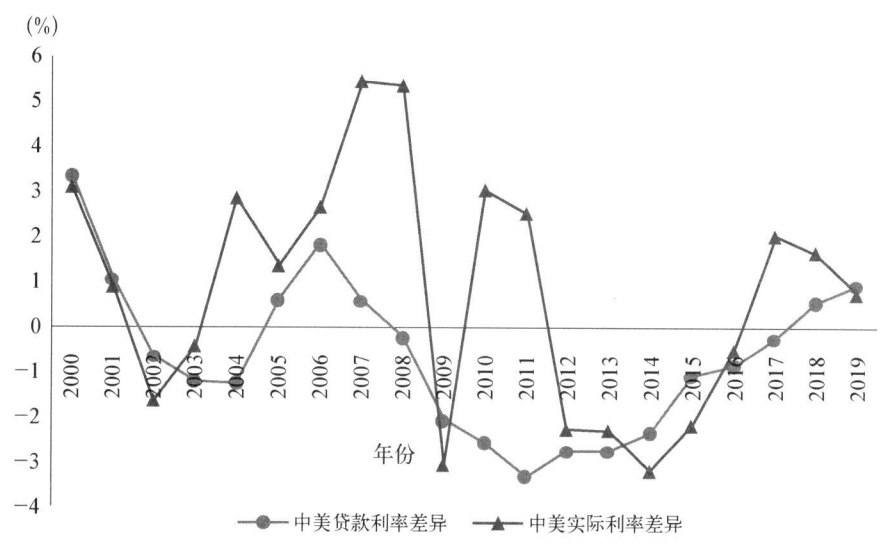

图4-7 2000—2019年中美贷款和实际利率差异走势

资料来源:世界银行数据库。

在理论分析方面,笔者将在第六章系统研究开放经济下动态的Mundell-Fleming模型,该模型也会将国内外利率差异视为重要的内生变量,以分析国内外利率差异对跨境资本流动的影响和冲击。

三、社会融资规模

社会融资规模是指,中国的实体经济在一段时间内从金融体系中获取到的资金总量。具体而言,社会融资规模主要包括委托贷款、本币贷款、企业债券、投资性房地产等指标。伴随着金融创新的深化与金融市场的发展,未来中国的实体经济也将增加诸如对冲基金、私募股权基金等新的融资渠道,并有可能将它们纳入社会融资规模。总体来看,社会融资规模所指的含义是流量方面的,它代表了一段时间内各项指标的净增长情况。从社会融资规模的构成看,银行贷款仍然是最重要的组成部分,但比例呈现出逐年下降的趋势。

目前,学界也纷纷对社会融资规模与跨境资本流动之间的关系展开较为深入的研究。一般而言,跨境资本往往流向于经济发展较为稳定的国家或地区,中国的社会融资规模与跨境资本流动之间呈现正相关的关系,但近年来社会融资规模对跨境资本流动的影响有减弱的迹象(乔宁宁,2014)。

图4-8是2003—2019中国社会融资规模存量增速图。由该图可知,2003—2005这三年中社会融资规模存量增速有所下降。2005年后该数据出现了快速上升。2009年由于"四万亿"的冲击,导致社会融资规模存量增速大幅上升,达到了34.8%。之后出现了震荡下跌。在随后的年份中,社会融资规模存量增速的表现并没有呈现出一定的规律性。

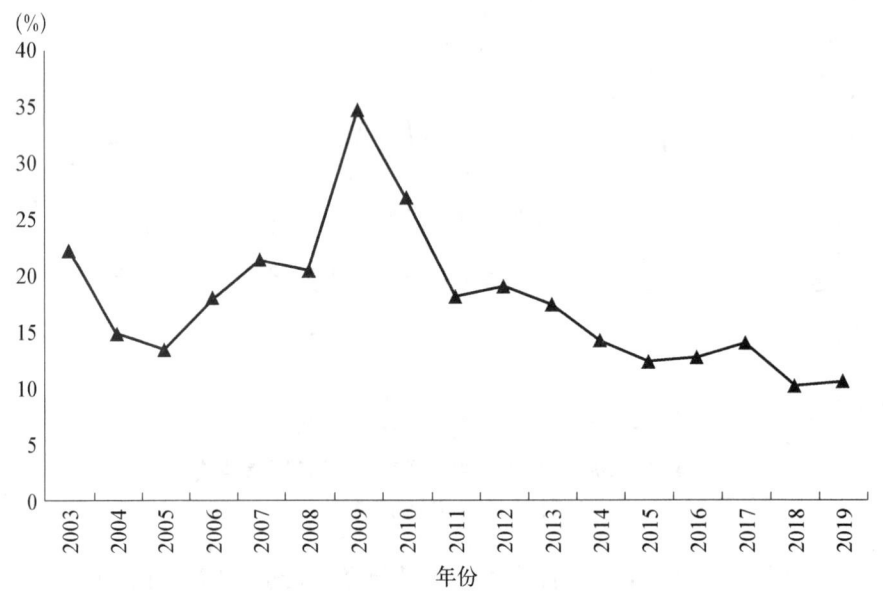

图4-8　2003—2019中国社会融资规模存量增速

资料来源:国家统计局网站。

尽管一些学者已经对社会融资规模与跨境资本流动之间的关系进行了研究,但是随着一些新数据的更新、新情况的出现,二者的关系仍需要我们使用实证模型重新检验。

第五章　中国跨境资本流动的规模测算

第一节　国外学者关于跨境资本流动规模测算的方法

在分析跨境资本流动与金融风险演化之前,需要对中国跨境资本流动的规模进行详细测算,以更加准确地建立并分析其理论和实证模型。在测算过程中,由于学者们对跨境资本流动的概念理解具有异质性的特点、统计口径也不尽相同,因此现有文献中包含多种不同的测算方法,测算的复杂性较高,难度也较大。通过对国外相关文献的统计和分析,笔者发现国外学者主要使用以下三个方法对跨境资本流动的规模进行测算:

一、直接测算法

该方法是使用一些对于异常风险较为敏感的项目测算和衡量一个国家跨境资本流动的规模。首先使用该方法的是Cuddington(1986)。他认为,一般情况下,跨境资本流动可以划分为"游资"与隐蔽的资本外流两种。它的计算公式可以写为:

跨境资本流动规模＝错误与遗漏＋短期形式的跨境资本流动

通常情况下,一个国家或地区的错误与遗漏可以衡量隐蔽的资本外流,而短期形式的跨境资本流动则可以衡量"游资"的规模,因此跨境资本流动规模可以由以上两部分加总得到。与此同时,长期资本外流通常是由一个国家或地区内部的投融资项目导致的,它们可以被视为普通的资本流动,而错误与遗漏和短期形式的跨境资本流动则表明可能存在异常的资本流动(Cuddington,1986)。Cuddington(1986)运用以上思想和方法对委内瑞拉和巴西等国家的跨境资本流动规模进行了分析和测算,并得到了很多学者的关注和认可。

然而,采用直接测算法可能存在一定的缺陷,即计算过程相对简单,该方法对跨境资本流动相关项目的统计也相对较少,因此在测算结果上可能存在一定的偏差。为了弥补以上缺陷,Kant(1996)在Cuddington(1986)模型的基础上继续深入研究,并且进一步扩展了该模型。Kant(1996)把短期形式的跨境资本流动继续细分为三种不同类型的"游资",并对它们分别进行测算,这种方法可能使测算结果更加准确。Kant(1996)对"游资"的细分方法如下:

第一种游资=-(错误与遗漏+其他领域的短期跨境资本流动)
第二种游资=-(错误与遗漏+其他资产的短期跨境资本流动)
第三种游资=-(第二种游资+企业债券或股权相关的投资项目)

以上直接测算法的公式中统计的项目均来自国际收支平衡表。在这些项目中,短期跨境资本流动、企业债券或股权相关的投资项目和错误与遗漏都存在较为详细的数据。但是从直接测算法的测算方法和结果看,计算过程相对简单,同时测算结果上可能存在一定的偏差。举例来说,该方法可能在一定程度上对一个国家或地区跨境资本流动规模的实际数据形成高估或低估。此外,在以上公式中,将所有的错误与遗漏均纳入跨境资本流动规模的测算,该方法也值得商榷。

二、间接测算法

该方法最早由世界银行(1985)采用,其主要思想是通过国际收支平衡表中不同项目的差额测算跨境资本流动的规模,并将外部资金来源和外部资金运用这两个项目的差额视为一个国家或地区的跨境资本流动。它的计算公式可以写为:

跨境资本流动规模=外商直接投资净流入+经常项目逆差
+对外债务增加-官方储备资产

鉴于世界银行(1985)方法可能也存在一些缺点,后来的研究者对其方法也做了一些修正和完善。例如,有研究机构认为,在以上测算公式中,应当从中减去银行业的FDI的增加值,因为它对于跨境资本流动并不存在本质的影响(Morgan guaranty trust company,1986);Klein(1987)则认为,除了要减去银行业的FDI的增加值之外,人们在测算过程中还应该对国外资金规模进行适当处理。

除了以上方法之前,还有一些学者运用数学公式来刻画该方法的计算过

程,这些公式主要依据国际收支平衡表中的一些基本原理来展开,具体可以写为:

$$BE = JA + CA \quad (BE = 0) \quad (5-1)$$

在式 5-1 中,$BE = 0$ 表示一个国家或地区的国际收支处于均衡情况,CA 表示一个国家或地区的资本账户,JA 则表示该国家或地区的经常账户。

假若我们对式 5-1 左右两端进行差分处理,便可以得到下式:

$$\Delta BE = \Delta JA + \Delta CA \quad (\Delta BE = 0) \quad (5-2)$$

根据国际经济学的知识,资本账户的差分(ΔCA)可以由跨境资本流动、外商直接投资(FDI)和官方储备资产三者差分的运算关系得到,即:

$$\Delta CA = \Delta FDI + CF - \Delta RS \quad (5-3)$$

在式 5-3 中,CF 表示跨境资本流动,ΔFDI 表示外商直接投资的差分,ΔRS 表示官方储备资产的差分。

假如我们使用式 5-2、式 5-3 进行运算,就可以推导出下式:

$$\Delta BE = \Delta JA + \Delta FDI + CF - \Delta RS \quad (5-4)$$

假若 $BE = 0$,即一个国家或地区的国际收支处于均衡情况时,式 5-4 就可以变化为:

$$CF = \Delta RS - \Delta JA - \Delta FDI \quad (5-5)$$

通过式 5-5,就可以大致测算出该国家或地区跨境资本流动的规模。

虽然以上测算方法在实践中也较为可行,但是也存在一定的缺陷,主要表现为:首先在式 5-5 中,经常账户的差分 ΔJA、官方储备资产的差分 ΔRS 和外商直接投资的差分 ΔFDI 的测算较为复杂,整体运算的难度大为提升;其次,该方法忽视了外债规模增加对跨境资本流动可能产生的影响。

综合而言,相对于直接测算法,间接测算法的测算范围更加广泛和全面,计算过程也相对灵活,但是有可能具有测算结果高估、对于贸易中虚假交易难以测算等缺点。

表 5-1 展示了通过不同方法测算 1976—1982 年阿根廷跨境资本流动规模的结果。从测算方法和结果来看,Lessard 和 Williamson(1987)认为,使用 Morgan guaranty trust company(1986)和 Klein(1987)这两种方法测算出的实际结果与阿根廷的现实更加接近,而使用 Cuddington(1986)方法测算出的结果则比现实结果偏小。通过图 5-1 可知,在现实中,由于 1976—1982

年阿根廷发生了金融危机,因而也出现了大规模的跨境资本流动。

表 5-1 通过不同方法测算 1976—1982 年
阿根廷的跨境资本流动规模　　（单位:10 亿美元）

	1976—1982 年
A 经常项目余额	−8.6
A1 扣除额	6.1
B 净国外直接投资	2.7
C 私人短期资本流出	14.9
D 证券投资	0.0
E 银行体系外美元资产	0.3
F 储备变化	−2.8
G 误差和遗漏	0.8
H 外债变化	34.1
Word Bank(H+B+A+F)	25.4
Morgan(H+B+A+E+F)	25.7
Cline(H+B+A+E+F−A)	19.6
Cuddington(G+C)	15.7

资料来源:D. R. Lessard and J. Williamson, *Capital Flight and Third World Debt*, Washington: Institute for International Economics, 1987, pp.27-67.

三、混合测算法

该方法是由国际货币基金组织的经济学家 Dooley(1986)提出的。他的主要思路为,在国际收支平衡表中找出可以识别资本外流的科目,先计算出它们的总和然后再分别调整各部分科目。首先,可以使用不同年份外债存量的总规模测算出外债的增量;其次,在公式中,可以增加错误与遗漏、外债方面的数据,具体的公式可以写为:

跨境资本流动规模＝错误与遗漏＋国际收支平衡表中的全部资产
　　　　　　　　−外商直接投资＋未记录的调整的债权
　　　　　　　　＋非外商直接投资的收入

通过 Dooley(1986)提出的混合测算法得到的结果可能比直接法或间接法更加精确,但是也会出现一些其他问题,例如容易出现统计误差或者居民信息不准确等。另外,由于在测算过程中,混合测算法很容易把债权人的无息资产也视为跨境资本流动中的一部分,因此该种测算结果也由可能形成高估。

表5-2展示了国外学者对于跨境资本流动测算的主要方法。它概括了直接测算法、间接测算法和混合测算法的基本公式。从表5-2看,Kant(1996)和 Cuddington(1986)的测算方法可能太过于简单;Morgan guaranty trust company(1986)、Klein(1987)和世界银行(1985)的测算方法的复杂程度较为适中;Dooley(1986)提出的混合测算法在测算过程中可能最为复杂,因为他的公式中的一些变量难以清楚地进行界定。

表5-2 国外学者对于跨境资本流动测算的主要方法

估算方法	估算公式
卡丁顿(1986)	错误与遗漏+私人部门短期资本流出
凯特(1986)	误差与遗漏+其他部门其他短期资本项目中的其他资产项目 误差与遗漏+其他部门其他短期资本项目 误差与遗漏+其他部门其他短期资本项目中的其他资产项目+债券+公司股权投资
世界银行(1986)	外商直接投资增加+外债增加+经常项目顺差-外汇储备增加
摩根(1986)	(外商直接投资增加+外债增加+经常项目顺差-外汇储备增加)-银行与货币当局拥有的短期外币资产增加
克莱因(1987)	(外商直接投资增加+外债增加+经常项目顺差-外汇储备增加)-银行与货币当局拥有的短期外币资产增加-旅游收入-留存国外的再投资收益
杜利(1986)	资本外逃=可识别的资本外流加总-正常的对外债权存量变数

资料来源:杨海珍、陈金贤:《中国资本外逃:估计与国际比较》,《世界经济》2010年第1期,第21—29页。

第二节 国内学者关于跨境资本流动规模测算的方法

近年来,中国已经成为世界上跨境资本流动规模最大的国家之一,跨境资本流动问题也日益引发了学界和业界的高度关注。很多国内学者(李扬,1998;李晓峰,2000等)都使用不同方法对中国跨境资本流动规模进行了较为详细的研究和测算。与国外情况有所不同的是,由于中国的国际收支平衡表中没有公布与对外债权项目相关的详尽数据,我们很难在实践中使用混合测算法进行测算。在对现有文献的分析和整理之后,笔者认为,研究中国跨境资本流动时,人们使用最多的方法是直接测算法、间接测算法和平均测算法。最后一种方法可以视为前两种方法的加权平均调整后得到的结果。

一、直接测算法

该方法是使用一些对于异常风险较为敏感的项目测算和衡量中国跨境资本流动的规模。它的测算过程相对简单,人们经常使用的方法主要包含Cuddington法和游资法。

Cuddington法的计算方法最为简单,可以写为:

$$跨境资本流动规模 = 错误与遗漏 + 短期跨境资本流动$$

在2000年以前,很多学者都使用Cuddington法对中国跨境资本流动的规模进行测算和解析。李心丹和钟伟(1998)通过对国际货币基金组织的各年年报进行分析和整理,并且运用Cuddington法对中国跨境资本流动规模进行了测算,认为他们的测算结果与国内实际情况较为符合;韩继云(1999)使用国际货币基金组织和国际收支平衡表中的相关数据对中国跨境资本流动规模进行了分析和测算;此外,还有一些学者对上述计算公式中的项目进行了修正,如将"短期跨境资本流动"的范围限定为非银行私人机构(杨胜刚、刘宗华,2000),然后使用修正后的概念对中国跨境资本流动规模进行了测算和解析。

除了Cuddington法之外,一些学者采用游资法来测算和分析中国跨境资本流动规模。其中,杨海珍和陈金贤(2000)使用Kant(1996)的方法对中国跨境资本流动规模进行了分析和测算。由于中国的国际收支平衡表中缺少相关数据,因此人们很难使用Kant(1996)的方法测算出第一种游资的规模。与此同时,他们还将第二种游资和第三种游资的计算公式进行了修改,最终的计算公式为:

$$第二种游资 = -(错误与遗漏 + 其他部门的投资资产)$$
$$第三种游资 = -(第二种游资 + 企业债券或股权相关的投资组合)$$

在此之后,蒋树霞和秦国楼(2000)也使用游资法进行了测算。他们比较强调运用狭义法来计算,并且在一定程度上修改了Kant(1996)的测算方法。

表 5-3 使用游资法测算出的中国 1987—
1997 年跨境资本流动的规模 （单位：亿美元）

年度	1987年	1988年	1989年	1990年	1991年	1992年	1993年	1994年	1995年	1996年	1997年
游资2	15.87	10.09	-0.07	33.20	68.70	81.27	104.69	91.53	179.37	155.28	318.71
游资2调整	40.18	36.81	77.84	134.47	217.20	235.46	260.66	261.31	318.09	317.68	360.50
游资3	17.27	13.49	3.13	35.61	72.00	85.77	110.67	95.33	178.58	161.56	327.70
游资3调整	41.58	40.21	81.04	136.88	220.50	239.96	266.63	265.11	317.30	377.96	369.49

资料来源：杨海珍、陈金贤：《中国资本外逃：估计与国际比较》，《世界经济》2010年第1期，第21—29页。

整体来看，虽然直接测算法的操作较为简单，能够相对容易地对跨境资本流动进行测算，但是该方法也存在一些不足之处。举例而言，直接测算法在计算时经常会忽视较长期限的资本外流，并且会过于突出较短期限的资本外流。此外"错误与遗漏"项目的统计也有可能导致很大的误差。基于以上原因，在2000年以后，国内的学者在研究过程中更多地使用其他类型的测算方法。

二、间接测算法

与上述测算法相比，间接测算法的结果可能更加精确，测算的范围也更加宽泛。从1998年开始，一些国内学者纷纷采用该方法进行测算。这些学者往往通过"资本来源"与"资本利用率"两者的差额来大致估算跨境资本流动的规模。这种做法的主要原因在于，大多数学者通常借鉴和使用联合国在20世纪90年代修订的《国民经济核算体系》中的核算方法。20世纪90年代，联合国再次修订了《国民经济核算体系》，并且把国民经济核算体系与修订结果较为紧密地结合起来。由于该核算体系的可靠程度较高，各国学者对其的引用率也非常高。它的公式可以写为：

跨境资本流动规模＝国际资本往来－库存现金－国际储备资产
　　　　　　　　　＋其他＋错误与遗漏

李扬(1998)通过上述公式对1992—1996年中国跨境资本流动进行了测算，并且使用资金流量表对这些测算结果做了一定的修正。尽管以上数据和国民经济较为接近，测算结果相对可信，但是由于中国的资金流量表只公布了2013年之前的数据，因此依靠这种方法难以相对准确地测算2014年之后的数据。

表 5-4　使用间接法测算出的中国 1992—
1996 年跨境资本流动的规模　　　　（单位：亿美元）

项　　目	1992 年	1993 年	1994 年	1995 年	1996 年
国际资本往来	1 666.70	2 928.76	5 325.72	5 654.46	5 901.07
其中　长期资本	1 524.40	2 901.39	5 239.19	5 517.21	5 796.64
短期资本	142.30	27.37	86.53	137.25	401.43
（＋）国际收支错误与遗漏	－456.20	－564.91	－842.41	－1 487.34	－1 293.60
（－）库存现金	0.00	27.66	2.07	1.67	9.65
（－）国际储备资产	－117.00	101.83	2 631.01	1 877.41	2 831.52
（＝）资本流出（亿人民币）	1 327.50	－503.98	1 850.23	2 288.04	1 766.30
当年使用汇率（美元/人民币）	5.7	8.7	8.6	8.4	8.3
（＝）资本流出（亿美元）	232.895	－57.929	215.143	272.386	212.807

资料来源：李扬：《中国经济对外开放过程中的资金流动》，《经济研究》1998 年第 2 期，第 15—26 页。

除了以上研究之外，李庆云和田晓霞（2000）、吴少新和马勇（2005）等也使用间接测算法对中国的相关数据进行了测算。由于研究视角和方法不尽相同，他们在测算过程中都修改了公式。李庆云和田晓霞（2000）在联合国测算模型的基础上，根据中国的具体情况做了一系列调整，并且对通过贸易向外流出的资本规模做了重新测算。吴少新和马勇（2005）认为，联合国测算模型的口径应当适当收窄，因此在实际测算过程中把进出口伪报的相关数据做了重新修正和调整。宋文兵（1999）在测算过程中，也根据进出口伪报的各成分价格对结果做了修正和调整。

通过对以上文献的梳理和分析，笔者认为，很多国内学者在估算中国跨境资本流动时，修正和调整了联合国或世界银行的方法，因此测算结果更加准确，过程也更加复杂。

三、平均测算法

由于运用直接测算法和间接测算法测算得到的结果之间具有很大的差异，邢毓静（2001）、尹伟华和张焕明（2009）、杨海珍和陈金贤（2000）等使用平均测算法来对跨境资本流动进行测算。邢毓静（2001）首先使用了直接测算法和间接测算法对中国跨境资本流动进行了测算，并且计算出其算术平均值，最终得到的结果与现实情况可能比较接近；杨海珍和陈金贤(2000)首先测算出"游资2"与"游资3"的规模，然后运用平均测算法对其进行了修正；尹伟华和张焕明(2009)首先测算出"游资2"与"游资3"的规模，之后使用间接测算法计算出对应结果，并将以上结果加权平均得到最终的结果。

在进行测算分析时，直接测算法和间接测算法都可能存在数据误差。假如人们运用平均测算法来运算，最终的结果将更加合理，并且结果的准确性取决于数据的可靠性与思想的严谨性。

在上述测算法之外，一些学者采用其他办法对中国跨境资本流动规模进行测算。举例来说，张明(2015)用两种方法来测算中国跨境资本流动规模，第一种是使用结售汇数据、跨境收付等方法，第二种是使用国家统计局发布的通用数据。以上两种方法的测算较为简单，难以形成系统的测算体系，而且仅仅能够给出中国跨境资本流动的总体方向，而不能得到具体的规模数据。

第三节　中国1992年以来跨境资本流动的规模测算

在开放经济下，当我们研究跨境资本流动与金融风险演化时，需要首先对中国跨境资本流动的规模进行详细测算，以更加准确地建立并分析其理论和实证模型。尽管学者们对跨境资本流动的概念仍然具有很大的争议，但是多数学者认为，跨境资本流动可以看作一种资本的异常流出。接下来，笔者使用世界银行(1985)和李扬(1998)的方法对跨境资本流动的规模进行测算，并且对其结果进行解读和评述。

一、使用世界银行(1985)的方法

世界银行(1985)方法的思路如下：通过国际收支平衡表中不同项目的差额测算跨境资本流动的规模，并将外部资金来源和外部资金运用这两个项目的差额视为一个国家或地区的跨境资本流动。它的计算公式可以写为：

$$跨境资本流动规模＝外商直接投资净流入＋经常项目逆差＋对外债务增加－官方储备资产$$

通过使用上述公式，笔者测算出1992—2019年跨境资本流动规模，为了便于在以后各章节的实证模型中使用数据，笔者还把年度数据转换为月度数据。

图 5-1 为 2001—2019 年中国官方储备资产增速的走势图。由图 5-1 可知,2001—2004 年中国官方储备资产的增长率呈现出大幅上升的走势,2004—2006、2007—2012 和 2013—2015 年它都出现了快速下降,2014—2018 年甚至出现了负增长。2019 年为了应对中美贸易摩擦与跨境资本流动,中国官方储备资产增速出现了正增长。

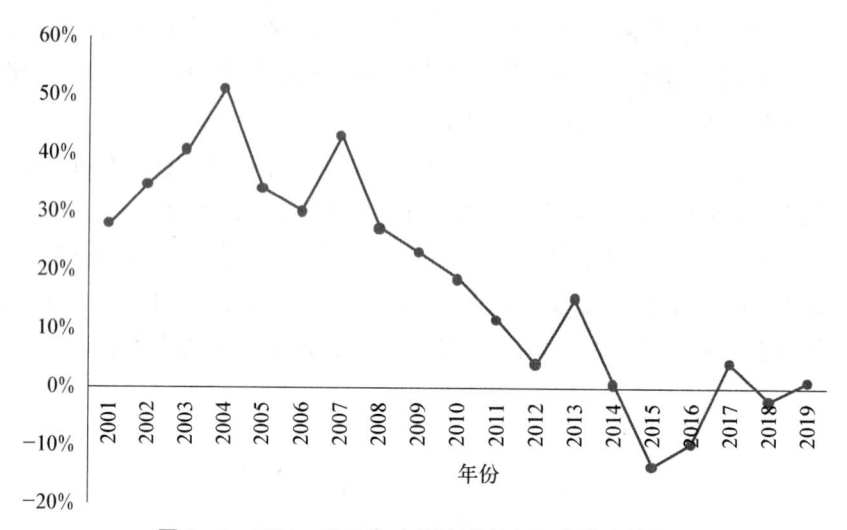

图 5-1　2001—2019 年中国官方储备资产增速的走势

资料来源：国家外汇管理局网站。

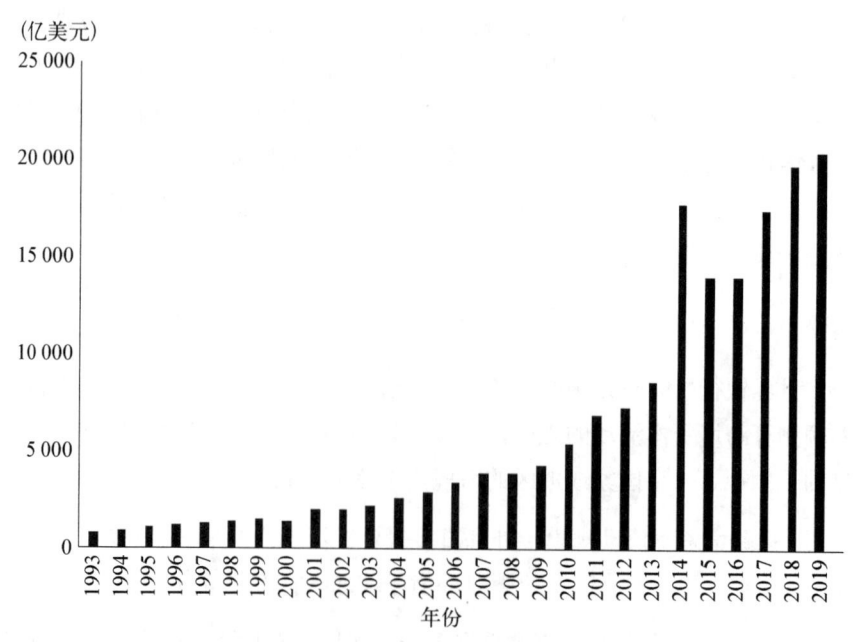

图 5-2　1993—2019 年中国外债余额变化的走势

资料来源：国家外汇管理局网站。

由图 5-2 所知,从 1992 年开始,中国外债余额呈现出持续上升的趋势,2014 年之后外债余额有所下降,2015 年以后再次呈现了上升态势,2019 年达到 20 572.80 亿美元。

由图 5-3 可知,从 1992 年开始,中国外商直接投资净流入呈现出快速上升的态势,除了 2009 年受到美国次贷危机的影响、2012 年中国经济步入"新常态"的影响之外,其余年份的外商直接投资净流入均呈现出上升或持平的态势。2018 年以后,可能由于中美贸易摩擦的影响,中国外商直接投资净流入出现了大幅增长,这也进而导致了跨境资本流动规模的大幅上升。根据联合国发布的数据,目前中国内地依然是世界上吸引外资最多的经济体,中国香港和美国则紧随在其后。

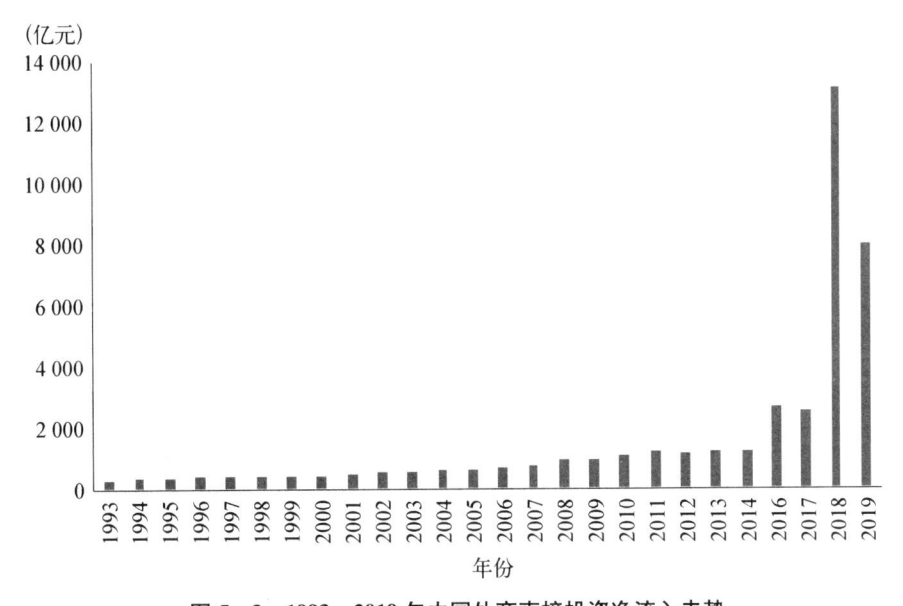

图 5-3 1993—2019 年中国外商直接投资净流入走势

资料来源:世界银行网站。
注:2015 年数据缺失。

图 5-4 为近年来中国经常项目差额变动的走势图。从图中可以看出,在 2004 年之前,该数值非常小,之后出现了较快的增长,2008 年到达了阶段性的峰值,之后又展开了快速下跌,2011 年到达下跌的底部之后再次出现上涨,2015 年之后又出现下降。

在对中国跨境资本流动规模进行测算时,笔者运用的资料主要来源于中国各年度的《中国统计年鉴》。在各科目的数据中,除了外商直接投资净流入的数据之外均来源于《中国统计年鉴》,而外商直接投资净流入的数据则来源于世界银行数据库。在对外商直接投资净流入的数据进行收集和整理时,首

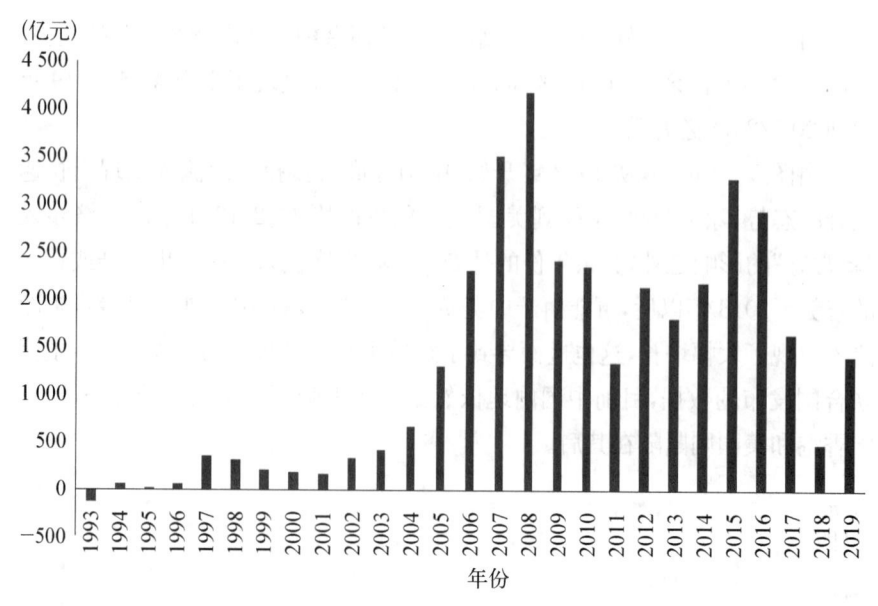

图 5‑4　1993—2019 年中国经常项目差额变动的走势

资料来源：国家外汇管理局网站。

先在以上网站中查找到外国直接投资净流入与中国国内生产总值比重的数据，然后使用该数据与国内生产总值相乘，再根据历年的汇率波动情况进行调整。

通过使用以上各项数据和公式的运算，能够得出 1992—2019 年中国跨境资本流动规模的数据。表 5‑5 为使用世界银行的间接法对中国跨境资本流动规模进行测算的结果。在该表中，最后一项符号为正表示跨境资本的流出，而符号为负则表示跨境资本的流入。通过表 5‑5 可知，除了 2004 年之外，中国绝大多数年份都发生了大量的跨境资本的流出。

表 5‑5　使用世界银行的间接法对中国跨境资本流动规模进行测算的结果（年度数据）

年份	对外债务增加（亿美元）	外商直接投资净流入（亿美元）	经常项目差额（亿美元）	官方储备资产（亿美元）	跨境资本流动（亿美元）
1992	87.6	111.56	64.01	−21.02	284.19
1993	142.5	275.15	−119.04	17.67	280.94
1994	92.4	337.87	76.58	305.27	201.58
1995	137.8	358.49	16.18	224.63	287.84
1996	96.9	401.80	72.42	316.62	254.50

续表

年份	对外债务增加（亿美元）	外商直接投资净流入（亿美元）	经常项目差额（亿美元）	官方储备资产（亿美元）	跨境资本流动（亿美元）
1997	146.8	442.37	369.62	357.24	601.55
1998	150.8	437.51	314.71	64.26	838.76
1999	57.9	387.53	211.14	85.05	571.52
2000	−61	420.95	205.18	105.48	459.65
2001	575.7	470.53	174.05	473.25	747.03
2002	−6.7	530.74	354.22	755.07	123.19
2003	167.3	579.01	430.52	1 061.48	115.35
2004	436.3	681.17	689.4	1 900.6	−93.73
2005	335.6	1 041.09	1 323.78	2 506.49	193.98
2006	420.4	1 332.73	2 318.44	2 847.76	1 223.81
2007	506.3	1 562.49	3 531.82	4 607.04	993.57
2008	9.4	1 715.35	4 205.69	4 795.39	1 135.05
2009	384.87	1 310.57	2 432.56	4 003.44	124.56
2010	1 202.91	2 437.03	2 378.11	4 717.39	1 300.66
2011	1 460.62	2 800.72	1 360.97	3 878.01	1 744.30
2012	419.86	2 412.14	2 153.92	965.52	4 020.40
2013	1 261.81	2 909.28	1 482.04	4 313.79	1 339.34
2014	9 167.33	2 680.97	2 360.47	1 177.8	13 030.97
2015	−3 637	2 498.59	3 041.64	−3 429.39	5 332.62
2016	2 977	2 641.47	2 963.80	2 436.65	6 145.62
2017	2 899.60	2 502.34	1 648.87	−915.76	7 965.97
2018	2 247.90	13 114.28	490.92	−672.37	16 525.47
2019	745.30	7 992.75	1 413.35	352.12	9 799.28

为了使测算结果更加精确，笔者还使用世界银行的间接法测算中国跨境资本流动规模的月度数据。经常项目差额、官方储备资产、外债务增加等三项在2000年之后都有季度数据，可使用计量软件将其转化为月度数据；

1992—2000年的数据可以用计量软件将年度数据转化为月度数据；外商直接投资净流入的数据则来源于世界银行网站数据库，只有年度数据，可以用计量软件将年度数据转化为月度数据。

表5-5、表5-6分别是使用世界银行的间接法对中国跨境资本流动规模进行测算的年度和月度数据。从表中可以看到，在1992—2011年期间中国跨境资本流动规模比较小，基本维持在100亿美元到900亿美元之间。自2012年开始，中国跨境资本流动规模达到了几千亿美元以上，2014年的规模甚至超过了1万亿美元。2015年之后，中国同时降低了外债规模和官方储备资产规模进行对冲，使得资本外流的规模相对减少。但自2016年起，中国的跨境资本流动规模又出现了缓慢上升。2018年由于中美贸易摩擦、外资撤退等原因，跨境资本流动的规模创出了历史新高，在2019年中美贸易摩擦缓和之后才有所下降。

表5-6 使用世界银行的间接法对中国跨境资本流动规模进行测算的结果(月度数据)

月　份	对外债务增加（亿美元）	外商直接投资净流入（亿美元）	经常项目差额（亿美元）	官方储备资产（亿美元）	跨境资本流动（亿美元）
1992年1月	7.2	9.93	3.92	−1.89	22.94
1992年2月	7.25	8.92	3.94	−1.85	21.96
1992年3月	7.28	8.95	4.98	−1.87	23.08
1992年4月	7.26	8.87	4.91	−1.92	22.96
1992年5月	7.29	8.95	3.95	−1.86	22.05
1992年6月	7.31	9.98	5.86	−1.83	24.98
1992年7月	7.32	9.02	4.92	−1.95	23.21
1992年8月	7.33	8.91	3.87	−1.87	21.98
1992年9月	7.35	8.97	4.95	−1.93	23.2
1992年10月	7.36	8.99	6.97	−1.88	25.2
1992年11月	7.38	9.92	7.69	−1.95	26.94
1992年12月	7.32	10.15	8.05	−1.97	27.49
1993年1月	8.46	18.79	−12.17	−1.25	16.33
1993年2月	9.53	20.58	−9.89	−0.89	21.11

续表

月　份	对外债务增加（亿美元）	外商直接投资净流入（亿美元）	经常项目差额（亿美元）	官方储备资产（亿美元）	跨境资本流动（亿美元）
1993 年 3 月	10.24	23.64	−7.24	−0.43	27.07
1993 年 4 月	11.89	21.79	−11.75	0.25	21.68
1993 年 5 月	12.15	25.46	−13.12	0.96	23.53
1993 年 6 月	13.42	23.87	−13.76	1.58	21.95
1993 年 7 月	12.47	21.36	−12.19	1.76	19.88
1993 年 8 月	13.01	26.57	−11.87	1.94	25.77
1993 年 9 月	13.58	24.63	−8.69	2.02	27.5
1993 年 10 月	12.74	21.69	−5.05	2.85	26.53
1993 年 11 月	13.46	23.87	−6.54	2.73	28.06
1993 年 12 月	12.95	22.86	−6.77	2.04	27
1994 年 1 月	10.65	26.68	2.35	4.87	34.81
1994 年 2 月	9.87	28.62	7.46	8.76	37.19
1994 年 3 月	8.46	30.64	9.78	14.32	34.56
1994 年 4 月	7.95	27.08	7.46	19.67	22.82
1994 年 5 月	7.36	26.94	4.32	26.64	11.98
1994 年 6 月	7.01	29.12	5.79	28.79	13.13
1994 年 7 月	6.48	28.09	6.43	30.61	10.39
1994 年 8 月	6.24	27.18	7.42	25.79	15.05
1994 年 9 月	5.36	29.94	5.46	28.43	12.33
1994 年 10 月	6.79	27.42	8.32	27.46	15.07
1994 年 11 月	7.51	28.36	6.78	26.38	16.27
1994 年 12 月	8.05	27.82	5.01	27.42	13.46
1995 年 1 月	9.76	27.59	−4.17	23.67	9.51
1995 年 2 月	10.42	28.76	2.03	21.08	20.13
1995 年 3 月	11.53	30.53	0.57	18.75	23.88
1995 年 4 月	12.46	29.17	3.59	17.49	27.73
1995 年 5 月	10.34	29.43	6.82	15.24	31.35
1995 年 6 月	13.01	31.43	8.34	16.35	36.43

续表

月　份	对外债务增加（亿美元）	外商直接投资净流入（亿美元）	经常项目差额（亿美元）	官方储备资产（亿美元）	跨境资本流动（亿美元）
1995 年 7 月	12.53	28.39	3.28	17.58	26.62
1995 年 8 月	11.97	28.72	2.42	18.43	24.68
1995 年 9 月	10.35	32.53	−5.76	19.72	17.4
1995 年 10 月	9.76	29.05	−6.97	16.95	14.89
1995 年 11 月	11.89	30.93	3.35	20.15	26.02
1995 年 12 月	12.43	31.96	2.68	18.96	28.11
1996 年 1 月	10.38	29.42	4.35	22.35	21.8
1996 年 2 月	9.72	32.05	3.15	24.89	20.03
1996 年 3 月	8.83	33.82	9.08	26.72	25.01
1996 年 4 月	8.01	32.26	8.17	25.53	22.91
1996 年 5 月	7.48	36.18	5.02	24.97	23.71
1996 年 6 月	7.25	32.94	6.49	25.74	20.94
1996 年 7 月	6.94	33.52	7.83	27.43	20.86
1996 年 8 月	8.35	34.38	3.79	26.63	19.89
1996 年 9 月	8.76	35.09	3.05	25.49	21.41
1996 年 10 月	7.41	32.93	9.03	26.75	22.62
1996 年 11 月	8.49	33.53	7.08	26.93	22.17
1996 年 12 月	7.63	35.68	8.53	25.38	26.46
1997 年 1 月	9.46	36.05	5.96	26.01	25.46
1997 年 2 月	10.87	34.98	18.78	27.85	36.78
1997 年 3 月	12.61	34.93	29.56	28.49	48.61
1997 年 4 月	13.92	35.18	35.25	27.21	57.14
1997 年 5 月	14.05	36.43	38.49	26.05	62.92
1997 年 6 月	12.63	38.29	33.15	25.49	58.58
1997 年 7 月	12.08	39.76	34.32	24.96	61.2
1997 年 8 月	11.82	36.82	35.72	26.58	57.78
1997 年 9 月	13.35	38.41	29.58	27.19	54.15
1997 年 10 月	12.79	37.72	36.92	25.83	61.6

续表

月　份	对外债务增加（亿美元）	外商直接投资净流入（亿美元）	经常项目差额（亿美元）	官方储备资产（亿美元）	跨境资本流动（亿美元）
1997年11月	13.67	35.72	35.82	25.42	59.79
1997年12月	12.59	38.08	36.07	26.97	59.77
1998年1月	12.43	35.16	22.18	18.96	50.81
1998年2月	11.37	36.92	35.46	9.75	74
1998年3月	12.89	38.71	29.27	5.34	75.53
1998年4月	13.06	35.98	26.35	2.61	72.78
1998年5月	12.73	34.15	24.91	−3.63	75.42
1998年6月	11.92	35.63	22.86	−1.75	72.16
1998年7月	11.54	37.09	25.02	0.48	73.17
1998年8月	12.81	35.27	25.46	3.72	69.82
1998年9月	13.25	36.85	26.79	6.25	70.64
1998年10月	12.08	35.69	24.32	4.03	68.06
1998年11月	13.91	37.27	27.08	2.79	75.47
1998年12月	12.47	39.09	25.01	3.05	73.52
1999年1月	9.43	33.18	8.95	5.34	46.22
1999年2月	6.28	31.54	12.47	7.28	43.01
1999年3月	5.52	32.05	15.93	8.75	44.75
1999年4月	4.37	29.46	16.86	9.43	41.26
1999年5月	3.65	34.38	18.39	10.05	46.37
1999年6月	2.72	35.53	19.21	9.25	48.21
1999年7月	2.93	30.29	17.05	8.59	41.68
1999年8月	3.86	34.57	16.43	7.68	47.18
1999年9月	4.73	32.45	15.81	7.25	45.74
1999年10月	5.12	30.18	16.97	8.47	43.8
1999年11月	3.69	29.76	17.06	9.25	41.26
1999年12月	4.78	34.14	15.45	8.01	46.36
2000年1月	2.69	36.32	11.32	6.9	43.43
2000年2月	1.43	38.54	13.17	7.1	46.04

续表

月　份	对外债务增加（亿美元）	外商直接投资净流入（亿美元）	经常项目差额（亿美元）	官方储备资产（亿美元）	跨境资本流动（亿美元）
2000年3月	0.12	34.54	12.03	7.41	39.28
2000年4月	−2.97	32.02	9.35	4.07	34.33
2000年5月	−4.83	34.2	8.27	4.57	33.07
2000年6月	−6.29	34.05	8.94	4.63	32.07
2000年7月	−8.52	37.28	20.15	4.89	44.02
2000年8月	−7.11	33.97	23.78	5.03	45.61
2000年9月	−6.48	38.91	22.53	5.32	49.64
2000年10月	−5.86	34.19	24.87	17.05	36.15
2000年11月	−4.91	33.38	26.42	18.34	36.55
2000年12月	−6.07	33.55	24.36	21.18	30.66
2001年1月	13.76	35.21	22.76	32.27	39.46
2001年2月	28.97	38.55	19.57	35.46	51.63
2001年3月	45.63	40.02	17.61	38.4	64.86
2001年4月	52.89	39.75	4.52	17.63	79.53
2001年5月	57.47	41.07	−7.63	16.28	74.63
2001年6月	43.12	39.49	−5.85	15.68	61.08
2001年7月	56.28	38.71	8.92	47.67	56.24
2001年8月	67.46	39.3	17.65	52.08	72.33
2001年9月	60.19	41.57	23.48	51.05	74.19
2001年10月	53.68	40.57	25.19	53.93	65.51
2001年11月	42.93	42.47	23.41	56.85	51.96
2001年12月	53.32	34.83	24.42	56.47	56.1
2002年1月	10.03	39.66	27.64	52.74	24.59
2002年2月	2.05	41.09	30.12	50.12	23.14
2002年3月	−6.28	42.36	28.42	49.82	14.68
2002年4月	−3.96	45.25	18.57	50.68	9.18
2002年5月	0.43	47.86	14.35	53.73	8.91
2002年6月	−6.98	46.57	16.46	54.38	1.67

续表

月　份	对外债务增加（亿美元）	外商直接投资净流入（亿美元）	经常项目差额（亿美元）	官方储备资产（亿美元）	跨境资本流动（亿美元）
2002 年 7 月	−8.24	42.64	19.81	53.24	0.97
2002 年 8 月	−2.75	45.18	21.32	52.89	10.86
2002 年 9 月	−4.32	41.14	25.84	55.93	6.73
2002 年 10 月	−1.61	43.65	47.28	89.72	−0.4
2002 年 11 月	2.49	48.9	53.27	95.68	8.98
2002 年 12 月	12.44	46.44	51.14	96.13	13.89
2003 年 1 月	5.96	45.93	11.39	105.46	−42.18
2003 年 2 月	12.41	49.5	6.56	121.73	−53.26
2003 年 3 月	14.73	50.43	8.13	131.83	−58.54
2003 年 4 月	17.08	47.37	23.95	58.71	29.69
2003 年 5 月	13.87	48.48	28.42	54.15	36.62
2003 年 6 月	17.59	49.84	29.91	49.54	47.8
2003 年 7 月	14.43	50.99	27.63	98.96	−5.91
2003 年 8 月	15.86	46.2	29.12	118.72	−27.54
2003 年 9 月	12.53	47.64	28.75	126.56	−37.64
2003 年 10 月	13.21	48.18	69.43	70.27	60.55
2003 年 11 月	14.49	47.98	95.74	64.28	93.93
2003 年 12 月	15.14	45.47	71.48	61.27	70.82
2004 年 1 月	22.76	50.83	19.25	112.36	−19.52
2004 年 2 月	27.75	52.36	5.37	126.78	−41.3
2004 年 3 月	33.38	57.47	8.85	135.97	−36.27
2004 年 4 月	35.07	58.51	15.27	111.07	−2.22
2004 年 5 月	56.82	62.94	17.36	105.28	31.84
2004 年 6 月	34.49	70.72	25.49	103.69	27.01
2004 年 7 月	42.28	55.2	52.12	128.29	21.31
2004 年 8 月	30.05	51.56	54.36	140.76	−4.79
2004 年 9 月	29.97	55.33	66.19	136.93	14.56
2004 年 10 月	33.63	54.89	125.32	242.89	−29.05

续表

月　份	对外债务增加（亿美元）	外商直接投资净流入（亿美元）	经常项目差额（亿美元）	官方储备资产（亿美元）	跨境资本流动（亿美元）
2004年11月	42.29	56.97	157.96	267.54	−10.32
2004年12月	47.81	54.92	141.88	289.04	−44.43
2005年1月	29.63	80.95	91.05	221.07	−19.44
2005年2月	28.82	88.73	72.48	187.53	2.5
2005年3月	26.63	84.2	74.83	181.39	4.27
2005年4月	25.58	80.84	85.19	238.85	−47.24
2005年5月	27.79	88.94	97.65	272.76	−58.38
2005年6月	28.67	81.97	111.38	251.3	−29.28
2005年7月	27.96	85.27	105.27	211.73	6.77
2005年8月	29.32	89.02	121.49	189.62	50.21
2005年9月	28.84	82.54	108.18	173.29	46.27
2005年10月	27.05	91.64	137.89	188.09	68.49
2005年11月	26.48	94.16	173.24	201.43	92.45
2005年12月	28.42	92.83	145.13	189.43	76.95
2006年1月	30.25	99.45	127.18	208.71	48.17
2006年2月	32.73	100.44	105.47	231.53	7.11
2006年3月	34.58	106.56	106.92	243.37	4.69
2006年4月	36.75	122.34	142.95	248.92	53.12
2006年5月	38.05	105.09	153.86	253.46	43.54
2006年6月	35.54	114.39	177.23	244.08	83.08
2006年7月	34.95	112.79	189.37	238.15	98.96
2006年8月	33.27	108.86	195.49	228.46	109.16
2006年9月	32.89	113.97	220.49	237.11	130.24
2006年10月	35.01	109.87	278.53	234.28	189.13
2006年11月	34.82	116.87	301.42	245.01	208.1
2006年12月	35.07	122.1	319.51	234.68	242
2007年1月	37.95	131.75	252.79	395.46	27.03
2007年2月	39.87	135.34	208.43	482.35	−98.71

续表

月　份	对外债务增加（亿美元）	外商直接投资净流入（亿美元）	经常项目差额（亿美元）	官方储备资产（亿美元）	跨境资本流动（亿美元）
2007 年 3 月	42.59	129.83	205.02	561.29	－183.85
2007 年 4 月	43.68	124.67	273.64	463.08	－21.09
2007 年 5 月	44.75	128.99	282.13	411.57	44.3
2007 年 6 月	42.05	126.3	309.74	406.99	71.1
2007 年 7 月	41.83	130.42	312.67	357.63	127.29
2007 年 8 月	40.69	130.18	325.49	319.24	177.12
2007 年 9 月	43.74	132.7	346.63	310.12	212.95
2007 年 10 月	41.92	137.76	351.17	302.47	228.38
2007 年 11 月	42.67	126.79	338.38	295.53	212.31
2007 年 12 月	42.25	127.76	325.74	301.31	194.44
2008 年 1 月	15.73	132.88	285.03	583.48	－149.84
2008 年 2 月	7.7	139.28	264.18	612.74	－201.58
2008 年 3 月	4.32	142.86	272.83	612.01	－192
2008 年 4 月	0.57	146.03	295.46	412.08	29.98
2008 年 5 月	－1.59	145.61	307.32	365.42	85.92
2008 年 6 月	－3.87	147.1	351.95	349.83	145.35
2008 年 7 月	－8.63	143.36	362.89	367.27	130.35
2008 年 8 月	－5.46	140.08	358.76	342.15	151.23
2008 年 9 月	－2.71	146.42	376.41	312.61	207.51
2008 年 10 月	0.98	139.22	412.89	287.53	265.56
2008 年 11 月	1.79	141.22	478.63	271.42	350.22
2008 年 12 月	0.57	151.29	439.33	278.85	312.34
2009 年 1 月	13.69	113.41	306.12	232.17	201.05
2009 年 2 月	16.98	118.33	218.47	209.46	144.32
2009 年 3 月	22.74	104.03	148.73	214.94	60.56
2009 年 4 月	18.53	108.92	140.72	298.72	－30.55
2009 年 5 月	37.69	106.79	121.69	354.53	－88.36
2009 年 6 月	43.87	109.61	134.51	386.26	－98.27

续表

月　份	对外债务增加（亿美元）	外商直接投资净流入（亿美元）	经常项目差额（亿美元）	官方储备资产（亿美元）	跨境资本流动（亿美元）
2009年7月	35.92	103.59	143.28	367.09	−84.3
2009年8月	38.71	104.99	156.74	342.81	−42.37
2009年9月	41.54	108.99	153.48	337.62	−33.61
2009年10月	34.03	121.05	287.72	393.07	49.73
2009年11月	38.43	110.23	315.07	422.19	41.54
2009年12月	42.74	100.63	306.04	444.58	4.83
2010年1月	67.08	181.29	107.29	332.42	23.24
2010年2月	83.35	188.95	73.48	305.63	40.15
2010年3月	100.42	194.19	69.18	321.73	42.06
2010年4月	105.63	183.46	123.85	281.52	131.42
2010年5月	112.76	211.32	147.63	271.43	200.28
2010年6月	117.51	225.09	166.16	267.61	241.15
2010年7月	114.06	196.24	234.67	337.15	207.82
2010年8月	107.72	206.02	285.49	374.39	224.84
2010年9月	101.08	203.84	306.16	368.46	242.62
2010年10月	97.75	212.63	279.92	593.08	−2.78
2010年11月	95.58	217.04	314.56	624.76	2.42
2010年12月	99.97	216.96	269.71	639.22	−52.58
2011年1月	108.82	230.28	12.67	507.17	−155.4
2011年2月	115.53	237.95	−6.94	465.82	−119.28
2011年3月	124.46	225.17	9.29	438.92	−80
2011年4月	128.89	224.64	129.98	464.28	19.23
2011年5月	132.25	232.25	142.64	483.39	23.75
2011年6月	111.3	228.63	164.66	477.61	26.98
2011年7月	127.74	232.96	151.07	354.21	157.56
2011年8月	126.62	244.47	138.92	302.73	207.28
2011年9月	124.41	240.45	134.34	259.67	239.53
2011年10月	118.83	243.34	157.26	52.43	467

续表

月　份	对外债务增加（亿美元）	外商直接投资净流入（亿美元）	经常项目差额（亿美元）	官方储备资产（亿美元）	跨境资本流动（亿美元）
2011年11月	120.05	237.57	165.31	37.46	485.47
2011年12月	121.72	223.02	161.77	34.33	472.18
2012年1月	47.75	209.97	102.82	197.93	162.61
2012年2月	33.32	197.26	97.64	252.54	75.68
2012年3月	42.27	199.57	85.22	295.98	31.08
2012年4月	34.98	204.01	175.48	12.48	401.99
2012年5月	32.26	202.29	202.71	−53.24	490.5
2012年6月	29.94	199.79	211.86	−76.8	518.39
2012年7月	32.4	195.8	233.73	−23.57	485.5
2012年8月	29.75	203.25	267.91	7.46	493.45
2012年9月	33.28	194.29	260.31	11.7	476.18
2012年10月	35.54	203.13	191.09	87.42	342.34
2012年11月	33.39	202.86	173.87	105.87	304.25
2012年12月	34.98	199.92	151.28	147.74	238.44
2013年1月	68.5	222.7	142.19	493.72	−60.33
2013年2月	86.84	232.14	132.93	546.93	−95.02
2013年3月	95.27	244.21	134.67	529.05	−54.9
2013年4月	108.29	245.35	144.18	187.47	310.35
2013年5月	115.58	252.55	139.69	142.53	365.29
2013年6月	123.36	243.89	142.84	135.84	374.25
2013年7月	138.85	254.08	115.92	298.69	210.16
2013年8月	110.67	233.78	107.63	325.32	126.76
2013年9月	102.78	248.39	102.32	346.48	107.01
2013年10月	99.46	254.17	104.14	427.82	29.95
2013年11月	103.39	234.8	118.97	443.54	13.62
2013年12月	108.82	243.22	96.56	436.41	12.19
2014年1月	675.4	247.63	30.18	421.65	531.56
2014年2月	693.06	245.47	86.95	419.36	606.12

续表

月　份	对外债务增加（亿美元）	外商直接投资净流入（亿美元）	经常项目差额（亿美元）	官方储备资产（亿美元）	跨境资本流动（亿美元）
2014 年 3 月	733.2	242.39	93.26	413.76	655.09
2014 年 4 月	825.7	237.2	198.96	108.52	1 153.34
2014 年 5 月	822.1	246.4	256.72	63.18	1 262.04
2014 年 6 月	718.6	244.17	278.73	52.45	1 189.05
2014 年 7 月	612.1	248.13	245.93	23.18	1 082.98
2014 年 8 月	706.45	242.05	234.82	5.46	1 177.86
2014 年 9 月	713.36	240.11	241.01	−29.3	1 223.78
2014 年 10 月	817.75	235.27	228.62	−95.42	1 377.06
2014 年 11 月	922.69	243.6	240.63	−99.57	1 506.49
2014 年 12 月	926.92	236.86	224.66	−105.47	1 493.91
2015 年 1 月	−238.76	229.23	249.91	−247.51	487.89
2015 年 2 月	−344.48	215.61	265.72	−283.15	420
2015 年 3 月	−345.57	213.99	240.06	−271.73	380.21
2015 年 4 月	−248.86	206.11	251.27	−28.45	236.97
2015 年 5 月	−346.63	203.35	242.94	77.54	22.12
2015 年 6 月	−344.07	215.82	236.08	81.92	25.91
2015 年 7 月	−249.35	202.2	208.75	−467.83	629.43
2015 年 8 月	−240.38	207.12	227.3	−575.64	769.68
2015 年 9 月	−342.93	205.6	200.78	−561.93	625.38
2015 年 10 月	−345.16	197.73	291.82	323.64	−179.25
2015 年 11 月	−246.28	203.61	323.64	−367.15	648.12
2015 年 12 月	−344.53	198.59	303.37	−356.91	514.34
2016 年 1 月	147.67	205.53	287.52	−201.37	842.09
2016 年 2 月	186.42	211.67	273.64	−128.24	799.97
2016 年 3 月	195.28	223.05	258.05	−53.45	729.83
2016 年 4 月	220.05	235.72	230.81	67.98	618.6
2016 年 5 月	251.33	249.81	225.64	158.42	568.36
2016 年 6 月	268.64	263.48	211.08	203.54	539.66

续表

月　份	对外债务增加（亿美元）	外商直接投资净流入（亿美元）	经常项目差额（亿美元）	官方储备资产（亿美元）	跨境资本流动（亿美元）
2016 年 7 月	281.29	280.39	198.53	257.91	502.3
2016 年 8 月	294.03	257.42	187.79	284.73	454.51
2016 年 9 月	275.41	238.91	176.92	326.05	365.19
2016 年 10 月	263.84	215.93	184.58	342.29	322.06
2016 年 11 月	240.17	209.64	203.64	293.61	359.84
2016 年 12 月	225.93	218.07	221.95	267.75	398.2
2017 年 1 月	239.12	213.25	201.42	128.47	525.32
2017 年 2 月	238.46	211.28	170.21	52.23	567.72
2017 年 3 月	243.12	209.63	152.24	10.85	594.14
2017 年 4 月	244.15	208.52	135.56	−28.46	616.69
2017 年 5 月	240.63	207.41	122.12	−89.72	659.88
2017 年 6 月	239.28	209.95	115.43	−123.36	688.02
2017 年 7 月	238.41	211.48	102.27	−110.54	662.73
2017 年 8 月	237.15	213.25	98.86	−86.78	636.04
2017 年 9 月	236.33	208.52	101.27	−79.97	626.09
2017 年 10 月	239.28	206.63	115.56	−87.05	648.52
2017 年 11 月	241.27	205.54	110.78	−96.24	653.83
2017 年 12 月	237.20	203.88	113.15	−125.72	679.95
2018 年 1 月	165.35	498.24	80.07	−90.01	833.67
2018 年 2 月	170.41	793.12	50.28	−62.23	1 076.04
2018 年 3 月	194.52	988.43	30.14	−41.78	1 254.87
2018 年 4 月	189.27	1 207.43	25.43	−33.27	1 455.4
2018 年 5 月	185.44	1 195.27	11.07	−52.97	1 444.75
2018 年 6 月	179.03	1 098.36	19.49	−48.84	1 345.72
2018 年 7 月	170.83	1 241.09	32.09	−64.59	1 508.6
2018 年 8 月	175.29	1 105.41	51.27	−43.36	1 375.33
2018 年 9 月	181.27	1 286.08	40.08	−81.08	1 588.51
2018 年 10 月	183.15	1 379.42	68.82	−50.24	1 681.63

续表

月　份	对外债务增加（亿美元）	外商直接投资净流入（亿美元）	经常项目差额（亿美元）	官方储备资产（亿美元）	跨境资本流动（亿美元）
2018年11月	193.94	1 199.07	35.54	−65.53	1 494.08
2018年12月	259.40	1 122.36	46.64	−36.67	1 465.07
2019年1月	113.24	987.09	78.87	−24.41	1 203.61
2019年2月	70.27	704.43	102.23	−8.87	885.8
2019年3月	50.28	598.82	124.41	12.23	761.28
2019年4月	30.27	564.49	135.52	28.84	701.44
2019年5月	25.08	487.89	140.29	41.08	612.18
2019年6月	48.87	673.34	128.82	52.27	798.76
2019年7月	73.31	602.23	101.08	67.24	709.38
2019年8月	82.24	743.35	99.64	28.81	896.42
2019年9月	50.27	509.24	115.53	39.96	635.08
2019年10月	61.62	558.84	129.93	42.28	708.11
2019年11月	58.87	692.23	137.73	28.85	859.98
2019年12月	80.98	870.8	119.3	43.84	1 027.24

二、使用李扬(1998)的方法

李扬(1998)把联合国的《国民经济核算体系》选取的过程进行修改，得到的计算公式如下：

$$跨境资本流动规模＝国际资本往来＋其他＋错误与遗漏－库存现金－国际储备资产 \quad (5-6)$$

李扬(1998)所采用的资料来源于1992—1996年中国资金流量表中国外部门的数据，受数据限制，只测算出了1992—1996年中国的跨境资本流动规模。

从以往文献的评价来看，很多学者认为李扬(1998)使用的测算方法既结合了联合国修订的《国民经济核算体系》的测算方法，又契合中国实际国民经济情况，因此笔者也使用李扬(1998)的方法测算中国实际发生的规模，并且解读和分析最终结果反映出的现实意义。

图5-5是1992—2013年中国国际收支错误和遗漏情况。由图5-5

可知,在绝大多数年份里,它的数值小于零,只有在 2002—2004 年和 2007 年这两个时期大于零,并且在 2010 年之后绝对数值出现了大幅的增加。

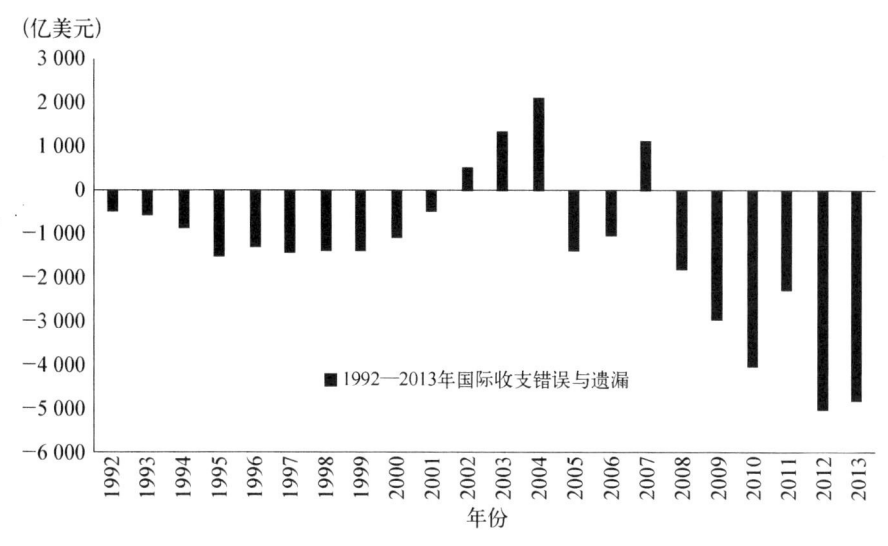

图 5-5　1992—2013 年中国国际收支错误与遗漏情况

资料来源:Wind 数据库。

参考货币基金组织(IMF)的测算方法,

$$跨境资本流动规模 = 直接投资 + 其他对外债权债务 \\ - (国际储备资产 + 库存现金) \tag{5-7}$$

比较式 5-7、式 5-8,可以得到:

$$国际资本往来 = 直接投资 + 其他对外债权债务 \\ - 错误与遗漏 - 其他 \tag{5-8}$$

由于在历年资金流量表中,国际资本往来数据的公布截至 1997 年,在测算过程中该数据在 1997 年之前是由资金流量表中国际资本往来(运用)的长期资本和短期资本之和加总得出的。在 1997 年之后,国际资本往来根据式 5-3,由直接投资(运用)加其他债权债务(运用)再减去错误与遗漏和其他项得出。

需要说明的是,资金流量表中国外部门运用项表示的是资金流出,而在 2004 年以后,笔者发现运用项目中通货、存款、贷款、证券和金融机构往来的规模大幅增加,也就表明这五项资金流出的规模有显著提高,因此在测算国际资本往来(运用)时需要加上这五项的规模。

表 5-7 展示了 1992—2013 年中国国外部门的资金流量表的数据。这张表格包含了库存现金、国际收支错误与遗漏资金运用合计、资金来源合计等数据,从这些部门的数据可以测算出中国跨境资本流动的规

模。需要说明的是,由于中国国外部门的资金流量表目前只公布截至1992—2013年的数据,因此只能据此计算出截至2013年中国跨境资本流动的规模。

表 5-7 中国国外部门的资金流量表(1992—2013 年)(年度数据)

年份	国际资本往来（亿元）	其他（亿元）	错误与遗漏（亿元）	库存现金（亿元）	国际储备资产（亿元）	跨境资本流动（亿元）	跨境资本流动（亿美元）
1992	1 666.70	0	−456.2	0	−117	1 327.5	232.89
1993	2 928.76	0	−564.91	27.66	101.83	2 289.68	263.18
1994	5 325.72	0	−842.41	2.07	2 631.01	1 854.37	215.62
1995	5 654.46	0	−1 487.34	1.67	1 877.41	2 291.38	272.78
1996	5 901.07	0	−1 293.6	9.65	2 631.52	1 985.6	239.23
1997	5 824.08	0	−1 405.3	9.28	2 961.42	1 448.08	174.68
1998	4 934	0	−1 372.35	−1.31	532.01	3 030.95	366.10
1999	5 150.09	0	−1 361.09	131.22	704	2 953.78	356.81
2000	5 491.64	0	−1 056.37	−37.09	873.23	3 599.13	434.82
2001	3 901.98	0	−450.16	50.84	3 917.01	−516.03	−62.35
2002	3 723.2	0	549.8	13.3	6 249.7	−1 990	−240.42
2003	4 868.3	891.5	1 376.7	329.7	9 686	−2 879.2	−347.86
2004	6 576.7	0	2 135.1	−100.3	17 080.3	−8 268.2	−999
2005	13 256.4	0	−1 373.4	−23.1	16 958.1	−5 052	−625.56
2006	14 122	0	−1 027	33	19 692	−6 630	−847.41
2007	15 530	0	1 159	−187	32 618	−15 742	−2 136.61
2008	14 067	0	−1 814	0	29 119	−16 866	−2 464.92
2009	12 249	0	−2 975	0	27 216	−17 942	−2 627.75
2010	22 322.3	0.3	−4 040	0	31 934.4	−13 651.8	−2 052.44
2011	29 454	0	−2 259	30	25 057	2 108	333.12
2012	22 384	39	−5 014	43	6 069	11 297	1 796.03
2013	37 908	60	−4 788	22.07	26 606	6 551.93	1 071.28

李扬(1998)使用的原始数据均来源于国家统计局公布的历年资金流量表,可能有些数据与人们平时在经济中感觉的现象有所出入,但是为了保证跨境资本流动数据的相对准确性,笔者仍以国家统计局公布的历年资金流量表数据为基础数据。此外,为了使后面实证模型的结论更加精确,笔者测算

出了使用李扬的方法对中国跨境资本流动的规模测算的月度数据。表5-8中1992—2013年的国际收支错误和遗漏、库存现金、国际储备资产以及国际资本往来等数据均来自中国历年的资金流量表,同时使用计量软件将年度数据转化为月度数据。

表5-8 使用李扬的方法对中国跨境资本流动的规模测算(1992—2013年)(月度数据)

月 份	国际资本往来(亿元)	其他(亿元)	错误与遗漏(亿元)	库存现金(亿元)	国际储备资产(亿元)	跨境资本流动(亿元)	跨境资本流动(亿美元)
1992年1月	141.97	0	−34.21	0	−7.83	115.59	20.96
1992年2月	134.65	0	−35.98	0	−8.45	107.12	19.42
1992年3月	136.58	0	−37.84	0	−9.86	108.6	19.69
1992年4月	139.95	0	−39.03	0	−10.27	111.19	20.16
1992年5月	140.52	0	−41.82	0	−11.35	110.05	19.96
1992年6月	142.13	0	−40.75	0	−10.87	112.25	20.36
1992年7月	139.27	0	−39.46	0	−9.76	109.57	19.87
1992年8月	137.6	0	−38.69	0	−11.08	109.99	19.95
1992年9月	136.85	0	−42.77	0	−9.15	103.23	18.72
1992年10月	138.92	0	−36.85	0	−9.58	111.65	20.25
1992年11月	139.67	0	−38.02	0	−8.93	110.58	20.05
1992年12月	138.59	0	−51.09	0	−9.87	97.37	16.90
1993年1月	196.73	0	−41.59	0.98	−4.35	158.51	27.51
1993年2月	199.54	0	−44.36	1.57	−1.22	154.83	26.87
1993年3月	235.67	0	−47.72	1.98	4.58	181.39	31.48
1993年4月	259.91	0	−49.18	2.46	8.27	200	34.71
1993年5月	245.58	0	−51.26	2.89	15.96	175.47	30.45
1993年6月	258.87	0	−48.49	3.15	11.53	195.7	33.96
1993年7月	260.02	0	−47.68	3.52	12.06	196.76	34.15
1993年8月	252.75	0	−46.54	1.96	16.78	187.47	32.54
1993年9月	268.82	0	−45.93	2.74	12.36	207.79	36.06
1993年10月	244.07	0	−47.05	2.05	8.54	186.43	32.36
1993年11月	242.38	0	−48.29	1.87	9.05	183.17	31.79

续表

月　份	国际资本往来（亿元）	其他（亿元）	错误与遗漏（亿元）	库存现金（亿元）	国际储备资产（亿元）	跨境资本流动（亿元）	跨境资本流动（亿美元）
1993年12月	264.42	0	−46.73	2.48	8.27	206.94	35.91
1994年1月	397.93	0	−57.64	1.63	85.64	253.02	29.36
1994年2月	446.47	0	−68.82	0.97	175.53	201.15	23.34
1994年3月	398.85	0	−73.31	0.58	195.57	129.39	15.01
1994年4月	445.52	0	−76.65	0.15	220.05	148.67	17.25
1994年5月	467.71	0	−80.29	0.08	253.36	133.98	15.55
1994年6月	432.78	0	−75.58	0.04	272.71	84.45	9.80
1994年7月	493.31	0	−70.27	0.09	263.35	159.6	18.52
1994年8月	468.04	0	−65.51	0.12	242.18	160.23	18.59
1994年9月	442.27	0	−60.03	0.07	215.59	166.58	19.33
1994年10月	431.19	0	−58.87	0.03	233.93	138.36	16.05
1994年11月	444.81	0	−62.24	0.12	225.77	156.68	18.18
1994年12月	456.84	0	−68.89	0.17	247.84	139.94	16.24
1995年1月	472.87	0	−87.82	0.16	192.91	191.98	22.99
1995年2月	483.39	0	−105.52	0.13	167.75	209.99	25.15
1995年3月	471.21	0	−118.86	0.11	150.53	201.71	24.15
1995年4月	465.53	0	−135.54	0.08	148.82	181.09	21.68
1995年5月	463.12	0	−136.27	0.09	167.21	159.55	19.37
1995年6月	462.75	0	−141.07	0.04	187.73	133.91	16.04
1995年7月	508.55	0	−144.39	0.02	176.69	187.45	22.45
1995年8月	492.08	0	−136.65	0.03	163.38	192.02	22.99
1995年9月	475.24	0	−130.08	0.04	156.45	188.67	22.59
1995年10月	469.93	0	−127.75	0.01	189.02	153.15	18.34
1995年11月	471.05	0	−123.94	0.03	178.87	168.21	20.14
1995年12月	481.86	0	−120.08	0.02	165.26	196.5	23.53
1996年1月	485.29	0	−112.27	0.35	187.73	184.94	22.24
1996年2月	492.36	0	−107.65	0.86	205.58	178.27	21.44
1996年3月	495.53	0	−104.43	1.13	231.81	158.16	19.02

续表

月 份	国际资本往来（亿元）	其他（亿元）	错误与遗漏（亿元）	库存现金（亿元）	国际储备资产（亿元）	跨境资本流动（亿元）	跨境资本流动（亿美元）
1996年4月	496.07	0	−103.35	1.25	245.57	145.9	17.55
1996年5月	490.28	0	−108.81	1.17	214.49	165.81	19.94
1996年6月	488.86	0	−113.36	0.93	228.08	146.49	17.62
1996年7月	487.72	0	−115.57	0.87	201.16	170.12	20.46
1996年8月	489.03	0	−117.73	0.73	232.27	138.3	16.63
1996年9月	491.18	0	−112.25	0.66	215.58	162.69	19.57
1996年10月	492.61	0	−109.93	0.53	209.91	172.24	20.72
1996年11月	493.35	0	−105.57	0.75	223.38	163.65	19.68
1996年12月	498.79	0	−103.49	0.94	235.96	158.4	19.05
1997年1月	483.36	0	−109.68	0.83	238.82	134.03	16.17
1997年2月	496.64	0	−112.25	0.78	243.35	140.26	16.92
1997年3月	442.73	0	−118.83	0.75	247.71	75.44	9.10
1997年4月	466.07	0	−115.64	0.68	251.08	98.67	11.90
1997年5月	455.59	0	−118.83	0.72	253.39	82.65	9.97
1997年6月	488.05	0	−119.92	0.79	252.27	115.07	13.88
1997年7月	533.72	0	−120.04	0.81	249.93	162.94	19.66
1997年8月	559.54	0	−117.73	0.83	247.74	193.24	23.31
1997年9月	557.72	0	−115.68	0.76	245.52	195.76	23.61
1997年10月	520.18	0	−117.95	0.72	243.38	158.13	19.08
1997年11月	488.87	0	−118.27	0.81	242.25	127.54	15.39
1997年12月	474.7	0	−119.03	0.77	245.98	108.92	13.14
1998年1月	427.73	0	−117.75	0.53	108.43	201.02	1.43
1998年2月	416.67	0	−115.56	0.27	72.29	228.55	27.61
1998年3月	382.28	0	−114.34	0.05	37.53	230.36	27.82
1998年4月	392.46	0	−112.27	−0.28	40.08	240.39	29.04
1998年5月	396.92	0	−110.09	−0.39	32.27	254.95	30.79
1998年6月	418.85	0	−113.78	−0.42	25.56	279.93	33.81
1998年7月	421.18	0	−112.27	−0.53	28.08	281.36	33.98

续表

月 份	国际资本往来（亿元）	其他（亿元）	错误与遗漏（亿元）	库存现金（亿元）	国际储备资产（亿元）	跨境资本流动（亿元）	跨境资本流动（亿美元）
1998年8月	417.73	0	−115.53	−0.38	35.92	266.66	32.21
1998年9月	439.95	0	−116.69	−0.28	33.81	289.73	35.00
1998年10月	399.27	0	−114.48	−0.05	41.07	243.77	29.44
1998年11月	388.81	0	−113.36	−0.17	32.63	242.99	29.35
1998年12月	432.15	0	−115.02	−0.11	44.34	272.9	32.96
1999年1月	404.38	0	−114.27	2.65	47.68	239.78	28.96
1999年2月	461.07	0	−113.39	4.98	53.25	289.45	34.96
1999年3月	429.65	0	−112.65	7.64	58.76	250.6	30.27
1999年4月	427.83	0	−111.98	11.32	63.21	241.32	29.15
1999年5月	415.62	0	−113.05	12.86	62.83	226.88	27.41
1999年6月	454.09	0	−114.82	13.97	63.09	262.21	31.67
1999年7月	446.74	0	−115.71	14.05	61.72	255.26	30.83
1999年8月	388.81	0	−114.67	12.39	59.94	201.81	24.38
1999年9月	370.95	0	−113.42	11.57	57.75	188.21	22.74
1999年10月	421.73	0	−112.59	10.93	59.3	238.91	28.86
1999年11月	449.68	0	−111.87	9.48	58.66	269.67	32.58
1999年12月	479.54	0	−113.04	11.05	57.81	297.64	35.95
2000年1月	424.67	0	−100.75	8.71	64.98	250.23	30.22
2000年2月	476.04	0	−92.58	6.08	67.83	309.55	37.39
2000年3月	458.85	0	−87.96	3.52	71.29	296.08	35.76
2000年4月	450.06	0	−75.43	0.74	73.05	300.84	36.34
2000年5月	431.73	0	−72.29	−2.53	75.84	286.13	34.57
2000年6月	482.28	0	−77.42	−5.66	77.24	333.28	40.26
2000年7月	449.97	0	−82.07	−7.85	78.51	297.24	35.90
2000年8月	477.42	0	−84.92	−8.14	75.45	325.19	39.28
2000年9月	426.85	0	−87.85	−6.92	73.68	272.24	32.88
2000年10月	468.51	0	−89.76	−4.81	71.63	311.93	37.68
2000年11月	479.93	0	−90.03	−2.57	70.97	321.5	38.84

续表

月　份	国际资本往来（亿元）	其他（亿元）	错误与遗漏（亿元）	库存现金（亿元）	国际储备资产（亿元）	跨境资本流动（亿元）	跨境资本流动（亿美元）
2000年12月	465.33	0	−88.12	−3.09	72.76	307.54	37.16
2001年1月	386.67	0	−64.43	−1.93	95.85	228.32	27.58
2001年2月	320.08	0	−48.81	0.28	148.06	122.93	14.85
2001年3月	375.53	0	−39.94	2.75	254.38	78.46	9.48
2001年4月	342.24	0	−36.65	4.86	327.72	−26.99	−3.26
2001年5月	308.81	0	−34.39	6.97	408.93	−141.48	−17.09
2001年6月	344.59	0	−32.27	7.49	455.61	−150.78	−18.22
2001年7月	364.62	0	−31.92	8.04	412.02	−87.36	−10.55
2001年8月	326.74	0	−33.08	6.92	351.64	−64.9	−7.84
2001年9月	295.57	0	−36.65	5.71	420.95	−167.74	−20.27
2001年10月	288.95	0	−39.01	4.84	374.56	−129.46	−15.64
2001年11月	263.06	0	−40.26	2.08	324.42	−103.7	−12.53
2001年12月	285.12	0	−37.52	4.23	342.87	−99.5	−12.02
2002年1月	292.17	0	−23.15	3.08	397.91	−131.97	−15.94
2002年2月	285.59	0	−18.69	1.87	448.83	−183.8	−22.21
2002年3月	290.05	0	−2.48	0.45	507.79	−220.67	−26.66
2002年4月	301.49	0	12.93	−1.21	534.46	−218.83	−26.44
2002年5月	338.83	0	31.07	−1.69	581.39	−209.8	−25.35
2002年6月	323.78	0	46.76	−2.23	602.25	−229.48	−27.73
2002年7月	316.62	0	53.39	−1.07	567.92	−196.84	−23.78
2002年8月	321.13	0	62.14	0.93	548.53	−166.19	−20.08
2002年9月	316.42	0	54.81	1.46	521.34	−151.57	−18.31
2002年10月	278.87	0	48.97	2.72	503.61	−178.49	−21.56
2002年11月	317.74	0	49.08	2.05	512.29	−147.52	−17.82
2002年12月	340.51	0	45.81	1.18	523.38	−138.24	−16.70
2003年1月	408.81	69.73	73.92	22.57	654.47	−124.58	−15.05
2003年2月	412.05	72.29	91.37	27.45	782.23	−233.97	−28.27
2003年3月	397.18	73.16	105.54	23.61	804.49	−252.22	−30.47

续表

月　份	国际资本往来（亿元）	其他（亿元）	错误与遗漏（亿元）	库存现金（亿元）	国际储备资产（亿元）	跨境资本流动（亿元）	跨境资本流动（亿美元）
2003年4月	382.27	75.24	112.27	25.84	813.34	−269.4	−32.55
2003年5月	434.76	76.31	123.46	23.52	832.26	−221.25	−26.73
2003年6月	409.84	74.08	134.71	30.27	845.52	−257.16	−31.07
2003年7月	383.39	73.12	125.08	31.71	857.71	−307.83	−37.19
2003年8月	411.24	72.53	118.83	28.93	843.37	−269.7	−32.58
2003年9月	429.93	74.87	106.69	31.14	864.65	−284.3	−34.35
2003年10月	402.28	76.64	102.97	30.35	831.93	−280.39	−33.88
2003年11月	413.42	77.96	109.52	31.08	757.16	−187.34	−22.63
2003年12月	383.13	75.57	114.73	23.29	798.87	−248.73	−30.05
2004年1月	483.54	0	135.61	1.84	985.79	−368.48	−44.52
2004年2月	528.92	0	152.84	0.21	1 163.84	−482.29	−58.27
2004年3月	536.53	0	168.05	−3.46	1 358.62	−650.58	−78.60
2004年4月	562.71	0	177.92	−5.76	1 507.23	−760.84	−91.92
2004年5月	579.64	0	185.37	−8.42	1 629.91	−856.48	−103.48
2004年6月	558.87	0	193.48	−10.07	1 442.75	−680.33	−82.20
2004年7月	553.92	0	201.73	−13.36	1 541.03	−772.02	−93.28
2004年8月	548.57	0	190.81	−14.84	1 697.56	−943.34	−113.97
2004年9月	521.85	0	188.42	−12.95	1 528.89	−805.67	−97.34
2004年10月	587.61	0	183.65	−11.82	1 435.93	−652.85	−78.88
2004年11月	562.53	0	179.94	−9.69	1 365.27	−613.11	−74.08
2004年12月	552.01	0	177.06	8.36	1 423.48	−686.05	−82.89
2005年1月	893.34	0	128.13	−5.72	1 410.45	−383.26	−46.31
2005年2月	1 107.82	0	84.47	−3.04	1 377.91	−182.58	−22.06
2005年3月	1 205.56	0	43.36	−2.28	1 364.49	−113.29	−13.69
2005年4月	1 138.75	0	10.29	−1.85	1 298.02	−147.13	−17.78
2005年5月	1 007.63	0	−42.93	−0.97	1 328.87	−363.2	−43.88
2005年6月	1 185.94	0	−98.48	2.43	1 507.11	−422.08	−51.00
2005年7月	1 143.17	0	−120.07	4.05	1 436.64	−417.59	−50.70

续表

月　份	国际资本往来(亿元)	其他(亿元)	错误与遗漏(亿元)	库存现金(亿元)	国际储备资产(亿元)	跨境资本流动(亿元)	跨境资本流动(亿美元)
2005年8月	1 125.58	0	−135.59	2.91	1 410.06	−422.98	−52.21
2005年9月	1 187.82	0	−157.64	1.87	1 455.28	−426.97	−52.76
2005年10月	1 095.04	0	−172.82	−0.49	1 431.79	−509.08	−62.94
2005年11月	1 142.43	0	−156.98	−3.81	1 508.01	−518.75	−64.17
2005年12月	1 023.32	0	−132.25	−1.92	1 429.47	−536.48	−66.43
2006年1月	1 107.19	0	−101.34	−1.08	1 532.08	−525.15	−65.10
2006年2月	1 286.68	0	−92.06	−0.53	1 427.46	−232.31	−28.86
2006年3月	1 237.42	0	−84.48	1.29	1 693.14	−541.49	−67.39
2006年4月	1 205.31	0	−75.59	2.64	1 702.53	−575.45	−71.79
2006年5月	1 184.05	0	−68.93	3.57	1 811.92	−700.37	−87.38
2006年6月	1 138.27	0	−76.73	4.76	1 748.35	−691.57	−86.37
2006年7月	1 253.74	0	−81.37	3.05	1 680.27	−510.95	−63.94
2006年8月	1 142.59	0	−86.52	2.82	1 612.62	−559.37	−70.16
2006年9月	1 201.01	0	−91.65	3.45	1 578.89	−472.98	−59.59
2006年10月	1 153.36	0	−89.12	2.98	1 556.02	−494.76	−62.60
2006年11月	1 145.52	0	−82.71	2.51	1 707.71	−647.41	−82.31
2006年12月	1 066.86	0	−85.58	2.79	1 641.01	−662.52	−84.68
2007年1月	1 097.73	0	−43.07	0.41	1 959.65	−905.4	−116.23
2007年2月	1 109.95	0	−12.26	−3.67	2 638.94	−1 537.58	−198.28
2007年3月	1 224.16	0	33.84	−6.69	2 509.57	−1 244.88	−160.86
2007年4月	1 282.27	0	71.85	−12.25	2 794.43	−1 428.06	−184.87
2007年5月	1 326.54	0	96.58	−15.58	2 882.82	−1 444.12	−188.27
2007年6月	1 333.09	0	112.42	−17.02	2 993.39	−1 530.86	−200.56
2007年7月	1 405.18	0	123.67	−19.48	3 006.41	−1 458.08	−192.35
2007年8月	1 351.63	0	140.19	−22.73	2 896.32	−1 381.77	−182.40
2007年9月	1 324.41	0	151.83	−18.91	2 718.16	−1 223.01	−162.51
2007年10月	1 318.82	0	132.94	−14.46	2 607.75	−1 141.53	−152.18
2007年11月	1 309.97	0	119.06	−12.87	2 889.92	−1 448.02	−195.06

续表

月　份	国际资本往来（亿元）	其他（亿元）	错误与遗漏（亿元）	库存现金（亿元）	国际储备资产（亿元）	跨境资本流动（亿元）	跨境资本流动（亿美元）
2007年12月	1 446.25	0	94.38	−15.74	2 720.64	−1 164.27	−158.03
2008年1月	1 297.74	0	52.59	−10.85	2 577.89	−1 216.71	−167.87
2008年2月	1 119.33	0	11.75	−6.32	2 368.53	−1 231.13	−171.94
2008年3月	1 159.92	0	−38.92	−2.57	2 105.07	−981.5	−138.72
2008年4月	1 075.61	0	−93.81	2.46	2 059.72	−1 080.38	−154.32
2008年5月	1 184.19	0	−142.27	4.18	2 286.91	−1 249.17	−179.16
2008年6月	1 268.45	0	−176.64	6.34	2 505.84	−1 420.37	−205.94
2008年7月	1 163.71	0	−199.83	8.72	2 696.69	−1 741.53	−254.70
2008年8月	1 085.52	0	−205.51	5.69	2 703.38	−1 829.06	−266.96
2008年9月	1 107.84	0	−223.49	2.15	2 584.65	−1 702.45	−249.24
2008年10月	1 234.47	0	−187.92	−3.64	2 426.59	−1 376.4	−201.48
2008年11月	1 127.26	0	−161.05	−5.83	2 311.47	−1 339.43	−196.15
2008年12月	1 242.96	0	−150.16	−2.01	2 492.26	−1 397.45	−204.23
2009年1月	1 043.39	0	−189.43	3.15	2 315.08	−1 464.27	−214.13
2009年2月	969.12	0	−202.87	5.78	2 236.72	−1 476.25	−215.96
2009年3月	974.46	0	−236.64	7.24	2 100.14	−1 369.56	−200.40
2009年4月	1 012.75	0	−285.92	4.06	2 012.83	−1 290.06	−188.85
2009年5月	1 037.64	0	−301.73	0.72	1 904.97	−1 169.78	−171.41
2009年6月	1 071.91	0	−278.51	−2.93	2 183.65	−1 387.32	−203.03
2009年7月	1 017.57	0	−257.48	−5.67	2 294.09	−1 528.33	−223.70
2009年8月	993.86	0	−241.04	−8.18	2 456.71	−1 695.71	248.19
2009年9月	964.39	0	−230.65	−5.41	2 542.56	−1 803.41	−264.08
2009年10月	1 033.02	0	−223.39	−4.98	2 405.48	−1 590.87	−233.01
2009年11月	1 048.78	0	−238.81	1.76	2 495.7	−1 687.49	−247.16
2009年12月	1 082.11	0	−247.91	3.95	2 268.07	−1 437.82	−210.58
2010年1月	1 789.91	0	−281.67	5.07	2 431.85	−928.68	−136.02
2010年2月	1 865.57	0	−296.84	3.64	2 662.19	−1 097.1	−160.70
2010年3月	1 924.42	0	−315.52	2.71	2 773.21	−1 167.02	−170.96

续表

月　份	国际资本往来（亿元）	其他（亿元）	错误与遗漏（亿元）	库存现金（亿元）	国际储备资产（亿元）	跨境资本流动（亿元）	跨境资本流动（亿美元）
2010年4月	1 858.83	0	−336.67	−1.98	2 884.42	−1 360.28	−199.27
2010年5月	1 872.26	0	−354.49	−4.32	2 693.05	−1 170.96	−171.51
2010年6月	1 907.79	0	−361.05	−5.73	2 818.73	−1 266.26	−185.76
2010年7月	1 841.15	0.1	−372.96	−3.91	2 722.64	−1 250.44	−184.50
2010年8月	1 862.48	0	−393.48	−1.64	2 697.18	−1 226.54	−180.64
2010年9月	1 914.41	0.1	−369.81	2.59	2 501.57	−959.46	−142.22
2010年10月	1 877.67	0.1	−348.07	3.42	2 485.96	−959.68	−143.81
2010年11月	1 845.69	0	−325.59	1.67	2 668.89	−1 150.46	−172.85
2010年12月	1 762.12	0	−339.14	−1.58	2 594.71	−1 170.15	−175.92
2011年1月	2 207.78	0	−292.43	1.31	2 312.45	−398.41	−60.34
2011年2月	2 352.91	0	−251.08	2.54	2 201.07	−101.78	−15.46
2011年3月	2 508.53	0	−207.75	3.98	2 088.18	208.62	31.77
2011年4月	2 596.64	0	−188.26	4.02	1 993.89	410.47	62.87
2011年5月	2 505.08	0	−163.87	3.15	1 904.42	433.64	66.73
2011年6月	2 472.76	0	−144.42	2.73	1 872.49	453.12	69.95
2011年7月	2 683.49	0	−131.09	2.21	2 012.24	537.95	83.26
2011年8月	2 415.57	0	−129.93	1.96	2 174.93	108.75	16.97
2011年9月	2 564.81	0	−118.46	1.78	2 251.65	192.92	30.22
2011年10月	2 496.07	0	−142.58	2.19	2 172.78	178.52	28.08
2011年11月	2 417.92	0	−175.69	2.57	2 184.81	54.85	8.65
2011年12月	2 232.44	0	−189.31	2.83	1 888.09	152.21	24.05
2012年1月	2 022.64	2.85	−242.47	3.12	572.42	1 207.48	191.15
2012年2月	1 933.79	3.02	−356.63	3.58	493.57	1 083.03	171.91
2012年3月	1 721.07	3.17	−417.84	3.74	561.74	740.92	117.46
2012年4月	1 615.42	3.43	−431.09	3.91	485.81	698.04	110.86
2012年5月	1 764.81	3.56	−454.25	4.05	498.63	811.44	128.67
2012年6月	1 876.28	3.57	−469.92	3.82	449.75	956.36	151.38
2012年7月	2 051.36	3.42	−483.36	3.67	444.39	1 123.36	177.65

续表

月　份	国际资本往来（亿元）	其他（亿元）	错误与遗漏（亿元）	库存现金（亿元）	国际储备资产（亿元）	跨境资本流动（亿元）	跨境资本流动（亿美元）
2012年8月	1 914.69	3.63	−507.78	3.43	456.68	950.43	149.90
2012年9月	1 808.73	3.38	−470.47	3.29	557.76	780.59	123.13
2012年10月	1 701.15	3.08	−442.39	3.08	481.04	777.72	123.17
2012年11月	1 893.87	3.15	−415.53	3.76	495.73	982	155.99
2012年12月	2 080.19	2.96	−385.95	3.51	571.48	1 122.21	178.41
2013年1月	2 928.68	4.08	−391.07	2.57	2 217.16	321.96	51.28
2013年2月	3 122.91	4.82	−405.84	1.84	2 358.85	361.2	57.48
2013年3月	2 971.06	5.31	−411.73	1.53	2 483.27	79.84	12.72
2013年4月	3 158.82	5.24	−423.68	0.98	2 208.63	530.77	84.96
2013年5月	3 209.57	5.53	−415.31	0.22	2 341.74	457.55	73.83
2013年6月	3 583.23	5.08	−409.12	1.67	2 209.45	968.07	156.85
2013年7月	3 417.48	4.63	−392.36	1.98	2 118.89	908.88	147.25
2013年8月	2 906.69	4.91	−381.74	2.93	2 064.46	462.47	74.94
2013年9月	3 169.34	5.32	−372.27	3.85	1 995.52	803.02	130.39
2013年10月	3 227.61	5.17	−360.08	4.76	2 173.35	694.59	113.14
2013年11月	3 385.48	4.85	−385.41	1.99	2 236.61	766.32	124.86
2013年12月	2 827.13	5.06	−399.92	1.74	2 198.07	232.46	38.01

表5-8是使用李扬的方法对1992—2013年中国跨境资本流动规模测算的结果，其中最后一栏是用1992—2013年每个月的汇率将中国跨境资本流动规模的计量由人民币转换为美元。从测算结果可以得知，在1992—2013年间仅仅2004年是资本流入的，其余年份都出现了资本外流的现象。由于统计口径不同，使用两种方法得出的测算结果在某些年份存在差异，而资金流量表中国际资本往来（运用）的数据在1997年之后不能直接得到，因此笔者认为使用世界银行的测算结果可能更加客观可靠。

这些数据和使用世界银行的间接法对中国跨境资本流动规模进行测算得到的最终数据大体上相同。从两者的差异上看，2002—2010年间用世界银行的间接法对中国实际情况测算所得到的最终结果高估了一些，而其余年份中使用李扬的方法对中国实际情况测算所得到的最终结果则相对高估了些。

第四节 跨境资本流动测算结果分析及适度规模区间探讨

以上是利用李扬的方法和世界银行的间接法对 1992—2019 年中国跨境资本流动的规模测算结果。下面将对测算结果进行更具体的分析,并对其进行探讨。

一、测算结果分析

图 5-6 是使用两种方法对近年来中国跨境资本流动的规模测算结果分析图。由图 5-6 可知,使用这两种方法测算的结果存在一定的差异,说明这两种方法仍需要进一步完善;与此同时,两者所测算结果在趋势上相同,但使用李扬法测算的结果波动性更大一些。

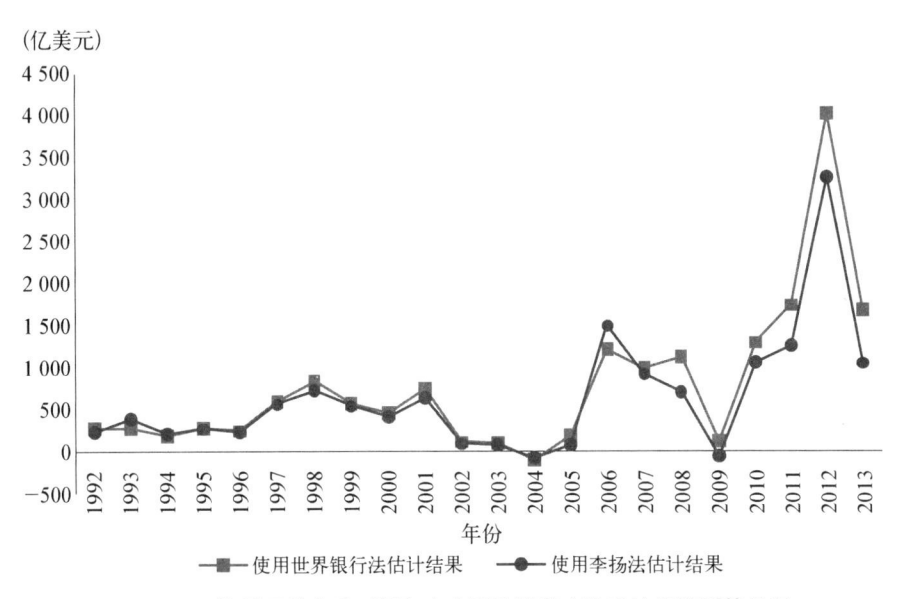

图 5-6 使用两种方法对近年来中国跨境资本流动的规模测算结果

资料来源:笔者测算。

由于使用李扬法测算时,资金流量表中国际资本往来(运用)的数据在 1997 年之后不能直接得到,而使用世界银行法测算时,所有项目的数据都可以直接得到,因此笔者重点分析使用世界银行法测算得到的结果。通过对该方法得到的测算结果深入分析,可以发现 1992—2019 年中国跨境资本流动的规模具备以下几个特点:

（一）中国跨境资本流动规模和宏观经济的联系比较密切

从使用世界银行法测算的结果来看，1993年、1998年、2006和2007年以及2011年以后中国的跨境资本流动规模都比较大，这和当时的宏观经济环境有很密切的关系。1993年中国的经济形势比较复杂，当时的物价水平同比上年最高上涨了20%以上，而且呈现了货币明显贬值的势头，国内的资本出于避险的需求，出现了加速外逃的迹象；1998年中国经济遭遇到东南亚金融危机和其他一些风险因素的冲击，国内宏观经济环境恶化、人民币贬值预期增强，从而也导致了国内的跨境资本流出；2006和2007年中国的经济全体存在过热的特征，而且人民币升值到达阶段性高点位置，人们认为它的走势将出现调整，这些因素引发了国内的资本外流；2014年起中国的宏观经济处于"新常态"和"供给侧改革"的背景下，再伴随着国内各行业的经济环境已经大不如前、人口红利开始逐渐消失，中国跨境资本流动达到了千亿美元以上的规模。从数据上看，在历年的相关数据中，只有2004年中国跨境资本流动的数值为负，即可能发生跨境资本流入。从中国经济政策的视角看，中国在2003和2004年逐渐放开了资本流入的途径，并相继出台了各种与反洗钱相关的政策法规，这些政策的出台导致大量的热钱从境外流入境内。

（二）中国跨境资本流动的规模很高

本节运用世界银行（1985）和李扬（1998）的方法测算了近年来中国跨境资本流动的规模，并且得到了较为详细的数值。根据最终得到的数据可以看到，近年来中国跨境资本流动的规模很高。举例而言，2014年中国跨境资本流动规模占国内生产总值的百分比高达12%左右，这表明跨境资本流动问题已经非常严重，会对实体经济形成负面影响，并会导致系统性金融风险的放大效应。

（三）中国跨境资本流出和流入现象并存

在邓小平南方谈话以后，国外的游资就中国市场比较青睐，而且中国已经成为全球使用国外资金规模最高的国家之一。然而，在现实中中国跨境资本流出和流入现象并存，这是难以否认的事实，也是很多学者关注和分析的问题。贺力平和张艳花（1992）认为，中国的一部分资本流动可能并非是真正的资本外流，而是资金在出境之后，再以外资的形式返回至国内，并参与其经济活动。由于中国对国内外注册地址不同的企业的税收政策存在一定的异质性，境外的资本回流之后可以享受更多支持的优惠政策，还可以在国内投资中捕捉套利机会，这促成了迂回性跨境资本的频繁出现。实际现象表明，中国的一些企业通常会选择在小国或者小岛注册，他们先把资本转出境外再转至境内，以享受较为优惠的税收政策。

(四)阶段性变化较为明显

从图 5-10 显示的测算结果可以看到,1996 年之前中国跨境资本流动规模较低,这和当时的经济环境和体量有较强的关联;亚洲金融危机发生后大约三年的时间内,中国跨境资本流动规模出现了较快上升,这与经济形势恶化、人民币贬值等有关;2001 年之后,由于中国出台了一些反洗钱的法律法规,有规模较高的跨境资本流入至境内,这对资本外流起到了一定的抑制作用;2005—2007 年间,中国跨境资本流动再次出现较快上升的趋势;2008 年全球金融危机爆发之后,跨境资本流动规模快速下跌;2009—2012 年间,在"四万亿"财政政策的冲击、企业杠杆率高企的背景下,跨境资本流动的规模较快上升;2014 年后,在金融去杠杆和经济增速放缓的冲击下,跨境资本流动的规模大幅增加。因此,从以上数据看,中国的跨境资本流动规模呈现出比较明显的阶段性变化。

(五)可能导致系统性金融风险隐患放大

值得注意的是,鉴于目前中国的人口红利正逐步消失、经济增速逐渐放缓,未来中国跨境资本流动有可能仍将保持在较高水平,这会对中国实体经济形成较为严重的负面影响。特别是在美元升值、中美贸易摩擦和一些外贸型企业盈利下滑的背景下,跨境资本流动有可能对实体经济形成较为严重的负面冲击,并可能引发一系列的风险。

目前,国内一些学者对中国跨境资本流动可能引发的系统性金融风险的放大效应进行了深入研究。最近几年内,中国发生了非常严重的跨境资本流动问题,这有可能导致系统性金融风险隐患放大,因此必须加强对跨境资本流动的监管(余永定,2017)。从 2011 年开始,中国历年对外净资产变动减去经常账户盈余的差值之和出现了 1.3 万亿美元的缺口,这可能引致系统性金融风险的隐患放大(中国社科院,2017)。尤其是在近年来中美贸易摩擦背景下,跨境资本流动引发的系统性金融风险更加不容忽视。基于以上原因,我们有必要对中国跨境资本流动引发金融风险的演化机理进行深入研究。

二、适度规模区间探讨

在实践中,跨境资本流动的规模并非越多越好,而是应当存在一个适度的规模区间。参考国家外汇管理局公布的历年《中国跨境资金流动监测报告》,笔者将对跨境资本流动的适度规模区间进行探讨,希望为管理层提供一定的借鉴和参考。

根据 Kreinin 和 Heller(1973)、钟伟(2017)等的思想,鉴于目前文献中难以找到跨境资本流动适度规模区间的公式,笔者提出了一个较为简便的测算方法，其公式如下：

跨境资本流动适度规模区间的上限＝稳定性较高的资本流动规模
$$\times (1+2\times \text{GDP 增速})$$

(5-9)

跨境资本流动适度规模区间的下限＝稳定性较高的资本流动规模
$$\times (1-2\times \text{GDP 增速})$$

(5-10)

通过式 5-9 和式 5-10，可以建立跨境资本流动与经济增长的耦合效应，进而测算出跨境资本流动的适度规模区间。

由于国家外汇管理局已经公布了 2001—2014 年中国稳定性较高的资本流动规模，因此可以直接引用 2001—2014 年的数据，2015—2017 年中国稳定性较高的资本流动规模则需要我们测算。

图 5-7 是中国 2001—2019 年实际跨境资本流动与适度规模区间的上限和下限。由图 5-7 可知，2006—2008 年间和 2010—2011 年间中国实际跨境资本流动处于适度规模区间之内，2001—2005 年间低于适度规模区间的下限，而 2012 年和 2014 年则超过了适度规模区间的上限。尤其是 2014 年，中国实际跨境资本流动的规模是适度规模区间上限的 2.75 倍左右，具体原

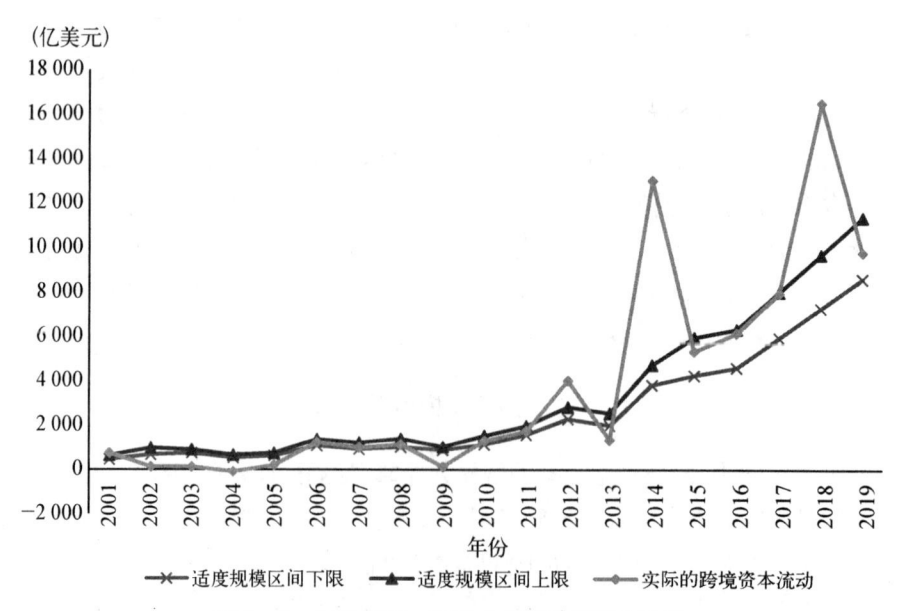

图 5-7 中国 2001—2019 年实际跨境资本流动
与适度规模区间的上限和下限

资料来源：笔者测算。

因包括人民币贬值和居民换汇规模增加等。2015年之后,中国实际跨境资本流动规模又回落至适度规模区间之内,但是在运行时几乎与适度规模区间的上限重合。2018年由于中美贸易摩擦、外资撤退等原因,跨境资本流动的规模再次大幅超过了适度规模区间的上限,在2019中美贸易摩擦缓和之后又回落至适度规模区间之内。

第六章　中国跨境资本流动与经济增长的关系分析

第一节　概　　述

当前,国内外已经有很多文献深入分析和阐述了跨境资本流动与经济增长之间的关系。这些研究成果显示,跨境资本流动尤其是资本流出与汇率波动、国内外利率差异有较强的关联,举例而言,2014年俄罗斯的卢布大幅贬值导致了大规模的跨境资本流动。

一个国家财政赤字规模如果过高往往会导致较为严重的通货膨胀,进而引发跨境资本流动的规模上升。与此同时,它有可能导致该国的投资规模显著下降,并会对经济增长形成一定的影响(Eaton,1989)。在1971—1988年,巴西出现了非常严重的通货膨胀,这导致巴西发生了大量的跨境资本流动,而且国内资产回报率也出现了大幅下降,对本国的经济增长形成了较为显著的冲击(Meyer,1989)。实证模型的结果表明,中国的跨境资本流动尤其是资本流出与经济增长之间并不存在显著的影响(贺力平、张艳花,2004)。自从1978年以来,虽然中国跨境资本流动占GDP的百分比一直较高,但由于这期间中国的经济增速也很高,因此二者之间的关系并不显著,而且多数的资本流动是由迂回转出导致的。从严格意义上讲,这种资本流动可能并非真正的资本外流,而是资金在出境之后,再以外资的形式返回至国内,并参与经济活动。由于中国对国内外注册地址不同的企业的税收政策存在一定的异质性,境外的资本回流之后就可以享受更多支持的优惠政策,还可以在国内投资中捕捉套利机会,这促成了迂回性跨境资本的频繁出现(杨海珍、刘新梅,2000;宋维佳,1999)。

此外,还有一些文献对跨境资本流动和汇率的关系进行了分析和研究。在研究了1974—1984年委内瑞拉和阿根廷等拉丁美洲国家的跨境资本流动和汇率之间关系后,学者发现以上国家的汇率贬值是引发跨境资本流动的关键因素之一(Cuddington,1986);在对50多个国家或地区在1970—1990年间跨境资本流动的影响因素进行深入研究之后,学者发现汇率波动和国内外利率差异是导致跨境资本流动发生的非常重要的原因(Collier等,1999)。主要的机理在于,汇率波动不仅通过标准贸易渠道影响经济活动,还通过金融渠道对借款人资产负债表和贷款人风险承担能力影响经济活动(Avdjiev等,2018)。

从图6-1中可以看到,1992—1993年美元兑人民币汇率呈现快速上升的走势,1994—2004年间它一直维持在8—8.5区间范围之内,2005—2014年之间出现了逐步下跌,2015年之后则出现了回升的态势。总体来看,近些年来中国美元兑人民币汇率的波动幅度较大。

图6-1 1992—2019年美元兑人民币汇率的走势

资料来源:国家统计局网站。

图6-2是2000—2019年人民币名义有效汇率和名义美元指数的走势图。从图6-2中可以看到,在2000—2005年,名义美元指数的数值高于人民币名义有效汇率,但是2005年之后,名义美元指数的数值则低于人民币名义有效汇率。从2005年起,人民币名义有效汇率的数值逐步上升,2015年达到峰值150.789,之后出现了震荡回落。2007年,名义美元指数的数值也开始逐步上升,到2016年达到峰值117.89,之后出现了略微下降。

通过对现有文献的梳理,笔者认为多数文献没有对跨境资本流动与经济增长关系进行深入分析和研究,并且大多数的测算数据较为陈旧,国内可以

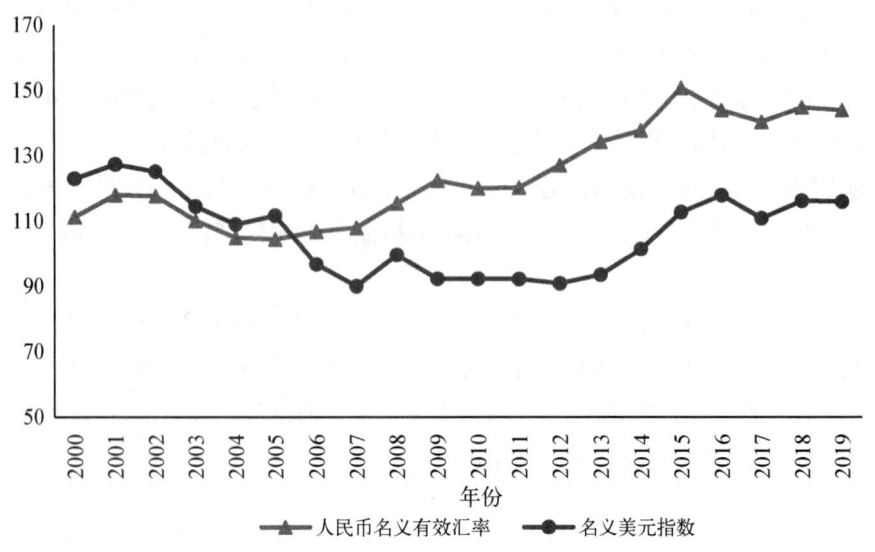

图 6-2　2000—2019 年人民币名义有效汇率和名义美元指数的走势

资料来源：Wind 数据库。

查找到的较为系统的跨境资本流动的测算数据仅延续到 2010 年，2010 年之后的相关数据有待于进一步研究和完善。在 2010 年之前的多数文献里，学者普遍认为，尽管中国跨境资本流动占 GDP 的百分比一直较高，但由于这期间中国的经济增速也很高，因此二者之间的关系并不显著，而且多数的资本流动是由迂回转出导致的（杨海珍，刘新梅，2000；等）。那么，近年来在"逆全球化"、中美贸易摩擦和中国经济增速放缓的背景下，二者之间的关系是发生了较大的变化，还是和多数文献的观点保持一致？这是亟须研究的问题。

第二节　理论模型的构建与现实意义

一、理论模型的构建

借鉴现有文献中的一些经典做法，在开放经济下，假如我们研究汇率和经济增速的关系，通常会构建蒙代尔-弗莱明（Mundell - Fleming）模型。在构建了上述动态模型之后，我们在模型中增加了跨境资本流动的变量，并且使用动态经济学的知识对模型进行求解，希望能够在 Mundell - Fleming 模型基础上取得突破。

在构建模型时，我们首先要分析希克斯-汉森的 IS - LM 曲线，该曲线可以解释货币市场和产品市场的均衡情况。假设产品市场处在均衡状态之中，那么此时的 IS 曲线可以表示为：

$$y = i + g + c + NX\left(\frac{P'}{P}, e\right) \quad (6-1)$$

在上述公式中，y 表示一个国家或地区的经济增速，i 表示投资情况，c 表示消费，g 表示政府购买，$NX(P'/P, e)$ 表示一国的进出口情况，它是由汇率 e、该国的物价 P、国外的物价 P' 等变量的函数构成，并且满足以下条件：$NX(P'/P, e) > 0$。

与 IS 曲线类似，我们可以将能够反映货币市场需求的 LM 曲线写为：

$$\frac{M}{P} = m(y, r) \quad (6-2)$$

在式 6-2 中，M 表示货币供给，P 表示该国的物价，m 表示货币需求，y 表示该国的经济增速，r 则表示该国的利率。

假设世界各国之间的资本能够自由流动，那么国内外的利率差异应该为 0。但是通常情况下，世界各国之间的资本很难实现自由流动。一国或地区的跨境资本流动可以通过多种方法测算，并写成式 6-3：

$$NX\left(\frac{P'}{P}, e\right) + ZF(r, e) + Q = 0 \quad (6-3)$$

在式 6-3 中，$NX(P'/P, e)$ 表示一国的进出口情况，$ZF(r, e)$ 表示该国的跨境资本流动，它与汇率、利率等因素有较大的关联，Q 表示能够使上式成立的其他因素。

将式 6-3 变形，并且代入式 6-1 中，可以得到：

$$y = i + g + c - Q - ZF(r, e) \quad (6-4)$$

在均衡状态下，世界各国之间的资本能够自由流动，而且不存在套利空间，即有：

$$\exp(r'dt)\frac{e(t+dt)}{e(t)} = \exp(rdt) \quad (6-5)$$

在上式中，r 表示一个国家或地区的利率，r' 表示世界利率，并且在引入时间和汇率等变量之后，国内外的利率差异为 0。

在使用泰勒公式对上式展开并且整理之后，可以得到：

$$\dot{e}(t) = e(t)(r - r') \quad (6-6)$$

二、对模型求解

在构建了上述模型之后，就能够使用动态经济学的理论对模型求解。运用动态经济学的知识，对式 6-4 和式 6-6 求解之后，可以得到：

$$\dot{y} = \Phi[i + g + c - Q - ZF(r, e)] \qquad (6-7)$$

$$\dot{e} = \Omega(r - r') \qquad (6-8)$$

在以上两式中，Φ 与 Ω 都是函数，其中 Φ 与投资、消费、政府购买和跨境资本流动有关，Ω 与国内外的利率差异有关，并且 $\Phi(0) = 0$，$\Omega(0) = 0$，它们的一阶微分都为正数。

如果分别使式 6-7、式 6-8 为 0，也就是对这两式进行求解，就可以得到：

$$i + g + c - Q = ZF(r, e) \qquad (6-9)$$

$$r = r' \qquad (6-10)$$

如果我们再使用泰勒展开式对式 6-9、式 6-10 进行展开，就可以得到不同符号的两个解，即这两个解有一个是正根，另外一个是负根。这表明模型中具有鞍点稳定解。

以上是理论模型的构建和求解的过程，但是理论模型只能在一定程度上反映它们之间的关系。如果想要知道跨境资本流动与经济增长之间的关系是否存在显著的影响，我们就必须运用实证模型进行分析。

此外，加上跨境资本流动变量后的动态 Mundell-Fleming 模型，能够用以验证"不可能三角定理"是否正确。具体而言，一个国家或地区难以同时实现货币政策的独立性、资本管制完全开放和固定汇率制度，最多只能实现以上三项中的两项。笔者构建的理论模型的结论具备一定的现实意义，即跨境资本流动与汇率波动、经济增速都有关，并且可能触发系统性金融风险的放大作用等。需要注意的是，本模型并未对货币政策独立性进行分析，因此对它也不再展开论述。

三、理论模型的现实意义

在本节的理论分析中，笔者使用动态的 Mundell-Fleming 模型，并且增加了跨境资本流动变量，然后对此模型进行求解，最终得到的解为一负一正的两个根，即存在鞍点稳定的解。

本节的理论模型结论具备以下现实意义：

首先,通过理论模型的解发现,本节的模型存在鞍点稳定的解,这反映出跨境资本流动和经济增长可能具备在长期内较为稳定的关系。尽管一些文献认为,二者的实证检验结果并不显著,即两者之间的关系不明显,但这些文献大多聚焦于 2011 年以前。近年来,中国面临着非常大的跨境资本流动的压力,尤其是错误和遗漏项的规模持续走高,地下渠道的跨境资本流动的规模也很大。数据显示,2016 年一季度,中国地下渠道的跨境资本流动的规模高达将近 600 亿美元(中国社科院,2016)。由此可知,最近几年中国跨境资本流动出现了一些新情况、新变化,可能它与经济增长之间的关系也出现了转变,这需要我们在后面的实证检验模型中进一步深入分析。

其次,跨境资本流动往往与汇率有关。从动态的 Mundell－Fleming 模型中可以看到,汇率是一个非常重要的变量,有可能对跨境资本流动和经济增长形成较为显著的影响。在现实中,汇率波动对跨境资本流动的影响是非常容易理解的,例如美元升值、人民币双向波动等往往导致跨境资本流动的规模发生较大的变化。至于二者之间究竟存在着什么样的关系,还需要使用计量模型来实证检验。

再次,跨境资本流动的规模上升可能引致系统性金融风险的放大效应。根据测算,近年来中国跨境资本流动问题较为严重,一些违规投机行为导致金融市场的监控失效,引发了金融市场的较大波动,对经济增长形成了较大的负面影响(王倩、周向南,2016)。中国跨境资本流动引发的风险点主要包含资产负债表效应、金融外部性和金融放大效应。与此同时,全球化资产配置、短期外债和违规违法操作的日益增加,会助推系统性金融风险。而人民币离岸市场的快速发展,有可能使得本币流出成为跨境资本流动的新形式(汤柳,2017)。由以上观点可知,近年来中国跨境资本流动可能导致系统性金融风险隐患放大,需要对其演化机理进行深入分析和梳理。

第三节 实证分析过程

一、构建回归模型

(一)模型设定

由于跨境资本流动的大幅增加往往伴随着宏观经济的大幅波动和系统性金融风险的放大效应,因此学界对跨境资本流动的关注度不断提升。尤其是在美元升值、中国经济增速放缓的背景下,这种放大效应可能更加凸显。举例来说,中国的一些富翁和上市公司高管为了回避金融风险和实现资产的保值增值,经常会通过贸易或观光旅游等途径将资本从境内转移至境外。这些跨境资本流动尤其是资本流出,究竟与经济增长之间存在什么样的关系,是否会存在负面的影响?这些问题需要我们重点进行研究。

在第五章中,笔者采用李扬(1998)和世界银行(1985)等方法测算了近年来中国跨境资本流动的规模。基于这些数据,能够进一步进行理论和实证分析。根据经验,在较长的一段时间跨度内(如1992—2019年),有可能发生结构性的变异,因此需要使用邹至庄检验检测结构性变异是否存在及如果存在变异,变异点的具体位置究竟在何处。

在本章的第二节中,笔者构建了理论模型,并且对其求解,阐述了模型的现实意义,接下来可以构建实证分析模型。在实证分析中,笔者使用代表经济增速对数的 $lngdp$ 作为被解释变量,使用代表跨境资本流动对数的 $lnkjzb$ 与代表汇率对数的 $lnhl$ 作为解释变量,构建的模型如下所示:

$$lngdp = \alpha \times lnkjzb + \beta \times lnhl + \theta \times T + c + \varepsilon \quad (6-11)$$

在式6-11中,α 和 β 分别为代表跨境资本流动对数 $lnkjzb$ 与代表汇率对数 $lnhl$ 的系数,ε 为模型的误差项,c 则为模型的常数项。为了使模型结果更为精确,笔者在模型中增加了时间趋势项 T,$T=(1,2,3\cdots n)$,该项可以表示能够使得模型成立的其他因素的总和。

(二) Chow Test 介绍

Chow Test 是一种常见的用于判断和检测一个时间序列中是否在某一时刻发生了结构变化的计量方法。该方法是由著名经济学家邹至庄提出并且首次应用的。人们在使用该方法时,经常会将时间序列划分为两个阶段,检验是否在某一时刻发生了结构变化实际上就是检验这两个阶段是否存在临界点。如果模型的结构比较稳定,那么其参数在各时期内保持固定不变;当遇到外生事件冲击或经过较长时间的变化积累之后,模型的参数就很可能发生结构性的变化。

事实上,国内外目前已经有大量学者在实证分析中都运用了 Chow Test。Eichengreen 和 Donghyun(2012)运用 Chow Test 对一些国家居民的收入与经济增速放缓之间的关系进行了检验,并认为在不同的经济增速阶段,居民的收入可能存在临界点和结构变化。Luitel1 和 Mahar(2015)使用 Chow Test 对1996—2013年北美洲的经济增长进行了分析,并且认为在此期间,北美洲的GDP发生了非常剧烈的结构变化。刘大成(2012)对 Chow Test 进行了完善和修正,并且使用修正后的模型对美国居民的可支配收入与个人储蓄做了实证检验——这种完善和修正对 Chow Test 的灵敏性起到了大幅提高的作用;周弯(2013)对 1983—2010 年中国商业银行和经济增速的关系做了 Chow Test,并且认为该数据在 2004 年附近出现了较为剧烈的结构变化。

(三) Chow Test 的理论模型

在进行时间序列分析时,人们经常期望回归模型不发生结构性变化,即参数在一定时期内保持稳定。在现实的实证研究中,人们经常发现一些时间序列均发生了结构性变化,这就有可能引发模型结果出现剧烈的变化。Chow Test 把某一时间序列划分为两个阶段,检验是否在某一时刻发生了结构变化实际上就是检验这两个阶段是否存在临界点。该临界点也通常被称为拐点或阈值。

一般情况下,人们经常使用以下步骤来进行 Chow Test(邹至庄检验):

首先,我们可以构建以下模型:

$$Y = \beta_0 + \beta_1 X_1 + \cdots + \beta_n X_n + e \quad (6-12)$$

假设存在两个不同的阶段$(1, 2, \cdots k_1)$与$(k_1+1, k_1+2 \cdots k_1+k_2)$,在这两个不同的阶段内回归模型的表达形式也不同,可以分别写为:

$$Y = \beta_0 + \beta_1 X_1 + \cdots + \beta_k X_k + e_1 \quad (6-13)$$

$$Y = \alpha_0 + \alpha_1 X_1 + \cdots + \alpha_k X_k + e_2 \quad (6-14)$$

接下来,通过对式 6-12、式 6-13、式 6-14 进行回归,可以分别得到以上三式的残差平方和,可以用 RSS、RSS_1 与 RSS_2 表示。

由于上述两个不同的阶段$(1, 2, \cdots k_1)$与$(k_1+1, k_1+2 \cdots k_1+k_2)$具有独立性的特征,因此可以将上述两个阶段的残差平方和相加,得到:$RSS_k = RSS_1 + RSS_2$。

在此基础上,构建 F 统计量,其表现形式为:

$$\begin{aligned} F &= \frac{(RSS - RSS_k)/(m+1)}{RSS_k/(k_1+k_2-2m+1)} \\ &\sim F[m+1, k_1+k_2-2(m+1)] \end{aligned} \quad (6-15)$$

此外,还可以使用上述 F 统计量来检验整体模型的显著性水平。如果在检验之后,临界值低于实际检验得到的 F 统计量,原假设就应当被拒绝而接受备择假设,即该时间序列的参数具有不稳定性的特征,有可能在某一时刻出现了结构性的变化。

二、实证检验的过程

（一）变量选取与资料来源

在构建实证模型时，笔者选取了跨境资本流动 $kjzb$、经济增速 gdp 与汇率 hl 等变量。为了进一步优化和平滑图形中的曲线，分别对上述三个变量进行对数化处理，即可以得到 $lnkjzb$、$lnhl$ 与 $lngdp$。为了防止在回归过程中发生伪回归或 t 检验失效等现象，继续对上述变量取一阶差分，则可以得到 d_lnkjzb、d_lnhl 与 d_lngdp。

在资料来源方面，使用前一章中测算的 1992—2019 年的跨境资本流动的月度数据，经济增速 gdp 与汇率 hl 的数据均来源于国家统计局网站，同时使用计量软件将经济增速 gdp 的季度数据转化为月度数据，汇率 hl 的月度数据直接引用就可以。

（二）数据平稳性检验

在实证分析中，为了防止因为数据不平稳而引发的时间序列出现的伪回归或 t 检验失效等现象，通常会在实证分析前对数据的平稳性做一次检验。参考现有文献的分析，人们经常使用的数据平稳性检验方法包括 DF 检验、ADF（单位根）检验与 PP 检验等。笔者对选取的变量使用 ADF（单位根）检验方法来检验其平稳性，最终得到表 6-1 显示的结果。

表 6-1 ADF（单位根）检验的结果（5%）

变 量	临界值（5%）	ADF 值	P 值	变量的状态
$lnkjzb$	−2.082 53	−3.432 792	0.537 6	非平稳
$lnhl$	−2.982 48	−3.673 291	0.854 1	非平稳
$lngdp$	−3.956 13	−4.657 428	0.209 3	非平稳
d_lnkjzb	−6.754 28	−4.019 372	0.031 2	平稳
d_lnhl	−4.985 49	−2.038 943	0.012 8	平稳
d_lngdp	−4.732 95	−1.996 724	0.009 8	平稳

从表 6-1 可知，$lnkjzb$、$lnhl$ 与 $lngdp$ 这三个变量在 5% 的显著水平下的 P 值均大于 0.1，这表明它们都接受了数据是不平稳的原假设。在对以上变量进行差分之后，即 d_lnkjzb、d_lnhl 与 d_lngdp 等变量的 P 值均小于 0.1，这表明它们都拒绝了数据是不平稳的原假设，即以上变量的数据都是稳定的。根据现有文献的观点，只有当时间序列的阶数相等时，各变量之间才有可能出现较为稳定的协整关系。从表 6-1 可以得知，变量 d_lnkjzb、

d_lnhl 与 d_lngdp 的数据均为一阶单整的,这三个变量及其代表的含义之间可能在长期具备一定的协整关系。

(三) 变量的滞后阶数分析

在对模型进行实证分析之前,还需要分析变量的滞后阶数。一般来说,在确定最优的滞后阶数时,要求该滞后阶数不仅可以防止出现伪回归或 t 检验失效等现象,还应当较为精确地刻画模型中各变量的动态特点。基于以上原因,我们选取了五种分析方法(包括 LR、AIC、SC 等,如表 6-2 所示)来确定最优的滞后阶数。在表 6-2 中,带星号的数值表示该滞后阶数为最优。在对这五种分析方法得到的结果进行对比分析之后,笔者认为应当选取 2 阶作为变量的最优滞后阶数。

表 6-2 变量的滞后阶数分析

滞后阶数	LR	FPE	AIC	SC	HQ
0	1.279 54	0.276 54	0.972 85	0.758 51	0.276 54
1	32.279 54*	0.385 61	−3.082 54	−2.543 92	−3.943 08
2	16.089 75	0.872 41*	−4.932 51*	−3.874 39*	−6.276 91*
3	9.037 42	0.675 42	−3.082 71	−2.078 52	−4.839 56
4	13.543 21	0.543 89	−2.854 38	−1.895 39	−2.907 23

(四) Johansen 协整检验

根据以上分析,d_lnkjzb、d_lnhl 与 d_lngdp 等变量的数据均为一阶单整的,接下来将对以上变量进行 Johansen 协整检验。在进行实证分析时,为了保障实证检验的顺利进行,学者们通常会采用 Johansen 协整检验或 Engle-Granger 两步检验法。笔者使用 Johansen 协整检验对模型分析,并使用其结果探讨如何建立长期均衡模型。

通过表 6-3 可以看到,在 5% 的临界值时,而且在 r=0 和 r≤1 的条件约束下,无论是最大特征值检验还是迹检验的 P 值均小于 0.1;而在 r≤2 的条件约束下,迹检验的 P 值依然小于 0.1,而最大特征值检验则为 0.089 4,也小于 0.1。以上检验结果表明,应当选取 r=0 的条件约束,此时无论是最大特征值检验还是迹检验均拒绝了不具备协整关系的原假设,这说明 d_lnkjzb、d_lnhl 与 d_lngdp 这三个变量及其代表的含义之间可能在长期具备一定的协整关系,该协整关系在中长期可能也是非常稳定的。

表 6-3　Johansen 协整检验的结果

原假设	最大特征根检验	5%的临界值	P值	迹检验	5%的临界值	P值
r=0	4.089 42	10.876 52	0.012 8	28.978 53	11.279 31	0.003 5
r≤1	5.942 73	12.876 93	0.028 7	33.642 7	18.908 42	0.042 8
r≤2	4.872 59	8.078 91	0.089 4	10.654 21	9.274 85	0.090 7

（五）Chow Test 的结果

由于在进行 Chow Test（邹至庄检验）时,该检验假定人们已经明确了数据变化拐点或阈值的具体位置,因此应当首先运用二者数据的图形来对变化拐点或阈值的可能位置进行分析。

图 6-3 是中国经济增长与跨境资本流动走势图。由图 6-3 可知,在 1992—2000 年间,中国经济增速逐渐呈现下行走势,而跨境资本流动的规模出现了上升;2000—2002 年间,中国经济增速呈现上升的态势,而跨境资本流动的规模则出现了大幅下跌;2003 年之后二者则均出现了上升的态势。从图 6-3 中分析,二者关系的结构性变化最有可能出现在 2000—2002 年间。

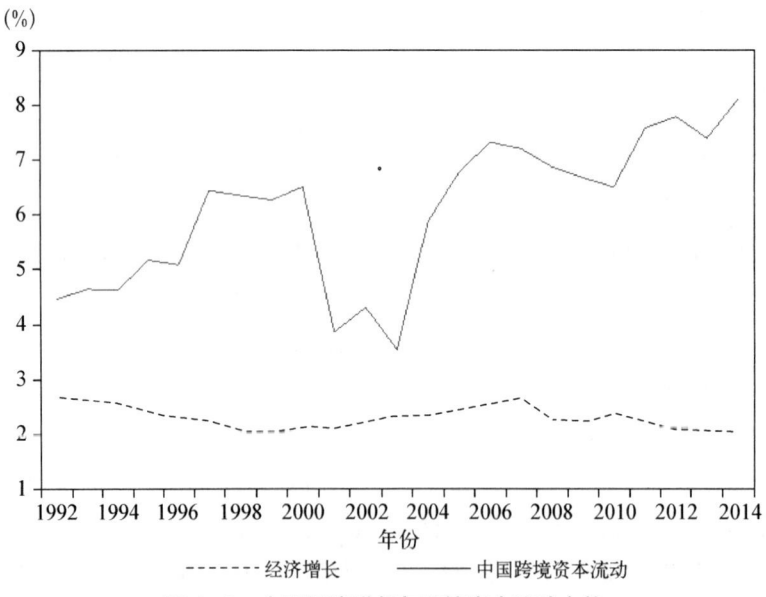

图 6-3　中国经济增长与跨境资本流动走势

资料来源：笔者测算。

上述结论可能较为直观和粗略,为了更为精确地确定二者关系的变化拐点或阈值,笔者使用 Chow Test 对近年来中国跨境资本流动和经济增速之间的关系进行检验。在实证分析过程中,将使用广义最小二乘法建立中国经济增速和跨境资本流动的回归模型。

通过以上对图6-3的分析,笔者首先使用2000年作为临界点,将中国经济增速和跨境资本流动的相关数据划分为1992—2000年与2001—2019年两个阶段,得到的Chow Test的结果为:

表6-4 以2000年为临界点的Chow Test结果

F统计量	9.985 42	P值	0.023 7
对数似然比	15.276 41	P值	0.001 3
Wald统计量	17.084 95	P值	0.010 8

表6-4为以2000年为临界点的Chow Test结果。由表6-4可知,在检验之后,无论是F统计量、Wald统计量还是对数似然比,它们的P值均小于0.05,即在5%的显著水平上拒绝了它们之间不具有数据变化拐点或阈值的原假设,这表明二者的数据发生了结构性的变化。

接下来,使用2001年作为临界点,将中国经济增速和跨境资本流动的相关数据划分为1992—2001年与2002—2019年两个阶段,得到的Chow Test的结果如表6-5所示。

表6-5 以2001年为临界点的Chow Test结果

F统计量	8.972 68	P值	0.011 7
对数似然比	13.095 75	P值	0.001 8
Wald统计量	11.932 87	P值	0.002 5

表6-5为以2001年为临界点的Chow Test结果。由表6-5可知,在检验之后,无论是F统计量、Wald统计量还是对数似然比,它们的P值均小于0.05,即在5%的显著水平上拒绝了它们之间不具有数据变化拐点或阈值的原假设,这表明二者的数据发生了结构性的变化。

最后,使用2002年作为临界点,将中国经济增速和跨境资本流动的相关数据划分为1992—2002年与2003—2019年两个阶段,得到的Chow Test的结果如表6-6所示。

表6-6 以2002年为临界点的Chow Test结果

F统计量	1.298 75	P值	0.315 6
对数似然比	2.389 61	P值	0.289 7
Wald统计量	2.975 42	P值	0.368 4

表6-6为以2002年为临界点的Chow Test结果。由表6-6可知,在检验之后,无论是F统计量、Wald统计量还是对数似然比,它们的P值均大于0.1,即在5%的显著水平上接受了它们之间不具有数据变化拐点或阈值的原假设,这表明二者的数据并未发生结构性的变化。

上述三个Chow Test结果表明,以2002年为临界点的数据并未出现变化拐点或阈值,而以2000年和2001年为临界点的数据则都出现了变化拐点或阈值。由于在Chow Test中,以2001年为临界点的结果的P值小于以2000年为临界点的情况,这在一定程度上反映了以2001年为临界点要比以2000年为临界点来进行Chow Test可能更加可信,最终得到的结果可能更加稳健。基于以上分析,将中国经济增速和跨境资本流动的相关数据区分为全体阶段、第一阶段和第二阶段,其中全体阶段是指1992—2019年,第一阶段是指1992—2001年,第二阶段是指2002—2019年,即第一阶段和第二阶段以2001年为临界点进行划分。

三、全体阶段的实证检验

由于普通的VAR(向量自回归)模型存在着较大的缺陷,即该模型不仅难以清晰地阐释不同变量之间存在的即刻关系,并且只有当变量的数值很小时,才能够使用普通最小二乘(OLS)等其他计量回归方法对该模型的回归结果进行稳健性检验。为了防止在实证分析过程中出现以上缺陷,应用结构向量自回归(SVAR)模型做实证分析。

(一)SVAR模型的公式推导

在选取好模型的变量、对数据做了平稳性检验、变量的滞后阶数分析和Johansen协整检验之后,可以建立SVAR模型,该模型的公式可以写为:

$$AY_t = A_0 + A_1 Y_{t-1} + A_2 Y_{t-2} + A_3 Y_{t-3} + C + e_t \qquad (6-16)$$

在式6-16中,Y_t代表模型中所有内生变量的矩阵的列向量,A矩阵代表各不同内生变量面临冲击时的响应系数,M代表常数项,e_t代表随机扰动项,它通常表现为白噪声的形式。在实证分析时,人们经常会对式6-16进行再次变换,变换之后的公式可以写为:

$$Y_t = A^{-1}A_0 + A^{-1}A_1 Y_{t-1} + A^{-1}A_2 Y_{t-2} \\ + A^{-1}A_3 Y_{t-3} + A^{-1}C + u_t \qquad (6-17)$$

在式6-17中,$u_t = A^{-1}e_t$,它反映出各不同内生变量可能面临的结构性冲击。

此外，根据现有文献的研究，采用参数关系的系统方程能够更加准确地分析 SVAR 模型中各不同内生变量之间可能存在的动态关联。基于以上观点，将 $lnkjzb$、$lnhl$ 和 $lngdp$ 视为被解释变量，把式 6-17 转换为参数关系的系统方程，具体形式为：

$$lnkjzb_t = \alpha_{10} + \alpha_{12}lnhl_t + \alpha_{13}lngdp_t + \beta_{11}lnkjzb_{t-1}$$
$$+ \beta_{12}lnhl_{t-1} + \beta_{13}lngdp_{t-1} + \gamma_{11}lnkjzb_{t-2}$$
$$+ \gamma_{12}lnhl_{t-2} + \gamma_{13}lngdp_{t-2} + u_{1t}$$
$$lnhl_t = \alpha_{20} + \alpha_{21}lnkjzb_t + \alpha_{23}lngdp_t + \beta_{21}lnkjzb_{t-1}$$
$$+ \beta_{22}lnhl_{t-1} + \beta_{23}lngdp_{t-1} + \gamma_{21}lnkjzb_{t-2}$$
$$+ \gamma_{22}lnhl_{t-2} + \gamma_{23}lngdp_{t-2} + u_{2t}$$
$$lngdp_t = \alpha_{30} + \alpha_{31}lnkjzb_t + \alpha_{32}lnhl_t + \beta_{31}lnkjzb_{t-1}$$
$$+ \beta_{32}lnhl_{t-1} + \beta_{33}lngdp_{t-1} + \gamma_{31}lnkjzb_{t-2}$$
$$+ \gamma_{32}lnhl_{t-2} + \gamma_{33}lngdp_{t-2} + u_{3t}$$

（二）SVAR 模型的脉冲响应图

在上述三个公式中，$t=1,2,3\cdots n$，α_{12} 与 α_{13} 分别代表汇率波动和经济增速对跨境资本流动的即刻冲击，β_{2i} 与 γ_{2i} 分别代表以上三项的滞后一期对于汇率波动的影响，u_{1t}、u_{2t} 与 u_{3t} 分别表示上述三个公式的随机误差项。在 α_{21} 与 α_{31} 均与 0 存在显著差异时，随机误差项 u_{1t} 对跨境资本流动的冲击就会进而演变为它对经济增速与汇率波动的即刻冲击，此时会形成间接的冲击作用。

在构建好 SVAR 模型后，就可以使用计量软件描绘出脉冲响应图，该图形可以在一定程度上反映各变量的动态效应。首先，应用 SVAR 模型对全体阶段（1992—2019 年）的数据进行分析，最终得到了图 6-4。

图 6-4 为 SVAR（结构向量自回归）模型对全体阶段检验的结果。其中，图 6-4a 为跨境资本流动对经济增速的冲击效应图，图中纵轴代表的是经过冲击之后经济增速的变动情况，横轴代表的是冲击效应的滞后期的长度。由图 6-4a 可知，在跨境资本流动遭遇一个正标准差单位的冲击之后，中国经济增速在前 2 期维持在 0 值附近，自第 2 期起出现了较快下跌，至第 4 期达到了−0.02 左右，在此以后又出现了较快上升，从第 8 期起又回升至 0 值附近。

图 6-4b 为汇率波动对经济增速的冲击效应图，图中纵轴代表的是经过冲击之后经济增速的变动情况，横轴代表的是冲击效应的滞后期的长度。由图 6-4b 可知，在汇率波动遭遇一个正标准差单位的冲击之后，中国经济增

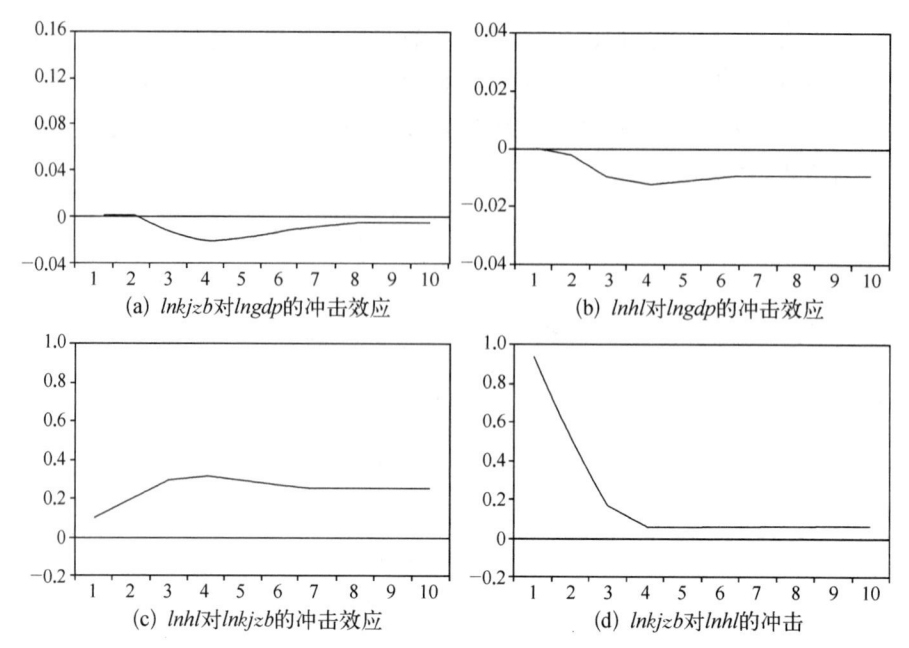

(a) lnkjzb对lngdp的冲击效应

(b) lnhl对lngdp的冲击效应

(c) lnhl对lnkjzb的冲击效应

(d) lnkjzb对lnhl的冲击

图6-4　SVAR(结构向量自回归)模型对全体阶段检验的结果

速在前1.5期维持在0值附近,在此以后出现了震荡下跌,至第4期达到了-0.015左右,在第4期以后保持低位震荡走势。

图6-4c为汇率波动对跨境资本流动的冲击效应图,图中纵轴代表的是经过冲击之后跨境资本流动的变动情况,横轴代表的是冲击效应的滞后期的长度。由图6-4c可知,在汇率波动遭遇一个正标准差单位的冲击之后,跨境资本流动从0.1附近呈现较快上升态势,自第4期起一直维持在0.2附近。

图6-4d为跨境资本流动对汇率波动的冲击效应图,图中纵轴代表的是经过冲击之后汇率波动的变动情况,横轴代表的是冲击效应的滞后期的长度。由图6-4d可知,在跨境资本流动遭遇一个正标准差单位的冲击之后,汇率波动自0.95附近出现了快速下跌,至第4期达到了0.1左右,之后一直维持在0.1左右。

由上述SVAR模型对全体阶段检验的结果,笔者认为在此阶段(1992—2019年)跨境资本流动与经济增速的关系并不显著,这与多数现有文献中的结论一致。

(三)运用广义最小二乘法进行检验

广义最小二乘法(GLS)可以视为普通最小二乘法(OLS)的一种拓展,人们可以通过将各变量进行加权调整,进而将GLS转变为OLS。在实证研究中,人们往往会给不同的解释变量赋予相应的权重,从而使得加权后方程的方差保持一致,即在一定程度上解决了计量回归中异方差的难题,因此人们可以运用广义最小二乘法来获取无偏和一致的变量。

基于以上原因,我们运用广义最小二乘法对跨境资本流动对经济增速的冲击效应进行实证检验,二者之间的计量模型为式 6-11,最终的回归结果如表 6-7 所示。

表 6-7　运用广义最小二乘法对全体阶段 *lngdp* 的回归结果

变 量	系 数	标准差	t 统计量	P 值
lnkjzb	−0.187 05	0.090 542	−1.032 754	0.187 5
lnhl	0.095 428	0.276 439	0.279 541	0.632 8
t	0.279 358	0.418 527	2.036 509	0.038 6
c	1.925 308	0.879 206	3.025 428	0.009 7
修正的 R^2	0.875 329	F 统计量		2.098 143
Akaike 信息准则	−2.089 541	Durbin-Watson 统计量		0.642 953

表 6-7 为运用广义最小二乘法对全体阶段 *lngdp* 的回归结果。由表 6-7 可知,在回归之后变量 *lnkjzb* 的 P 值大于 0.1,它表明该变量在 10% 的显著水平下接受了原假设。与此同时,修正的 R^2 的数值为 0.875 329,F 统计量的数值为 2.098 143,以上两个指标的数值均很小,这表明在全体阶段(1992—2019 年)跨境资本流动对经济增速的冲击效应并不明显。

四、第一阶段的实证检验

在对全体阶段(1992—2019 年)的数据进行了实证检验之后,继续运用广义最小二乘法对第一阶段(1992—2001 年)跨境资本流动对经济增速的冲击效应进行实证检验,二者之间的计量模型为式 6-11,最终的回归结果如表 6-8 所示。

表 6-8　运用广义最小二乘法对第一阶段 *lngdp* 的回归结果

变 量	系 数	标准差	t 统计量	P 值
lnkjzb	−0.297 563	0.128 764	−1.259 801	0.193 2
lnhl	−0.395 429	0.439 271	−0.792 481	0.289 1
t	0.519 781	0.298 536	2.368 715	0.060 8
c	3.869 292	1.079 326	3.082 764	0.075 4
修正的 R^2	0.578 432 1	F 统计量		3.076 194
Akaike 信息准则	−0.189 254	Durbin-Watson 统计量		0.987 435

表 6-8 为运用广义最小二乘法(GLS)对第一阶段(1992—2001年)$lngdp$ 的回归结果。由表 6-8 可知,在回归之后变量 $lnkjzb$ 的 P 值大于 0.1,它表明该变量在 10% 的显著水平下接受了原假设。与此同时,由于修正的 R^2 的数值为 0.578 432 1,F 统计量的数值为 3.076 194,以上两个指标的数值均很小,这表明在第一阶段(1992—2001 年)跨境资本流动对经济增速的冲击效应并不明显。

五、第二阶段的实证检验

(一)SVAR 模型的脉冲响应图

在构建好 SVAR 模型后,就可以使用计量软件描绘出脉冲响应图,该图形可以在一定程度上反映各变量的动态效应。在对全体阶段(1992—2019 年)和第一阶段(1992—2001 年)的数据做完实证检验之后,继续使用 SVAR 模型对第二阶段(2002—2019 年)的数据进行实证分析。为了使模型的冲击效应刻画得更为精确,我们在 SVAR 模型中运用蒙特卡罗方法,并且对数据进行重复 100 次抽样来绘制置信区间,最终得到了图 6-5。

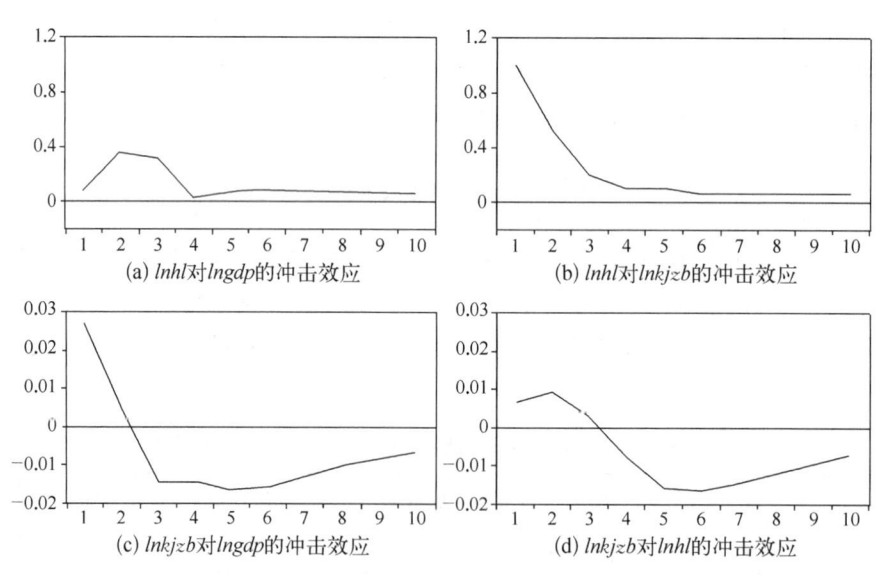

(a) $lnhl$ 对 $lngdp$ 的冲击效应

(b) $lnhl$ 对 $lnkjzb$ 的冲击效应

(c) $lnkjzb$ 对 $lngdp$ 的冲击效应

(d) $lnkjzb$ 对 $lnhl$ 的冲击效应

图 6-5 SVAR 模型对第二阶段检验的结果

图 6-5 为 SVAR 模型对第二阶段检验的结果。其中,图 6-5a 为汇率波动对经济增速的冲击效应,图中纵轴代表的是经过冲击之后经济增速的变动情况,横轴代表的是冲击效应的滞后期的长度。由图 6-5a 可知,在汇率波动遭遇一个正标准差单位的冲击之后,中国经济增速出现了较快上升,至

第 2 期达到了 0.38 左右,从第 3 期开始迅速下降,在此以后保持在 0.1 左右。由于汇率波动对经济增速的冲击效应一直为正数,这表明二者在长期或短期都可能具备正向相关的关系。

图 6-5b 为汇率波动对跨境资本流动的冲击效应,图中纵轴代表的是经过冲击之后跨境资本流动的变动情况,横轴代表的是冲击效应的滞后期的长度。由图 6-5b 可知,在汇率波动遭遇一个正标准差单位的冲击之后,跨境资本流动出现了快速下降的态势,从 1 左右下降至第 3 期的 0.1 左右,然后一直保持在 0.1 左右。

图 6-5c 为跨境资本流动对经济增速的冲击效应,图中纵轴代表的是经过冲击之后经济增速的变动情况,横轴代表的是冲击效应的滞后期的长度。由图 6-5c 可知,在跨境资本流动遭遇一个正标准差单位的冲击之后,中国经济增速出现了较大的波动幅度,它在前 3 期从 0.025 左右快速下降至 −0.01 左右,在此之后一直保持为负数,这显示了在长期跨境资本流动对经济增速的冲击效应为负值,即二者之间具备负向相关的关系。

图 6-5d 为跨境资本流动对汇率波动的冲击效应,图中纵轴代表的是经过冲击之后汇率波动的变动情况,横轴代表的是冲击效应的滞后期的长度。由图 6-5d 可知,在跨境资本流动遭遇一个正标准差单位的冲击之后,汇率波动自 0.01 附近出现了快速下跌,至第 5.5 期达到了 −0.01 左右,之后出现了震荡回升,但总体上仍为负值。

(二) 运用广义最小二乘法进行分析

在做完全体阶段(1992—2019 年)和第一阶段(1992—2001 年)的实证分析以后,接下来运用广义最小二乘法对第二阶段(2002—2019 年)的数据进行实证分析,最终的回归结果如表 6-9 所示。

表 6-9　运用广义最小二乘法对第二阶段 *lngdp* 的回归结果

变量	系数	标准差	t统计量	P值
lnkjzb	−0.093 184	0.102 764	3.249 183	0.017 2
lnhl	1.072 108	0.930 761	4.082 954	0.009 1
t	0.129 329	0.021 932	1.279 325	0.512 8
c	−2.175 439	2.342 701	−1.849 536	0.087 1
修正的 R^2	0.977 143	F 统计量		35.278 12
Akaike 信息准则	−1.726 431	Durbin-Watson 统计量		1.843 981

由表 6-9 可知,在回归之后变量 lnkjzb 的 P 值是 0.017 2,它表明该变量在 5% 的显著水平下拒绝了跨境资本流动与经济增速之间关系不显著的原假设。与此同时,由于修正的 R^2 的数值为 0.977 143,F 统计量的数值为 35.278 12,以上两个指标的数值均很大,这表明在第二阶段(2002—2019 年)跨境资本流动对经济增速的冲击效应非常显著,即二者之间具备明显的负向相关的关系。

（三）运用极大似然法进行分析

极大似然法是一种常见的计量检验方法,它也经常被称之成最大似然法。由于该方法与普通最小二乘法在研究思路、步骤等方面存在非常明显的差异,它也经常被应用于金融时间序列、面板数据和微观计量经济学等诸多领域。该方法的主要思路为,当人们在模型的总样本里提取 N 组观测值的时候,此时误差最小的参数估计值往往表现为在模型中提取到的使得 N 组观测值的概率最大的数值。

在实证分析中,笔者使用代表经济增速对数的 lngdp 作为被解释变量,使用代表跨境资本流动对数的 lnkjzb 与代表汇率对数的 lnhl 作为解释变量,运用极大似然法构建的模型如式 6-18 所示。

$$lngdp = \alpha \times lnkjzb + \beta \times lnhl + \theta \times T + c + \varepsilon \quad (6-18)$$

在式 6-18 中,α 和 β 分别为代表跨境资本流动对数的 lnkjzb 与代表汇率对数的 lnhl 的系数,ε 为模型的误差项,c 则为模型的常数项。为了使模型结果更为精确,笔者在模型中增加了时间趋势项 $T,T = (1,2,3 \cdots n)$,该项可以表示能够使得模型成立的其他因素的总和。

在构建了上述模型之后,就可以运用极大似然法进行实证检验,最终得到的回归结果如表 6-10 所示。

表 6-10 运用极大似然法对 lngdp 的实证检验结果

变　量	系　数	标准差	t 统计量	P 值
lnkjzb	−0.234 715	0.129 751	3.876 423	0.012 7
lnhl	1.973 316	0.572 439	4.089 518	0.002 1
t	0.189 435	0.249 308	0.279 419	0.651 8
c	−2.088 436	1.279 436	−2.087 482	0.068 6
修正的 R^2	0.981 367	F 统计量		43.576 14
Akaike 信息准则	−0.892 431	Durbin - Watson 统计量		2.056 732

由表 6-10 可知,回归之后变量 lnkjzb 的 P 值是 0.012 7,它表明该变量

在 5% 的显著水平下拒绝了跨境资本流动与经济增速之间关系不显著的原假设。与此同时,修正的 R^2 的数值为 0.981 367,F 统计量的数值为 43.576 14,这两个指标的数值均很大,而 $Durbin-Watson$ 统计量的数值为 2.056 732,这表明该模型没有一阶自相关存在。变量 $lnkjzb$ 的系数为 −0.234 715,这表明在第二阶段(2002—2019 年)跨境资本流动对经济增速的冲击效应非常显著,即二者之间具备明显的负相关的关系。从表 6-10 还可以得知,变量 $lnhl$ 的系数为 1.973 316,它的 P 值是 0.002 1,该变量也在 5% 的显著水平下拒绝了汇率波动与经济增速之间关系不显著的原假设,这表明二者之间具备一定的正相关的关系。

(四) 模型结论的稳健性测试

为检测上述模型结论的稳健性,在做完了全体阶段(1992—2019 年)、第一阶段(1992—2001 年)与第二阶段(2002—2019 年)各变量的实证检验之后,接下来对模型结论做了稳健性测试。具体而言,使用两种不同方法对模型结论进行稳健性测试,最终发现稳健性测试的结果与上述模型的结论基本一致,并未发生实质性变化。

为了对模型结论进行稳健性测试,将模型中运用世界银行(1985)方法测算的 2001—2019 年跨境资本流动的数据替换为运用李扬(1998)方法测算的 2001—2013 年的相关数据,之后再运用上述模型进行回归分析。该方法的稳健性测试结果表明,核心解释变量的系数符号和显著性都没有出现变化。

表 6-11 为运用李扬(1998)方法的稳健性测试结果。由表 6-11 可知,回归之后变量 $lnkjzb$ 的 P 值是 0.021 4,它表明该变量在 5% 的显著水平下拒绝了跨境资本流动与经济增速之间关系不显著的原假设。与此同时,修正的 R^2 的数值为 0.971 348,F 统计量的数值为 32.079 52,这两个指标的数值均很大,而 $Durbin-Watson$ 统计量的数值为 2.061 42,表明该模型没有一阶自相关存在。变量 $lnkjzb$ 的系数为 −0.160 742,这表明在第二阶段(2002—2019 年)跨境资本流动对经济增速的冲击效应非常显著,即二者之间具备明显的负相关的关系。从表 6-11 中还可以得知,变量 $lnhl$ 的系数为 1.854 318,它的 P 值是 0.003 6,该变量也在 5% 的显著水平下拒绝了汇率波动与经济增速之间关系不显著的原假设,这表明二者之间具备一定的正相关的关系。除此之外,t 值的 P 值为 0.814 3,它在 5% 的显著水平下接受了原假设,这表明它与经济增速之间的关系并不明显。

表6-11 运用李扬(1998)方法的稳健性测试结果

变量	系　数	标准差	t统计量	P值
$lnkjzb$	−0.160 742	0.125 431	6.089 701	0.021 4
$lnhl$	1.854 318	0.530 924	5.289 102	0.003 6
t	0.128 549	0.178 403	0.869 128	0.814 3
c	−1.059 728	1.432 791	−1.739 258	0.084 2
修正的 R^2	0.971 348	F 统计量		32.079 52
Akaike 信息准则	−0.932 418	Durbin-Watson 统计量		1.982 471

在对模型结论进行稳健性测试的第二种方法中,首先对样本数据在2%的位置进行 Winsor 缩尾处理,然后运用广义最小二乘法对第二阶段的变量 $lngdp$ 再次回归。该种方法的稳健性测试结果表明,核心解释变量的系数符号和显著性也都没有出现变化,这表明模型结论较为可靠。

表6-12为对样本数据 Winsor 缩尾处理后的稳健性测试结果。由表6-12可知,回归之后变量 $lnkjzb$ 的 P 值是 0.035 6,它表明该变量在 5%的显著水平下拒绝了跨境资本流动与经济增速之间关系不显著的原假设。与此同时,修正的 R^2 的数值为 0.968 124,F 统计量的数值为 38.642 71,这两个指标的数值均很大,而 Durbin-Watson 统计量的数值为 1.932 761,表明该模型没有一阶自相关存在。变量 $lnkjzb$ 的系数为−0.121 523,这表明在第二阶段(2002—2019 年)跨境资本流动对经济增速的冲击效应非常显著,即二者之间具备明显的负相关的关系。从表6-12中还可以得知,变量 $lnhl$ 的系数为 2.389 462,它的 P 值是 0.012 8,该变量也在 5%的显著水平下拒绝了汇率波动与经济增速之间关系不显著的原假设,这表明二者之间具备一定的正相关的关系。除此之外,t 值的 P 值为 0.684 2,它在 5%的显著水平下接受了原假设,这表明它与经济增速之间的关系并不明显。

表6-12 对样本数据 Winsor 缩尾处理后的稳健性测试结果

变量	系　数	标准差	t统计量	P值
$lnkjzb$	−0.121 523	0.149 821	3.627 902	0.035 6
$lnhl$	2.389 462	0.376 914	4.538 672	0.012 8
t	0.349 807	0.109 326	0.679 824	0.684 2
c	−2.896 752	1.082 493	−1.079 308	0.107 1
修正的 R^2	0.968 124	F 统计量		38.642 71
Akaike 信息准则	−0.876 423	Durbin-Watson 统计量		1.932 761

通过对以上 SVAR 模型、广义最小二乘法、极大似然法和稳健性测试的实证结果进行分析之后发现,中国跨境资本流动与经济增速具备明显的负相关的关系,而汇率波动与经济增速则具备明显的正相关的关系。

六、以 2008 年为临界点的实证检验

一些学者认为,中国的跨境资本流动在 2008 年全球金融危机附近发生了很大的变化,而且国际货币基金组织对全球金融危机前后跨境资本流动的认知也发生了一定的变化(韩龙,2018)。因此,有必要对 2008 年前后中国跨境资本流动与经济增速重新进行实证检验,以分析它们之间的关系是否发生了结构性的变化。

（一）模型设定

为了检验 2008 年前后中国跨境资本流动与经济增速的关系是否发生了结构性的变化,笔者运用 2005—2011 年的月度数据建立断点回归模型。需要说明的是,模型使用的跨境资本流动的月度数据为笔者使用世界银行的方法测算所得;为了衡量经济增速,使用 GDP 增速和人均 GDP 增速两个指标,二者的数据均来源于国家统计局网站,用计量软件将它们的季度数据转换为月度数据。由于模型假设 2008 年会出现断点,因此选取了 2008 年前后三年的数据,即 2005—2011 年的数据。

在实证分析中,断点回归模型通常有非参数估计法与参数估计法两种,使用参数估计法来构建如下方程:

$$gdp_i = \alpha_0 + \alpha_1 D_i + \alpha_2 DT_i + f(BT) + u_i \quad (6-19)$$

$$zbwt_i = \beta_0 + \beta_1 D_i + \beta_2 DT_i + g(BT) + e_i \quad (6-20)$$

$$gdp_i = \lambda_0 + \lambda_1 zbwt_i + h(BT) + v_i \quad (6-21)$$

在式 6-19、式 6-20、式 6-21 中,gdp_i 表示 2005—2011 年中国的 GDP 增速或人均 GDP 增速,$zbwt_i$ 表示 2005—2011 年中国的跨境资本流动,DT_i 为虚拟变量,在 2008 年之前该虚拟变量取值为 0,2008 年之后该虚拟变量取值为 1。BT 为各年份与 2008 年的差额,$f(BT)$、$g(BT)$ 和 $h(BT)$ 则分别代表变量 BT 的多项式函数,D_i 表示 2008 年与各年份之间的关系,即年份 i 与 2008 年的差额大于 0 时,D_i 为 1,这些样本可以视为实验组样本;年份 i 与 2008 年的差额小于 0 时,D_i 为 0,这些样本可以视为对照组样本。

(二) 实证检验

首先,为了直观地判断全体样本组在 2008 年附近是否存在断点,笔者绘制了跨境资本流动与 GDP 增速、人均 GDP 增速之间的散点拟合图。

图 6-6 是跨境资本流动与 GDP 增速、人均 GDP 增速之间的散点拟合图。其中左图是跨境资本流动与 GDP 增速的散点拟合图,右图是跨境资本流动与人均 GDP 增速的散点拟合图。从图 6-6 中可以看到,两张图形呈现的均是直线,似乎并没有断点出现。

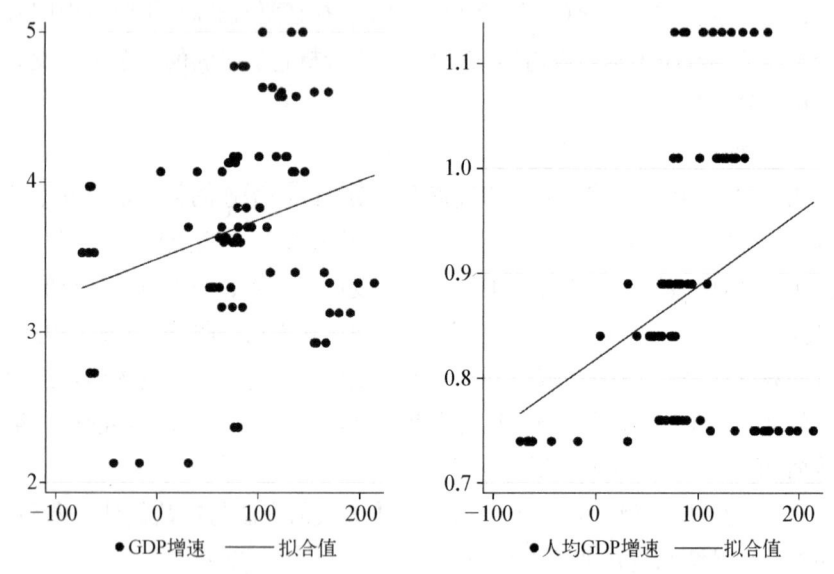

图 6-6 跨境资本流动与 GDP 增速、人均 GDP 增速之间的散点拟合

Angrist and Lavy(1999)认为,在使用断点回归模型进行实证分析时,采用两阶段最小二乘法是最标准的方法。因此,我们使用两阶段最小二乘法对构建的式 6-19、式 6-20 进行参数估计。

表 6-13 是使用断点回归模型对经济增速进行回归的结果。其中,前三列是跨境资本流动对 GDP 增速(gdp)的影响,分为全体、2008 年以前、2008 年以后三个阶段进行回归;后三列是跨境资本流动对人均 GDP 增速($pgdp$)的影响,分为全体、2008 年以前、2008 年以后三个阶段进行回归。从回归结果看,无论采用 GDP 增速(gdp)还是人均 GDP 增速($pgdp$)作为被解释变量,全体、2008 年以前、2008 年以后三个阶段的跨境资本流动均与经济增速之间呈现显著的负相关关系,并且 2008 年附近的关系并没有发生明显的变化。以上模型的回归结果表明,2008 年前后中国跨境资本流动与经济增速之间存在断点的假设可能并不成立。

表 6-13　使用断点回归模型对经济增速进行回归的结果

	全体 gdp	2008 年之前 gdp	2008 年之后 gdp	全体 $pgdp$	2008 年之前 $pgdp$	2008 年之后 $pgdp$
$kjzb$	−0.002 6** (−2.433 3)	−0.007 0*** (−4.210 7)	−0.003 2*** (−2.236 2)	−0.000 7*** (−3.370 9)	−0.001 8*** (−5.649 8)	−0.000 5*** (−3.698 9)
c	3.487 4*** (30.935)	3.528 0*** (18.511 5)	3.296 3*** (26.733 7)	0.817 9*** (37.432)	0.821 9*** (20.645 8)	0.774 3*** (93.970 1)
R^2	0.671 6	0.352 8	0.452 9	0.642 1	0.321 4	0.352 6
R^2_a	0.654 5	0.310 4	0.428 1	0.608 4	0.285 9	0.322 2

（三）稳健性检验

为了检验断点回归的稳健性，使用以下两种方法：

首先，使用邹至庄检验判断 2008 年前后中国跨境资本流动与经济增速之间关系是否发生结构性的变化。从理论上讲，邹至庄检验的结果应当与断点回归模型的结果一致，因为它们都是在检验某一时间节点上跨境资本流动与经济增速之间关系是否发生了剧烈的变化或者转折。

表 6-14 和表 6-15 分别是以 2008 年为临界点对 GDP 增速和人均 GDP 增速进行邹至庄检验的结果。由表 6-14 可知，以 2008 年为临界点对 GDP 增速进行邹至庄检验的 F 统计量的 P 值为 0.123，对数似然比的 P 值为 0.130，Wald 统计量的 P 值为 0.125，以上三个统计量的 P 值均大于 0.1，因此它们在 10% 的显著水平下接受了不存在结构性变异点的原假设。同样，在表 6-15 中，以 2008 年为临界点对人均 GDP 增速进行邹至庄检验的 F 统计量的 P 值为 0.141，对数似然比的 P 值为 0.152，Wald 统计量的 P 值为 0.137，以上三个统计量的 P 值均大于 0.1，因此它们也在 10% 的显著水平下接受了不存在结构性变异点的原假设。

表 6-14　以 2008 年为临界点对 GDP 增速进行邹至庄检验的结果

F 统计量	3.963 03	P 值	0.123
对数似然比	5.474 95	P 值	0.130
Wald 统计量	7.963 03	P 值	0.125

表 6-15　以 2008 年为临界点对人均 GDP 增速进行邹至庄检验的结果

F 统计量	2.960 67	P 值	0.141
对数似然比	6.636 83	P 值	0.152
Wald 统计量	6.960 67	P 值	0.137

其次，本研究改变了断点回归模型的带宽，将2008年前后三年的月度数据更改为四年和两年，即使用2004—2012年和2006—2010年的月度数据再次进行回归检验，发现回归结果并没有发生实质性变化，这也表明本研究的回归结果是稳健的。

第四节 模型结论的启示

对SVAR模型、广义最小二乘法、极大似然法和稳健性测试的实证结果进行分析之后发现，中国跨境资本流动与经济增速具备明显的负相关的关系，而汇率波动与经济增速则具备明显的正相关的关系。此外，断点回归模型的结果表明，2008年前后中国跨境资本流动与经济增速之间可能存在断点的假设可能并不成立。本研究得到的结论与多数现有文献存在很大的差异，据此能够得到如下启示：

首先，多数现有文献认为，中国跨境资本流动与经济增速之间的关系并不明显。主要的原因在于，中国的跨境资本流动大多数是由于迂回转出所引发的。这种资本流动可能并非是真正的资本外流，而是资金在出境之后，还会以外资的形式返回至国内，并参与其经济活动。由于中国对国内外注册地址不同的企业的税收政策存在一定的异质性，境外的资本回流之后就可以享受更多支持的优惠政策，还可以在国内投资中捕捉套利机会，这促成了迂回性跨境资本的频繁出现（贺力平、张艳花，2004；杨海珍、刘新梅，2000；宋维佳，1999；等）。鉴于上述研究较为陈旧，而且多数关于跨境资本流动与经济增速关系的研究集中于2000年以前，缺乏对最近一些年份二者关系的深入研究。笔者使用SVAR模型、广义最小二乘法、极大似然法等方法进行实证研究，并且分不同时间阶段进行了邹至庄检验，发现邹至庄检验选取的临界点与上述文献发表的时间节点较为吻合。本研究得到的结论与多数现有文献存在很大的差异，主要的原因可能在于，1992—2019年中国跨境资本流动的数据可能在结构上出现了剧烈变化，即数据出现了变化的拐点或阈值，因而导致实证结论的不同。

其次，实证分析的结论表明，中国经济增速的上升将对跨境资本流动形成抑制效应。基于上述结论，中国经济在今后应当保持合理的增长速度，这不仅能够防止跨境资本流动规模的快速上升，还能够有效提升人们对未来经济稳健增长的信心。在此基础上，假设中国经济的"稳增长"难以得到有效保障，那么整体经济的"调结构"也会受到很大程度的影响或冲击。在目前的宏观经济形势下,财政政策可能要比货币政策的效果和空间更大。在现阶段,中国经济的"调结构"的主要措施包括降低居民的财富不平等程度、促进市场化与国有企业改革等内容。与此同时,管理层应当在现实工作中引导人们的预期,使政策能够更加有效的落实。基于以上原因,只有在实践中力求实现中国经济"稳增长"和"调结构"的平衡,才能够为防止跨境资本流动规模较快上升提供良好的经济环境(张明,2015;等)。此外,还有一些学者(如余永定,2018;等)对该问题展开深入论述或者提供了一些相关证据,他们的结论与本研究模型的启示一致或相似。

再次,本研究各模型实证分析的结论表明,第一阶段(1992—2001年)与第二阶段(2002—2019年)中国跨境资本流动和经济增速之间的关系也存在着很大的差异。

在时间跨度方面,第一阶段(1992—2001年)的时间跨度是10年,第二阶段(2002—2019年)的时间跨度是18年,这两个时间段都较长。从政策的视角分析,由于2001年初开始中国陆续发布了一些严格限制反洗钱的法律法规,此时其他国家的热钱通过不同途径流动至中国国内,这在一定程度上对跨境资本流动规模起到了抑制作用,并且有可能对全体阶段(1992—2019年)的数据形成一定的冲击。无论运用李扬(1998)的方法还是运用世界银行(1985)的方法,本研究最终得到的2001—2003年跨境资本流动的数据均较小。2004年以后,中国经济发生了局部过热的现象,汇率波动的幅度也较大,导致跨境资本流动的规模出现了较大增加。自2012年起,中国经济开始处在"新常态"的背景下,此时随着经济增速的大幅放缓和人口老龄化现象的逐步出现,中国跨境资本流动的规模呈现大幅上升的态势,而且其对经济增速的负面影响或冲击逐步显现,该现象应当引起管理层的高度重视和警惕。

在模型实证分析的结论方面,第一阶段(1992—2001年)与第二阶段(2002—2019年)中国跨境资本流动和经济增速之间的关系出现了大幅变化。实证分析的结论显示,在第一阶段(1992—2001年),中国跨境资本流动与经济增速的关系并不明显;在第二阶段(2002—2019年),中国跨境资本流动与经济增速具备明显的负相关的关系。以上两个阶段的临界点与一些相关文献发表的时间节点较为吻合。本研究得到的结论与多数现有文献存在很大的差异,主要的原因可能在于,1992—2019年中国跨境资本流动的数据在结构上出现了剧烈变化,即数据出现了变化的拐点或阈值,导致实证结论的不同。

根据中国社科院世经政所宏观研究小组的研究报告,2011年以来中国跨境资本流动的规模呈现逐渐上升的态势,而且在某些年份(如2014年中期至2016年底),中国国际收支平衡表中的资本账户还出现了长达11个季度的逆差。引发中国跨境资本流动规模上升的因素包括"逆全球化"、人民币汇率波动、投资者风险偏好的变化等。在这些因素的作用下,中国跨境资本流动有可能导致系统性金融风险隐患的放大效应。因此,本研究的实证结果与现实情况的吻合度相对较高。

第七章 跨境资本流动与金融风险演化的理论分析

第一节 跨境资本流动与金融风险的关系概述

一、中国的跨境资本流动与金融风险

在"新常态"的背景下,近年来中国经济增速放缓,国际经济复苏也尚未达到预期水平。世界主要经济体的发展失衡导致了全球金融不稳定、汇率波动幅度加大,跨境资本流动规模也逐渐增加,这加大了中国的金融风险,并且对金融稳定的形势产生了巨大的影响。2017年,党的十九大报告指出,一定要把管控系统性金融风险放在更重要的位置上,当前中国需要下决心处置一批风险点,并且控制好资产泡沫,提高金融风险的监管能力,确保牢牢守住不发生系统性金融风险的底线。自2016年起,跨境资本流动与汇率对新兴经济体的宏观经济的影响或冲击效应逐步显现。在此背景下,二者对于系统性金融风险究竟会产生什么影响?或者在跨境资金流动冲击下,系统性金融风险会怎样演化呢?这是我们需要研究的内容。

根据国家统计局的统计数据,当前中国全球离岸金融中心管理的金融资产大约在26万亿—36万亿美元范围内,超过了美国和日本的资产之和。从2014年开始,中国的外汇储备规模从3.99万亿美元的历史高点不断下降,截至2016年12月外汇储备规模为3.01万亿美元。其主要的原因是可能存在着跨境资本流动,尤其是资本外逃现象。

从金融风险的演化进程看,跨境资本流动将对中国的金融稳定造成巨大的影响。无论是逃税和避税、洗钱,还是跨境资本流动,都与离岸金融密切相关。因为离岸金融业务具有信息不透明的特征,跨境资本流动往往难以受到政府和税务部门的监管。有些企业还会利用离岸金融来进行欺诈活动,它成

为犯罪分子侵占公众财产和国有资产的重要途径。基于以上原因,对跨境资本流动进行监管显得尤为重要。从现实情况看,目前中国管理层对于离岸金融引发金融风险的监管仍然存在很多不足。第一,中国至今缺乏统一的监管机构,目前中国实行"一行三会"的分业监管模式,缺乏金融监管主体对整个离岸金融业务来统一监管。第二,目前中国缺少权威的法律法规,迄今为止尚未制定出离岸金融引发金融风险相关的、高规格的法律法规。第三,管理层对于离岸金融的监管存在一定的漏洞,监管和审查标准较低,金融机构的准入条件参差不齐,这些情况都导致了系统性金融风险隐患的放大。尤其是对于境外金融机构退出的标准,目前中国还没有明确哪些离岸金融机构应该退出、退出标准应该如何设定等内容。很多离岸金融业务的监管漏洞较多,一些离岸金融机构为了追求高回报,使用超出规范的标准运营离岸金融业务,并且助推了系统性金融风险的形成。

根据世界经济学的理论,汇率波动在一定程度上能够对贸易收支形成冲击效应,与此同时,贸易收支也与金融风险存在较为密切的关联。如果经常账户失衡的情况持续时间较久,那么它就有可能引发较为严重的金融风险。如果一个国家的贸易情况满足马歇尔-勒纳条件,那么汇率出现贬值会改善贸易平衡情况,进而产生J曲线效应;相反,汇率出现升值将引发贸易失衡情况的进一步恶化。此时,如果该国的经常账户赤字出现了不断上升的态势,势必引发本国货币被高估,并且有可能导致人们对该国货币在未来出现贬值的强烈预期。随着外汇储备的快速消耗,它有可能演化成为金融危机,金融风险也会大幅增加。与传统的宏观经济理论有区别的是,最近30多年来中国经济出现了高速增长,与此同时中国的汇率也呈现了持续上升的走势,在一定程度上引发了中国贸易顺差的增加,该现象被一些学者称之为"贸易顺差之谜"。当前,由于中国的资本账户还没有完全放开,在一些对外贸易中,跨境资本流动特别是非法资金,往往可以通过虚假贸易、虚报进出口价格等途径流入或流出,这有可能是引发中国"贸易顺差之谜"和汇率大幅波动的重要因素之一。很显然,跨境资本流动与汇率均能够通过对外贸易的途径对金融稳定形成一定的负面冲击,并且有可能导致系统性金融风险隐患放大。有学者指出,一个国家的汇率波动有可能对股票市场的走势起到较为强烈的冲击效应。具体而言,该国的汇率升值有可能导致股票市场出现下跌,而该国的汇率贬值则有可能推动股票市场出现上涨(Dornbusch,2005)。国内外的许多研究结果证实,跨境资本流动和汇率波动都与资产价格的变化有关。一般来说,汇率升值往往会导致跨境资本流动规模的增加,同时国内外汇储备也会呈现上升的态势。此时,宽松的货币政策往往促使该国出现流动性的快速增加,这将推动房地产、股票市场等资产价格的较快上升,从而又在一定程度上刺激了信贷规模的增加,并且导致房地产、股票市场等资产价格的螺旋式上涨,逐步形成资产泡沫,系统性金融风险进一步提升。一旦风险资产经受意外事件或者货币政策变化的影响,那么房地产、股票市场等资产就有可能出现崩盘,这将导致非金融企业的违约风险大幅提升,并会导致银行部门的不良贷款规模迅速增加,进而使金融风险出现集聚效应,长时间下去就容易引发本国的金融危机。

除了以上风险点之外,中国需要警惕跨境资本流动引发的金融放大效应和资产负债表效应。目前,在"新常态"的背景下,中国经济的增长速度正在放缓,而美元继续升值的预期仍然存在。中国某些地区的金融杠杆率呈现过高趋势,在内部和外部因素交织的作用下,人民币汇率存在贬值的压力。在此情况下,中国需要关注出现金融放大效应和资产负债表效应的可能性。自2014年以来,中国呈现了金融自由化和货币政策扩张的现象,非金融部门的杠杆率数值较高,全社会宏观杠杆率不断上升,M2/GDP的比例呈现持续走强的迹象。2017年开始,中国政府开始强调"中性"的货币政策,旨在降低过高的宏观杠杆率,特别是与房地产市场和债券市场相关的融资活动。基于以上形势,中国应该关注汇率贬值预期导致的外债压力增加,跨境资本流动和国内金融整固导致的国内利率上升与流动性下降,它们容易引发信贷收缩和资产价格下降的加速,并且致使金融放大效应和资产负债表效应。实证检验的结果显示,中国的短期跨境资本流动和金融风险之间存在较强的关联(刚健华等,2018)。

二、新兴经济体的跨境资本流动与金融风险

不仅在中国跨境资本流动与金融风险之间存在较大的关联,全球新兴经济体几乎都出现了相似的情况。从世界范围看,新兴经济体与发达国家之间的经济金融一体化已成为近些年来全球经济发展的突出特点之一。这逐渐表现为,新兴经济体与发达国家之间的跨境资本流动规模逐渐增加,而且伴随着各国经济和金融利益的日益复杂。跨境资本流动管理为各国的政策带来了相当大的挑战。

一般来说,跨境资本流动的宏观经济影响包括汇率波动、国内银行信贷快速增长、消费价格压力、工资和资产价格压力、经常账户赤字加大、经济的内外失衡等内容。应对这些挑战的标准政策则包括保持汇率灵活性等措施。

跨境银行的大量存在也可能加剧系统性金融风险,主要表现在以下几点:

第一，跨境银行可能导致新兴经济体的信贷风险加大。有证据表明，新兴经济体的货币政策促使外资银行改变向海外分支机构的投资策略。一旦一个国家的信用情况引发了全球对该地区风险的重新评估，那么本土和东道国机构之间密切的金融联系也可能成为风险传染的重要渠道。当跨国金融机构在全球采取共同的战略时，危险更大，往往导致这些金融机构在各国出现相似的风险(Turner，2016)。目前跨境银行在新兴经济体出现了快速发展，并且分支机构日益增多，这些金融机构极大地扩大了金融中介的范围，降低了新兴市场金融服务的成本，但同时也增加了信贷风险，使得跨境资本流动的风险可能在全球范围内蔓延，进而引发了金融不稳定。尽管外资银行体系不太容易出现传统的偿付能力危机，但它们在新兴经济体的信贷快速增长所导致的信贷风险可能比国内银行体系产生的信贷风险更为明显(Chopra，2013)。

出现这一现象的一个重要原因包括跨境银行的制度缺陷，例如会计、审计、财务报告和信息披露不足；缺乏足够的信贷记录或征信系统；新兴经济体借款人的所有权结构不透明等。例如，许多新兴经济体借款人的经济条件和金融数据质量相对较差，这意味着外资机构为成熟的金融市场设计的风险管理和计量系统在许多新兴经济体可能并不适用。这使得跨境银行的总公司难以可靠地估计子公司的信用风险，并迫使他们在很大程度上依赖当地管理者的判断。由此产生的信息不对称为本地管理者报告过低的信用风险提供了空间，并且有可能制定较低的信贷规定并报告较高的回报率。缺乏足够的信用风险数据可能导致债权人更多地依靠抵押品来降低风险。然而，一些新兴经济体的法律制度存在漏洞，这可能使得收回抵押品变得困难，并且可能导致抵押品预期的损失被低估，存在违约的风险。

另外一个可能导致信贷风险升级的原因是外资银行管理层薪酬的结构问题。外资银行分支机构的高级管理人员往往是拥有定期合同工的外籍专业人员，他们有动力提高信贷的额度，这些额度通常被用作评估奖金支付的标准。一般来说，信贷快速增长可以掩盖信贷质量的恶化，因为新增贷款的增加暂时抑制了不良贷款。当大量贷款成为不良贷款的时候，很多新兴经济体的信贷经理可能仍然继续在快速发放信贷。此外，外资银行也更容易在存在利率差异的情况下进行套利交易。通常情况下，只要外汇利率平价保持平稳，将外币贷款转移到消费者和抵押贷款就可以使新兴经济体的外汇升值。目前这种做法在中欧和东欧普遍存在，而且过去在亚洲许多国家也很常见。当借款人对外汇风险缺乏对冲时，无论是因为套期保值工具的市场没有有效发展，还是由于汇率钉住策略失败，外资银行的信贷可能导致外汇风险被低估。外资银行也经常以外币贷款,原因在于国外监管机构想限制其直接面对的汇率风险。但是,这种汇率风险并不是通过扩大外汇贷款来消除的。如果新兴经济体的汇率由于国内宏观经济或国际金融动荡而被迫贬值,这种汇率风险只会转化为间接的信贷风险。

其次,外资银行体系也可能更容易受到银行中介的资本流动急剧放缓的风险的影响,这种风险可能是由新兴经济体的市场或外资银行本土市场的问题所引发的。一旦低估了新兴经济体市场的信用风险,银行就不得不增加供应。在以外资银行为主导的银行体系中,外资银行提供资金的增加以及信贷增长的下降可能表现得更加明显。出现以上现象的一个重要原因是外资银行基于过去的表现通常会为新兴经济体的股本回报(ROE)设定较高的目标,通常约为20%—25%,从而抵消了银行总部在本国市场所获得的相对较低的净资产回报率。这一战略的使用,导致外资银行因其良好的声誉、技术和运营能力以及相对较低的融资成本,产生了较大的竞争优势。但是,新兴经济体的净资产回报率目标往往比预期目标要低很多,这可能反映了外资银行对信用风险的低估,或者高估了新兴经济体风险调整后的净资产回报率。当它们对信用风险的低估程度较高时,外资银行的管理层可能认为,如果他们的净资产回报率目标无法实现,那么新兴经济体的贷款规模必须大幅缩减。在新兴经济体资产价格暴涨即将结束时,上述风险情况经常发生。举例来说,在新兴经济体经营的外资银行往往面临大量的房地产市场风险。如果房价在大涨之后开始下滑,房产抵押贷款的质量出现下降,外资银行内部的风险控制可能迫使新增贷款大幅度减少,并且以此来保护银行的资本。在这种情况下,对新兴经济体跨境资本流入的影响将主要取决于海外信贷资金相对于新兴经济体资金成本的高低。

第三,跨境银行有可能引发金融风险传染。一旦一个国家的信用风险得到承认或具体化,就会引发整个地区更广泛的风险评估,那么本国与东道国机构之间密切的金融机构就可能成为风险的传染渠道。如果金融机构在整个地区采取共同战略,那么传染的可能性就更大,因为这往往会导致各国类似的风险暴露。这种金融风险传染在一定程度上反映了外资金融集团资金运作集中化所导致的风险。一般情况下,大多数在新兴经济体经营的大型国际银行会在整个集团范围内监控风险,并在总部进行战略决策。他们根据不同国家的国情和特点,将日常运营决策委托给各国子公司和分支机构的管理层。虽然这种中央集权有助于确保资本的有效分配,并可能提高风险管理的质量,但同时也增加了公司在某一个新兴经济体的系统性金融风险。如果这些跨境银行拥有多元化的资金来源,那么这种金融风险传染效应将减轻。举例来说，奥地利银行对个别中东欧国家的风险敞口绝不超过总体区域风险总量的 13%，但对个别国家来说，它可能占该国借贷总额的一半以上。即使在总公司信贷增速相对放缓的情况下，这种不对称也会导致新兴经济体的信贷供应量出现大幅波动。

国际清算银行 2015 年的报告指出，来自北欧国家的银行在波罗的海地区的金融风险相当集中，在这种情况下，任何一个东道国的经济或金融局势的动荡都可能影响这些银行，并可能对东道国的其他邻国产生金融风险传染。导致金融风险传染增大的另一个因素是双边信贷对东道国和总公司机构重要性的巨大不对称性。与东道国的银行相比，总公司机构对东道国的风险敞口通常是其地区的一小部分，更不用说世界范围内的贷款组合。因此，从这个视角来看，总公司机构的贷款政策变化可能对东道国的宏观经济和金融稳定产生重大的影响。国际货币基金组织 2016 年发布报告认为，智利的跨境资金流动在一定程度上受到养老基金组合多样化的影响，而养老基金逐渐增加了对外国资产的敞口。从某种意义上看，这有助于发展套期保值工具的市场，因为养老基金面临汇率风险和国外市场波动的风险，各国法律要求在资本市场适当规避外汇风险。在操作上，养老基金将大部分长期远期外汇卖给当地的银行体系。由于银行的目标是保持外汇敞口接近于零，所以他们将这些养老基金的长期头寸卖给了智利公司，并承诺未来的外汇兑换。但是，大部分的对冲工具是由外资银行介入并管理的。尽管它们的规模占总资产的比例低于 4%，并且不到智利银行业总资本的 10%，但它们在资本流动的中介和对冲工具的提供方面扮演着重要角色。

第四，跨境银行的资本撤离新兴经济体时容易引发系统性金融风险。例如，在 1997 年亚洲爆发金融危机时，日本银行在亚洲一些新兴经济体中投资的资金出现了大规模抽离的现象，该现象加重了亚洲金融危机的破坏性。当时日本银行由于股票和房地产价格下降，导致本国市场出现了严重的问题。为了维持资本充足率的要求，他们不得不缩减资产负债表。如果跨境银行在总部国家面临流动性问题，正常的流动模式遭遇逆转，那么流向新兴经济体的资金可能大幅减少。

自 2010 年以来，新兴经济体的金融衍生品市场规模每年以每年 25% 的速度增长，2015 年新兴经济体的场外衍生品平均日交易额达到 716 亿美元，占全球市场的 14.3%。但是，新兴经济体的套期保值的风险仍然集中在外汇上，外汇合约占场外衍生品市场交易的 80% 以上。相比之下，新兴经济体的场外利率合约的市场份额仅为 10%。

关于新兴经济体的外汇风险，主要集中在以下几个方面：

第一，银行方面。银行是OTC外汇衍生品的最大用户，在大多数新兴经济体中保持最为重要的地位。银行的净头寸通常集中于外汇掉期，这是新兴经济体最重要的场外衍生产品。尽管印度、中国香港、新加坡、智利、俄罗斯和南非等国家或地区的外汇衍生品市场只有少数的流动性，但是近年来包括阿根廷、哥伦比亚、智利和墨西哥在内的许多新兴经济体的外汇衍生品市场都出现了快速增长。在实践中，大多数交易活动发生在银行和其他金融机构之间。举例来说，自2012年以来，智利的养老基金已经放开了对外国资产的风险敞口，并通过向当地银行出售远期外汇头寸来对冲外汇风险。为了平仓，各国本地的银行和其他金融机构反过来向客户出售远期外汇头寸。此外，外汇期权在新加坡、中国香港和印度的交易量都相对较大。

第二，利率方面。大多数新兴经济体套期保值的场外衍生品市场相当不发达，主要集中在利率掉期（而不是远期利率协议）。利率衍生品市场一直很小的原因在于，新兴经济体的利率风险相对较低，而且主要是集中于银行业。高利差降低了金融中介机构的利率风险。此外，监管限制、非金融公司的会计规则存在漏洞，以及衍生产品估值缺乏等因素也起了一定作用。在目前多数的新兴经济体中，除了以港元和墨西哥比索计价的合约之外，大部分货币的交易量都很低，而印度卢比、韩元和新加坡的交易量正在增长。在某些情况下，外国银行的存在有助于这些经济体更广泛地发展衍生品市场和金融市场。例如，外资银行在经济体内利率工具市场上的净营业额的份额超过50%，在外汇掉期市场的份额超过90%，并且在表外利率工具方面具有很高的地位。

第三，信用方面。近年来，信用违约掉期（CDS）是管理新兴经济体信用风险的最重要的金融产品。信用违约掉期市场近年来一直是全球发展最快的金融市场之一。西方发达国家的大多数信用违约掉期产品被安排在全球金融市场和企业实体方面，但是新兴经济体发行的信用违约掉期产品主要集中在企业实体方面。对于新兴经济体来说，信用违约掉期市场流动性最好的市场是在5年左右，但也存在一个10年左右的市场。

基于各国存在的外汇风险，很多新兴经济体采取了一系列措施来解决金融稳定和降低金融风险的问题。当前，大多数新兴经济体试图使用宏观审慎的监管框架，这符合国际中的通常做法，也被认为具有强有力的风险管理能力，同时管理层可以具有监管上的灵活性。举例来说，在土耳其，目前特别注意金融机构的资本充足率。在某些情况下，即使在维持其他审慎措施不变的情况下，银行业的改善也允许取消某些审慎的限制（例如外币净敞口头寸或与股票有关的活动),但监管实践已经对金融体系的快速演变和风险传染开始逐步适应。Ooi(2015)指出,随着市场的日益成熟和参与者的能力的不断提高,新兴经济体的管理层已经从主要以"以规则为基础"(即依靠行政控制和规范性法则)逐渐转变为更灵活、适应于不断变化的市场环境和商业惯例。在不断演变的制度下,监管层在面对那些具有强大风险管理和公司治理实践的金融机构时,应当具有更大的灵活性。

但是,新兴经济体应对外汇风险时,一个重要的挑战是处理复杂的金融集团之间的关系。在面临此问题时,一方面应当允许集团协同和效率之间取得平衡,另一方面防止集团公司将过高的风险带入国内体系。2008年金融危机爆发时,全球金融市场剧烈动荡,这表明各国的中央银行有必要监测全球金融市场蔓延的风险。

除了外汇风险之外,跨境资本流动可能引发债务风险。国际清算银行的报告指出,2015年的跨国债权占GDP的比例比2002年至少增加了一倍以上,目前的比例在41%左右。尤其是在中东欧国家,由银行等金融中介所导致的跨境资本流动可能出现逆转,因而有可能引发重大风险。在全球经济和金融一体化进程的背景下,国际间的债务风险也有可能形成系统性的金融风险。从各国银行所处的环境看,中东欧的银行系统面临着与外资竞争激烈的条件;相比之下,在拉丁美洲和亚洲的跨境信贷的扩张主要发生在金融压抑的银行体系之中。

有学者指出,在大量跨境资本流入时,公共支出限制往往会导致实际汇率升值和宏观经济的长期增长率上升(Robert al,2015)。应该指出的是,紧缩的财政政策可能对汇率产生两种相反的影响。一方面,随着紧缩的财政政策的实施,国内的总需求放缓,这可能导致利率下降,并且阻止跨境资本流入。另一方面,在经济增长速度不是很快的国家,紧缩的财政政策可能降低国家风险溢价,从而导致实际汇率升值,并且吸引更多的跨境资本流入。与此同时,大多数新兴市场国家有可能放松对资本流入和流出的控制。举例来说,中国、印度和俄罗斯在2014年和2015年进一步放宽了对跨境资本流入的规定。总体来看,目前中东欧国家对跨境资本流动的管制放宽力度最大,亚洲新兴经济体的跨境资本流动的规模最大,而拉丁美洲国家自20世纪90年代中期以来一直维持着或多或少的跨境资本流动的管制政策。在汇率更加灵活的国家,紧缩的财政政策的实施被认为并没有发挥很积极的作用。实际上,在过去的几年里,尤其是在拉丁美洲和中东欧地区,政府实际支出增长速度加快,但是在固定汇率制度的国家,紧缩的财政政策在很多时候都变成了缓解大量跨境资本流入的宏观经济后果的主要政策工具。此外,一些商品出口国也依靠紧缩的财政政策来遏制汇率升值和跨境资本流入的压力。例如,近年来智利财政公共支出的增加遵循了以结构性财政盈余为目标的规则,并要求将所有剩余资金投资到国外。与此同时,一些石油输出国依靠石油稳定基金来应对石油收入上涨(IMF,2016)。

第二节 跨境资本流动与金融风险演化的传导机制

在开放经济下,跨境资本流动可能对一个国家的对外部门、私人部门和公共部门形成影响,并且最终导致系统性金融风险的放大效应(张明,2014)。例如,在1997年亚洲金融危机和2008年全球金融危机之间,跨境资本流动就发挥了非常重要的作用。

具体而言,跨境资本流动与金融风险演化的传导机制如图7-1所示:当一个国家遭遇严重的外部冲击或者内部冲击时,例如贸易摩擦、世界经济"逆全球化"、国内的房地产价格或股市出现大跌等,这些因素都会引发跨境资本流动,尤其是资本外流规模的大幅度增加。在此背景下,跨境资本流动规模的大幅度增加会导致该国的汇率出现贬值,并且引发对外部门出现危机。

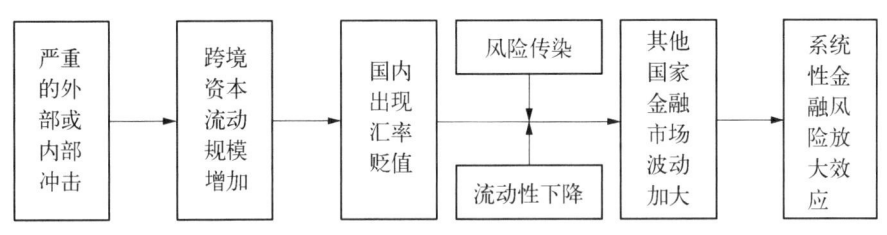

图7-1 跨境资本流动与金融风险演化的传导机制

资料来源:笔者总结。

与此同时,跨境资本流动规模的大幅度增加还会导致该国的流动性下降、利率上升,在该国可能引发非金融企业去杠杆、房地产价格加速调整等风险,甚至导致银行业出现危机;在国际金融市场上,由于交叉传染风险的出现,该国的跨境资本流动规模的大幅度增加会影响其他国家的居民对于金融稳定的信心,并且引发这些国家金融市场的波动幅度加大,从而导致系统性金融风险放大效应的出现。

图7-1是笔者总结的跨境资本流动与金融风险演化的传导机制。在万物互联、信息技术高度发达的今天,当一国出现金融危机时,该风险很快就会

通过信息技术传递并且影响到其他国家,即产生外溢效应。此时,它会影响各国人民对于金融稳定的信心和心理预期,并且形成金融市场恐慌的羊群效应,从而导致系统性金融风险国际传导放大效应的出现,进而导致全球金融危机的进一步深化和金融恐慌情绪的进一步蔓延。

第三节　跨境资本流动与金融风险演化的动态耦合模型

为了深入理解跨境资本流动与金融风险演化的机理,我们必须构建理论模型论证两者之间的关系。因此,本章构建了跨境资本流动与金融风险演化的动态耦合模型,对两者之间的关系进行阐释。

在传统的经济增长模型中,人们经常使用哈罗德-多马模型来描述投资、储蓄和经济增长的关系。在论证过程中,笔者在哈罗德-多马模型中增加了跨境资本流动变量,以便考虑跨境资本流动对系统性金融风险隐患的放大效应。

首先看一下传统的哈罗德-多马模型。在此模型中,假设社会的总产出为 y,资本的总规模为 k,那么资本产出比 θ 的数值就用总产出 y 与资本的总规模 k 的比值来表示,资本产出比的增量可以表示为:

$$\Delta\theta = \frac{\Delta y}{\Delta k} \tag{7-1}$$

为了使模型更加简化,我们假设经济社会中不存在折旧,即折旧率的数值为 0,那么资本总规模的增加值是由投资 I 的增量所导致的。此时,我们认为储蓄的总规模 S 与储蓄率 s 之间呈现正相关的关系,而在两部门经济中,储蓄和投资应该相等,我们就得到以下公式:

$$s = \frac{S}{y} = \frac{\theta \Delta y}{y} \tag{7-2}$$

我们将式 7-1、式 7-2 进行变形整理,就可以得到式 7-3:

$$y = \Delta k \Delta s / \Delta y \tag{7-3}$$

由式 7-3 可知,由于一个国家的储蓄率在短期内可能相对较为稳定,因此资本的总规模 k 的变化即投资的变化情况成为影响社会总产出的重要因素。

第七章 跨境资本流动与金融风险演化的理论分析

以上我们考虑的是简单的封闭经济。在开放经济中,资本的总规模 k 不仅包含国内的资本,也包含国际的跨境资本流动,因此我们将哈罗德-多马模型进行拓展,增加了跨境资本流动变量,以考察跨境资本流动与金融风险演化的动态耦合效应。

在开放经济中,我们假设社会中第 t 期的产量为 q_t,并且假设社会中的折旧率为 φ,那么第 t 期的投资量可以表示为:

$$I_t = k_{t+1} - (1-\varphi)k_t = \Delta k_t + \varphi k_t \tag{7-4}$$

由于在投资过程中,国内外的资本在投资过程中都可能存在一定的损耗,假设国内资本的投资转化率为 γ,跨境资本流动的总规模为 NK,其投资转化率为 ξ,那么社会中的总投资规模可以表示为:

$$I_t = \gamma S_t + \zeta NK \tag{7-5}$$

根据世界经济学理论,跨境资本流动代表了国际金融市场中的借贷关系可能存在,因此我们假设一个国家向其他国家融资所产生的债务占本国 GDP 总量的比值为 η,储蓄的总规模 S 与储蓄率 s 之间呈现正相关的关系,那么该国第 t 期储蓄的总规模可以表示为:

$$S_t = sY_t(1-\eta) \tag{7-6}$$

那么,式 7-5 就可以写为:

$$I_t = \gamma sY_t(1-\eta) + \zeta NK \tag{7-7}$$

通过以上公式,我们可以推导出经济增长率 g 的表达式:

$$\begin{aligned} g_{t+1} &= \frac{\Delta Y_t}{Y_t} = \frac{\Delta k_t}{k_t} = \frac{I_t - \varphi k_t}{k_t} \\ &= \frac{\gamma sY_t(1-\eta) + \zeta NK}{k_t} - \varphi + \zeta\psi \end{aligned} \tag{7-8}$$

其中在式 7-8 中,ψ 代表这个国家对外资的依赖程度。

根据式 7-8,我们可以求出经济增长率在稳态情况下的解:

$$\dot{g} = (v\gamma s - \varphi) + (\zeta\psi - \eta\gamma s) \tag{7-9}$$

在式 7-9 中,$v\gamma s - \varphi$ 代表国内因素,$\zeta\psi - \eta\gamma s$ 代表国际因素,也就表明一个国家的经济增长率是由国内因素和国际因素共同作用的结果。此时,如果跨境资本流动的总规模为 0,即 $\zeta\psi = 0$,那么该国的经济增长率将出现下降。根据式 7-9,只有当 $\zeta\psi - \eta\gamma s > 0$ 时,跨境资本流动才会对一个国家的经济增长率起到正向促进作用。

由以上分析可知,如果当 $\zeta\psi - \eta\gamma s > 0$ 的条件不满足时,跨境资本流动就会对该国的经济增长率产生负面影响,从而有可能导致系统性金融风险隐患放大。为了对跨境资本流动与金融风险演化的动态耦合模型进行验证,下一章将使用跨国面板数据模型对二者的关系进行实证检验。

第八章　跨境资本流动与金融风险演化的实证分析

第一节　金融风险指数的构建

在研究金融风险时,构建金融风险指数是非常重要的。目前,学界对于金融风险的度量还没有形成统一的理论,较为有说服力的衡量标准是构建金融风险指数。从历史上看,金融风险指数是从货币状况指数(MCI)发展而来的。货币状况指数是汇率和短期利率的加权平均值,最早用于衡量通货膨胀水平的高低。Goodhart 和 Hofmann(2014)在货币状况指数的基础上加入了股票价格和房地产价格,从而构建了金融风险指数,用以反映和预测未来通货膨胀的压力。在实践中,我们还需要考虑宏观经济因素对金融体系的顺周期效应进而导致的系统性金融风险隐患的放大效应,因此在构建金融风险指数时我们还需要考虑通货膨胀水平 CPI,广义货币供应量 M2 和实际 GDP 增长率等因素。

本章通过借鉴现有文献中的方法,将金融风险指数(Risk)界定为通货膨胀水平 CPI,广义货币供应量 M2、实际 GDP 增长率、银行不良贷款率、银行新增贷款和银行间 7 天内同业拆借利率的加权组合。以上关系可以用公式来表示：

$$Risk_t = \sum_i^n w_i (q_{it} - \delta q_{it})/\delta q_{it} = \sum_i^n w_i \psi_{it}/\delta q_{it} \qquad (8-1)$$

在式 8-1 中,$Risk_t$ 表示在第 t 时刻的金融风险指数的大小,q_{it} 表示长期的均衡值,δq_{it} 为 q_{it} 的平均值,$(q_{it} - \delta q_{it})/\delta q_{it} = \psi_{it}/\delta q_{it}$ 则表示长期的均衡值的偏离度,也就是变量的缺口率,w_i 则表示构成指数的各变量的权重大小。通过以上指标,我们就可以构建金融风险指数。

第二节 理论模型的构建

根据传统的国际收支均衡理论,我们假定一个国家在开放经济条件下,对外贸易经常项目满足 $GA = g(J, J^*, e, tj)$,其中 J 代表一个国家宏观经济的基本面,J^* 代表同该国具有贸易关系的外国宏观经济的基本面,tj 代表一个国家的贸易条件。与此同时,我们假定一个国家的跨境资本流动满足 $CA = g(r, r^*, \delta e', cap)$,$\delta e' = (e' - e)/e$,其中 r 和 r^* 表示本国和外国的均衡利率,e 和 e' 则分别表示该国当前和预期的汇率,cap 为该国资本账户开放程度的衡量指标。按照宏观经济理论,$J = J(r, FC)$,$J^* = J(r^*, FC^*)$,其中 FC 和 FC^* 分别代表该国国内和国外的财政政策,结合以上国际收支的均衡条件,我们可以得到开放经济条件下一个国家的均衡汇率:

$$e = e(J, GA, CA, r^*, \sigma e') \qquad (8-2)$$

其中在式 8-2 中,$\sigma e'$ 代表预期汇率增长率。

假设一个国家国内的财政政策能够对宏观经济的基本面发挥较大的作用,并且在全球经济金融化的条件下,预期汇率 e'、预期利率 r^* 与国外的财政政策 FC^* 都可以对金融风险的不确定预期 ε 和金融风险 Ω,那么一个国家的均衡汇率可以表示为:

$$e = e(J, GA, CA, \dot{\Omega}, \varepsilon, \delta e) \qquad (8-3)$$

在式 8-3 中,ε 代表一个国家宏观经济中的其他有影响的因素。

通过 $CA = g(r, r^*, \delta e', cap)$,$\delta e' = (e' - e)/e$,式 8-2 和式 8-3,就可以设定好跨境资本流动的模型。

为了对跨境资本流动和金融风险之间的关系进行较为透彻的了解,本章将使用亚洲各国跨境资本流动和金融风险之间的关系进行 PVAR 实证检验,并对实证检验的结果进行解释。关于亚洲各国跨境资本流动情况,目前已经有一些专家和学者进行了较为深入的研究和探讨。Moghadam 等(2003)运用亚洲国家的面板数据模型来研究这些国家的跨境资本流动,但是他的研究并没有按照各个国家的实际情况进行异质性区分,也没有进一步考察模型中可能存在的内生性;郑英梅(2008)也使用亚洲国家的面板数据模型来研究这些国家的跨境资本流动,并且指出,汇率波动和经济发展等因素会对这些国家的跨境资本流动产生较为重要的影响。其他多数学者对亚洲各国跨境资本流动情况的研究均使用定性分析或者时间序列模型。

基于上述文献的研究时间和研究过程,笔者认为以上研究的数据均较为陈旧。很少有文献对2010年以后亚洲各国跨境资本流动的情况与金融风险的演化进行深入研究,仅有的相关文献多数采用定性分析或者时间序列模型,需要使用面板数据模型进一步分析。

图8-1为笔者根据国际货币基金组织和国际清算银行的数据测算的近年来亚洲各国的跨境资本流动与GDP的比例情况。从图8-1可知,在亚洲各国中,2000—2019年马来西亚的跨境资本流动与GDP的比例在较长时间内维持在很高的水平;除了2007年之外,该数值一直位于20%以上,2012年以后则一直位于30%以上。中国的相关比例高居第二位,尤其是在2013年以后出现了快速上升。孟加拉国和泰国跨境资本流动与GDP的比例的数值也较高。印尼和印度的相关数值则较低,反映了这两个国家的跨境资本流动规模相对于产值的规模来说较小。

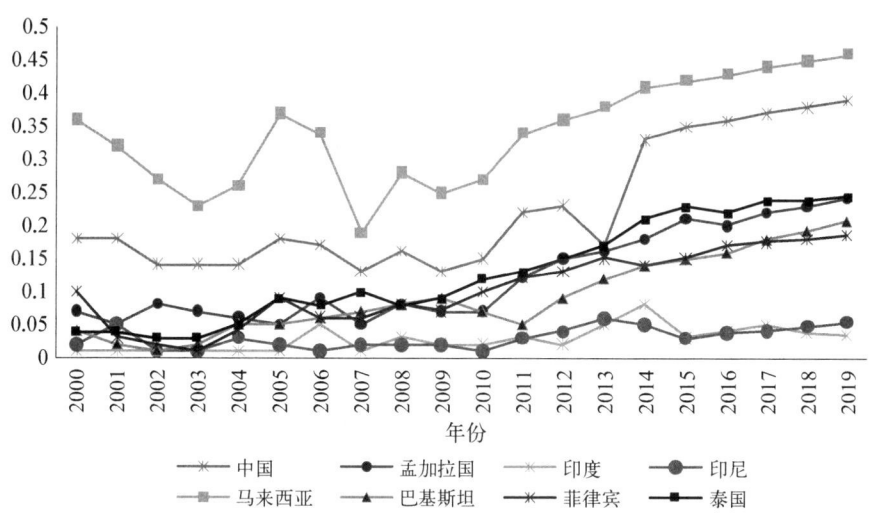

图8-1　2000—2019年亚洲各国的跨境资本流动与GDP的比例

资料来源:国际货币基金组织和国际清算银行数据库。

第三节　实证模型的建立

一、实证模型的选择

在构建实证分析模型时,我们先对模型中的各变量进行随机效应和固定效应检验,接下来做了hausman检验。为防止模型回归结果可能对单一模型出现依赖性,我们还运用PVAR(面板向量自回归)模型对其进行分析。

在实证分析中,固定效应(fixed effects)模型是人们经常使用的一种回归分析方法。该方法能够使面板数据随着模型中的个体发生变化，但是不随时间发生变化。该方法的含义为，模型内有 n 个各不相同的截距项，这些截距项分别与不同的个体相对应。与之相反的是，随机效应（random effects）模型可以把原始的固定不变的回归系数转化为随机的数字，从而进一步将固定效应扩展、延伸至随机效应。

此外，Holtz(1988)首先提出并将 PVAR 模型应用于面板数据分析方面，由于 PVAR 几乎可以继承 VAR（向量自回归）模型的全部优点，而且它能够将模型中的所有变量都视为内生变量，进而能够分析所有变量的相互作用与影响机制。

根据现有文献，我们可以将 PVAR 模型的公式写为：

$$Y_{it} = \alpha_0 + \sum_{j=1}^{q} \alpha_j Y_{it-j} + \beta_j + e_{it} \qquad (8-4)$$

在式 8-4 中，Y_{it} 表示模型中的被解释变量，Y_{it-j} 表示模型中的被解释变量的第 j 阶滞后项，e_{it} 表示模型中的随机干扰项。

二、模型的变量与资料来源

为了深入研究亚洲各国跨境资本流动与金融风险的演化，我们将构建实证分析模型。根据 Moghadam 等（2003）的分析，由于这些国家的跨境资本流动和汇率波动、证券化率和经济因素等有关，因此我们选取了八个亚洲国家的相关变量和数据进行实证分析。[①]

在变量选取方面，笔者首先使用主成分分析法构建了这八个国家的金融风险指数。在实践中，主成分分析法经常使用于将多个指标合成转化为几个或者一个综合指标。参考桂预风和李巍（2017），同时根据理论模型和式 8-3，笔者使用各国的汇率波动、银行不良贷款、贷款利率、外债规模占 GDP 的比例等指标，分别构建了亚洲八个国家的金融风险指数。此外，为了使 PVAR 模型的结果更加准确，在模型中增加了经济增速、汇率波动、上市公司总市值占 GDP 比重等控制变量，分别考察以上变量与跨境资本流动占 GDP 比重的相互影响和冲击效应。在世界经济学中，一个国家的上市公司总市值占 GDP 比重也可以称之为证券化率，因此在实证分析中统一将该指标称为证券化率。

为了使得模型中的变量数据更加同一，除了金融风险指数、经济增速和

[①] 这八个亚洲国家分别是：中国、孟加拉国、印度、印尼、马来西亚、巴基斯坦、菲律宾、泰国。它们的相关数据都可以通过各国央行的网站和世界银行数据库查找到。

汇率波动之外，笔者将跨境资本流动和上市公司总市值都分别除以各国的GDP，这样在回归中以上多数数据就可以转化为百分比或者指数的形式。

在资料来源方面，中国跨境资本流动数据由笔者根据世界银行（1985）的方法测算得到，其他七个亚洲国家的数据是从各国央行的网站和世界银行数据库查找得到的；各国的金融风险指数也是由笔者使用各国央行的网站和世界银行数据库，根据主成分分析法测算得到；中国的经济增速、汇率波动和上市公司总市值的数据主要选取于 CEIC 数据库；其他七个亚洲国家的经济增速、汇率波动和上市公司总市值的数据则主要来源于世界银行数据库和国际清算银行数据库。

图 8-2 为 2000—2019 年亚洲各国证券化率（上市公司总市值/GDP）走势。由图 8-2 可知，在 2000—2019 年间，马来西亚的证券化率一直维持在各国的榜首位置，除了 2008 年金融危机之外，其余年份该国的证券化率几乎全部高于 100%；泰国和菲律宾的证券化率也较高；巴基斯坦和孟加拉国的证券化率最低。这些数据在一定程度上反映了上述各国的直接融资和投资环境，它们也可能有利于解释各国跨境资本流动规模的变动情况。

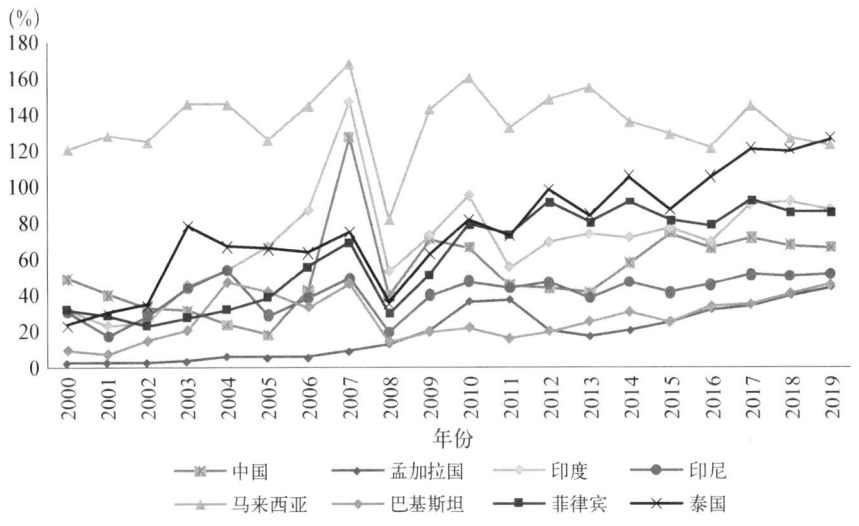

图 8-2 2000—2019 年亚洲各国证券化率（上市公司总市值/GDP）走势

资料来源：世界银行数据库和国际清算银行数据库。

在进行实证检验时，笔者使用变量 $kjzb$ 代表亚洲各国跨境资本流动占GDP 比重，使用变量 $jrfx$ 代表各国的金融风险指数，使用变量 gdp 代表各国的经济增速，使用变量 zqh 代表各国的证券化率（上市公司总市值/GDP），使用变量 hl 代表各国的汇率波动情况。为了进一步优化和平滑图形中的曲线，分别对上述五个变量进行对数化处理，即可以得到 $lnkjzb$、$lnjrfx$、

$lnzqh$、$lnhl$ 与 $lngdp$。为了防止在回归过程中发生伪回归或 t 检验失效等现象，继续对上述变量取一阶差分，则可以得到 d_lnkjzb、d_lnjrfx、d_lnzqh、d_lnhl 与 d_lngdp。

第四节 实证检验过程

在实证检验过程中，假设将跨境资本流动视之为被解释变量，就可以建立以下的数理模型：

$$KF_{it} = \beta_i + l \times KF_{it-1} + Z_i\alpha + \varepsilon_{it} \quad (8-5)$$

在式 8-5 中，由于使用的是面板数据模型，t 衡量的是不同的时期，i 衡量的是亚洲不同国家 1，…8，被解释变量 KF_{it} 代表的是亚洲各国跨境资本流动规模与 GDP 的比重，l 代表的是被解释变量 KF_{it} 滞后阶数的系数，α 代表的是模型中的相关系数，ε_{it} 则代表的是模型中的误差项。

在建立了以上数理模型以后，接下来继续应用固定效应模型与 PVAR 模型对亚洲各国跨境资本流动及相关因素进行实证检验。

一、数据平稳性检验

在实证分析中，为了防止因为数据不平稳而引发的时间序列出现的伪回归或 t 检验失效等现象，通常会在实证分析前对数据的平稳性做一次检验。参考现有文献的分析，经常使用的数据平稳性检验方法包括 DF 检验、ADF（单位根）检验与 PP 检验等。我们对选取的变量使用 ADF 检验方法来检验其平稳性，最终得到表 8-1 所示结果：

表 8-1 ADF 检验的结果(5%)

变量	临界值(5%)	ADF 值	P 值	变量的状态
$lnkjzb$	−2.039 621	−3.548 729	0.315 7	非平稳
$lngdp$	−3.876 413	−4.390 765	0.470 8	非平稳
$lnhl$	−5.279 306	−3.829 625	0.039 7	平稳
$lnyhxd$	−3.096 428	−1.756 417	0.041 8	平稳
$lntzhj$	−2.658 741	−4.182 754	0.236 1	非平稳
d_lnkjzb	−5.349 108	−2.637 163	0.002 4	平稳

续表

变量	临界值(5%)	ADF值	P值	变量的状态
d_lngdp	−4.086 719	−2.241 265	0.017 8	平稳
d_lnhl	−3.879 124	−1.830 915	0.018 6	平稳
d_lnyhxd	−4.028 517	−2.249 108	0.004 1	平稳
d_lntzhj	−4.279 328	−2.079 129	0.021 4	平稳

从表8-1可知，$lnkjzb$、$lngdp$与$lnzqh$这三个变量在5%的显著水平下的P值均大于0.1，这表明它们都接受了数据是不平稳的原假设。在对以上变量进行差分之后，d_lnkjzb、d_lngdp与d_lnzqh等变量的P值均小于0.1，这表明它们都拒绝了数据是不平稳的原假设，即以上变量的数据都是稳定的。

二、变量的滞后阶数分析

在对模型进行实证分析之前，还需要分析变量的滞后阶数。一般来说，在确定最优的滞后阶数时，要求该滞后阶数不但可以防止出现伪回归或t检验失效等现象，还应当较为精确地刻画模型中各变量的动态特点。基于以上原因，笔者选取了五种分析方法(包括LR、AIC、SC等，如表8-2所示)，通过这五种分析方法来确定最优的滞后阶数。在表8-2中，带星号的数值就表示该滞后阶数为最优的。在对以上分析方法得到的结果进行对比分析之后，笔者认为应当选取2阶作为变量的最优滞后阶数。

表8-2 变量的滞后阶数分析

滞后阶数	LR	SC	AIC	HQ	FPE
0	11.276 541	0.189 327	0.059 643	0.129 784	0.058 721
1	43.089 726*	−4.972 843	−3.987 651	−2.849 128	0.087 434
2	12.079 318	−7.294 886*	−8.549 127*	−9.578 364*	0.278 941*
3	8.930 947	−6.089 721	−6.079 641	−6.089 432	0.019 826
4	23.872 495	−2.931 872	−5.789 045	−3.879 106	0.097 643

三、固定效应(fixed effects)模型检验过程

当选定了变量的最优滞后阶数以后，接下来我们就能够采用固定效应、

随机效应或者混合回归(pooled regression)模型来进行实证分析。在实证检验过程中,我们先运用 Wald 检验来确定混合回归模型是否合适,Wald 检验的 P 值小于 0.05,它表明该检验在 5% 的显著水平下不能接受可以使用混合回归模型的原假设。然后,我们运用 hausman 检验来判断究竟是固定效应模型还是随机效应模型更加合理。hausman 检验的使用方法为:假如检验得到的 P 值小于 0.05,它表明该检验在 5% 的显著水平下拒绝了原假设,此时就应当使用固定效应模型;反之,假如检验得到的 P 值大于 0.05,它表明该检验在 5% 的显著水平下接受了原假设,此时就应当使用随机效应模型。我们运用 hausman 检验得到的 P 值为 0.035,它在 5% 的显著水平下拒绝了原假设,所以应该运用固定效应模型。最终得到的回归结果如表 8-3 所示。

表 8-3 运用固定效应模型对 $lnkjzb$ 回归的实证检验结果

变 量	系 数	标准差	t 统计量	P 值
$lngdp$	−0.276 418	0.053 941	−0.412 893	0.269 3
$lnhl$	0.182 791	0.432 674	0.541 841	0.431 8
$lnjrfx$	0.091 765	0.018 710	5.279 418	0.014 6
$lnzqh$	0.019 208	0.027 943	4.098 232	0.002 4
C	−0.179 246	0.189 523	−2.019 746	0.130 8
修正的 R^2	0.969 432	F 统计量		113.541 8
Akaike 信息准则	−0.876 315	Durbin - Watson 统计量		2.026 849

表 8-3 是运用固定效应模型对 $lnkjzb$ 回归的实证检验结果。由表 8-3 可知,回归之后变量 $lnjrfx$ 的 P 值是 0.002 3,表明该变量在 5% 的显著水平下拒绝了跨境资本流动与金融风险指数之间关系不显著的原假设。由于变量 $lnjrfx$ 前面的系数为 0.091 765,表明二者之间具备明显的正相关的关系。从表 8-3 中还可以得知,由于变量 $lnzqh$ 的系数为 0.019 208,它的 P 值是 0.002 4,该变量也在 5% 的显著水平下拒绝了跨境资本流动与证券化率之间关系不显著的原假设,这表明二者之间具备一定的正相关的关系;同样,由于变量 $lngdp$ 和 $lnhl$ 的 P 值分别是 0.269 3 和 0.431 8,这两个变量都在 5% 的显著水平下接受了它们与跨境资本流动之间关系不显著的原假设,这反映了它们与跨境资本流动之间不具有显著的相关关系。与此同时,由于修正的 R^2 的数值为 0.969 432,F 统计量的数值为 113.541 8,这两个指标的数值均很大,而 Durbin - Watson 统计量的数值为 2.026 849,这表明该模型没有一阶自相关存在,在一定程度上反映了该模型的结论是较为稳健的。

四、PVAR 的脉冲响应图

在构建好 PVAR 模型后,我们就可以使用计量软件描绘出脉冲响应图,该图形可以在一定程度上反映各变量的动态效应。为了使 PVAR 模型的结果更加准确,笔者在模型中增加了经济增速、汇率波动、证券化率等控制变量,分别考察以上变量与跨境资本流动占 GDP 比重的相互影响和冲击效应。笔者首先检验跨境资本流动对金融风险指数、经济增速、汇率波动、证券化率的冲击效应,最终得到了图 8-3 所示的脉冲响应图。

(a) $lnkjzb$ 对 $lnjrfx$ 的冲击效应

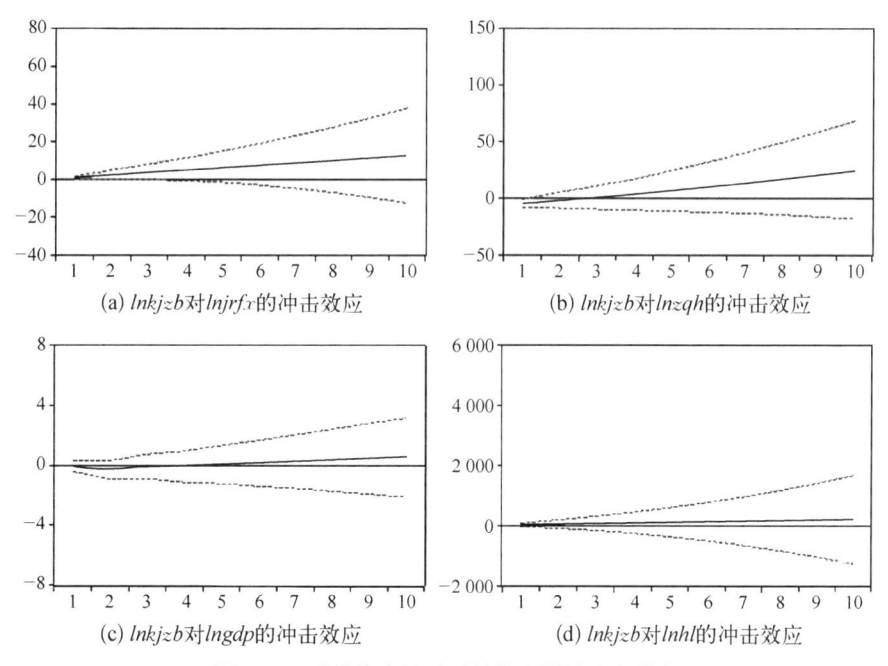

(b) $lnkjzb$ 对 $lnzqh$ 的冲击效应

(c) $lnkjzb$ 对 $lngdp$ 的冲击效应

(d) $lnkjzb$ 对 $lnhl$ 的冲击效应

图 8-3　跨境资本流动对其他变量的冲击效应

图 8-3 为跨境资本流动对其他变量的冲击效应。其中,图 8-3(a)为跨境资本流动对金融风险指数的冲击效应,图中纵轴代表的是经过冲击之后金融风险指数的变动情况,横轴代表的是冲击效应的滞后期的长度。由图 8-3(a)可知,在跨境资本流动遭遇一个正标准差单位的冲击之后,金融风险指数在前 1 期维持在 0 值附近,自第 1 期之后出现了较快上升,第 10 期达到了 15 左右,这表明跨境资本流动对金融风险指数的冲击效应十分显著,而且二者之间呈现了正相关的关系。

图 8-3(b)为跨境资本流动对证券化率的冲击效应,图中纵轴代表的是经过冲击之后证券化率的变动情况,横轴代表的是冲击效应的滞后期的长度。由图 8-3(b)可知,在跨境资本流动遭遇一个正标准差单位的冲击之

后,各国的证券化率在前2期从负数上升至0值附近,自第2期起出现了较快上升,至第10期达到了36左右,这表明二者在长期也呈现出正相关的关系。

图8-3(c)为跨境资本流动对经济增速的冲击效应,图中纵轴代表的是经过冲击之后经济增速的变动情况,横轴代表的是冲击效应的滞后期的长度。由图8-3(c)可知,在跨境资本流动遭遇一个正标准差单位的冲击之后,各国经济增速的波动幅度较小。从图中可以看到,从第1.5期起经济增速围绕0值左右上下波动,这表明二者之间的关系并不显著。

图8-3(d)为跨境资本流动对汇率波动的冲击效应,图中纵轴代表的是经过冲击之后汇率波动的变动情况,横轴代表的是冲击效应的滞后期的长度。由图8-3(d)可知,在跨境资本流动遭遇一个正标准差单位的冲击之后,各国汇率波动的变化幅度也较小。从图中可以看到,从第1期起尽管汇率波动的数值在增加,但是增加的幅度并不明显,这表明二者之间的关系也不显著。

在检验完跨境资本流动对其他变量的冲击效应之后,我们接下来又检验了其他变量对跨境资本流动的冲击效应。

图8-4是其他变量对跨境资本流动的冲击效应。其中,图8-4(a)为金

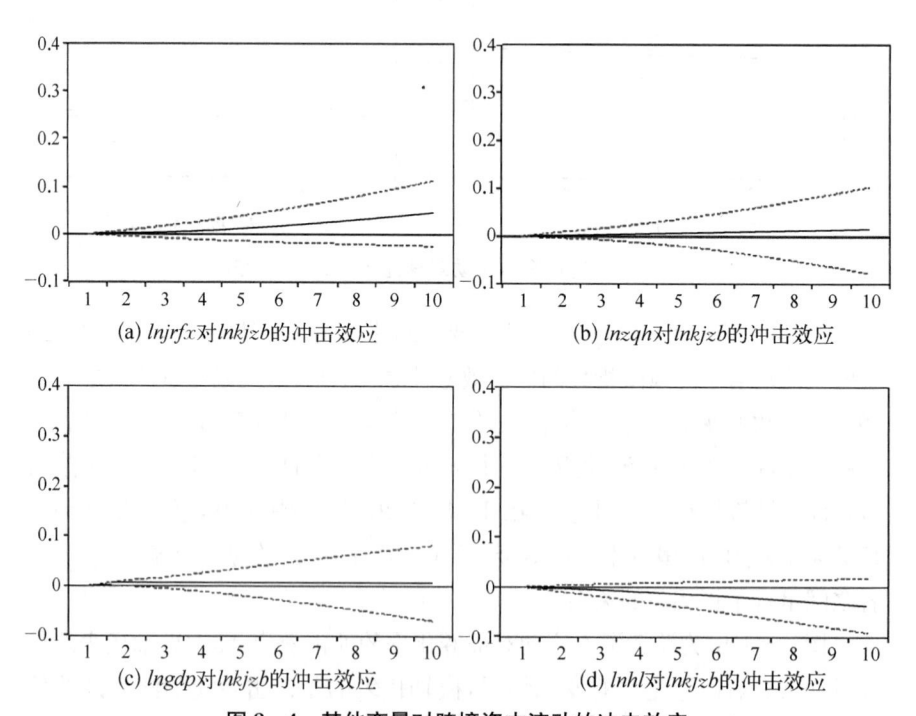

(a) $lnjrfx$对$lnkjzb$的冲击效应

(b) $lnzqh$对$lnkjzb$的冲击效应

(c) $lngdp$对$lnkjzb$的冲击效应

(d) $lnhl$对$lnkjzb$的冲击效应

图8-4 其他变量对跨境资本流动的冲击效应

融风险指数对跨境资本流动的冲击效应,图中纵轴代表的是经过冲击之后跨境资本流动的变动情况,横轴代表的是冲击效应的滞后期的长度。由图8-4(a)可知,在金融风险指数遭遇一个正标准差单位的冲击之后,跨境资本流动在前3期维持在0值附近,自第4期起出现了较快上升,至第10期达到了0.6左右,这表明金融风险指数对跨境资本流动的冲击效应十分显著,而且二者之间呈现了正相关的关系。

图8-4(b)为证券化率对跨境资本流动的冲击效应,图中纵轴代表的是经过冲击之后跨境资本流动的变动情况,横轴代表的是冲击效应的滞后期的长度。由图8-4(b)可知,在证券化率遭遇一个正标准差单位的冲击之后,跨境资本流动的变化幅度很小,并且一直维持在0值附近,这表明二者之间的关系并不显著。

图8-4(c)为各国经济增速对跨境资本流动的冲击效应,图中纵轴代表的是经过冲击之后跨境资本流动的变动情况,横轴代表的是冲击效应的滞后期的长度。由图8-4(c)可知,在经济增速遭遇一个正标准差单位的冲击之后,跨境资本流动从第2期起该数值有所增加。

图8-4(d)为汇率波动对跨境资本流动的冲击效应,图中纵轴代表的是经过冲击之后跨境资本流动的变动情况,横轴代表的是冲击效应的滞后期的长度。由图8-4(d)可知,在汇率波动遭遇一个正标准差单位的冲击之后,跨境资本流动在前2期维持在0值附近,自第3期起出现了较快下跌,至第10期达到了-0.46左右,这表明汇率波动对跨境资本流动的冲击效应较为显著,而且二者之间呈现了负相关的关系。

第五节 结论及现实意义

本章探讨了亚洲各国跨境资本流动与金融风险之间的关系,并且应用固定效应模型与PVAR模型对亚洲各国跨境资本流动与金融风险的关系进行了实证分析。

在实证检验过程中,我们先运用Wald检验来确定混合回归模型是否合适,Wald检验的P值小于0.05,它表明该检验在5%的显著水平下不能接受可以使用混合回归模型的原假设。然后,我们运用hausman检验来判断究竟是固定效应模型还是随机效应模型更加合理。由于hausman检验得到的P值为0.035,它在5%的显著水平下拒绝了原假设,所以应该运用固定效应模型。固定效应模型的回归结果表明,跨境资本流动与金融风险指数之间具备明显的正相关的关系,跨境资本流动与证券化率之间也具备明显的正相关的关系。

PVAR 模型的回归结果表明,跨境资本流动与金融风险指数之间具备明显的正向相关的关系,即跨境资本流动可能导致系统性金融风险的放大效应;跨境资本流动与证券化率之间也具备明显的正向相关的关系,汇率波动对跨境资本流动的负向冲击效应也非常明显。

通过比较上述两个模型,笔者发现它们的结论大致是相同的,即跨境资本流动与金融风险指数和证券化率之间都呈现明显的正相关的关系,汇率波动对跨境资本流动的负向冲击效应也非常明显。

本章通过实证分析探讨了亚洲各国跨境资本流动与金融风险的演化,并且解释了模型结论的含义。鉴于亚洲包含很多个新兴经济体,笔者基于经济发展水平、人口规模等指标筛选出了 8 个十分具备代表意义的国家,并使用这些国家的数据进行实证研究。近年来,世界银行、国际货币基金组织和麦肯锡全球研究院等机构对亚洲各国跨境资本流动等相关问题十分关注,笔者也希望实证模型的结果能够为解决和回答相关问题提供一定的支持。上述模型结论的现实意义主要包含以下几点:

(1) 模型的实证结果表明,金融风险指数和证券化率都对亚洲跨境资本流动的规模上升起到推动作用。由于金融风险指数和证券化率可以在一定程度上反映亚洲各国的金融不稳定程度和投资环境,这意味着近年来亚洲各国的金融不稳定程度和投资环境对亚洲跨境资本流动的规模上升起到了有效助推作用。从实践上看,1997 年亚洲金融危机和 2008 年全球金融危机对亚洲各国普遍形成了较大影响,诸如泰国和马来西亚等国家的金融危机成为跨境资本流动的重要推手。由于合意的监管政策能够在防范与化解一些金融风险时发挥十分关键的作用,亚洲各国政府应当健全金融监管政策,积极发挥宏观审慎监管的作用,并且仍要对资本账户的开放维持一定的谨慎,这样才可以有效防止各国跨境资本流动规模的过快上升。

(2) 模型的实证结果表明,跨境资本流动对亚洲各国的金融风险指数也起到了显著的正向冲击效应。由跨境资本流动与金融风险演化的传导机制可知,跨境资本流动规模的大幅度增加还会导致该国的流动性下降、利率上升,在该国可能引发非金融企业去杠杆、房地产价格加速调整等风险,甚至导致银行业出现危机;在国际金融市场上,由于交叉传染风险的出现,该国的跨境资本流动规模的大幅度增加会影响其他国家的居民对于金融稳定的信心,并且引发这些国家金融市场的波动幅度加大,从而导致系统性金融风险放大效应的出现。因此,模型结论与实践也非常吻合。

(3)固定效应模型的回归结果表明,经济增速可能对亚洲各国跨境资本流动具有一定的抑制作用。基于以上结论,亚洲各国保持一定的经济增速、维持经济的高质量增长,对于防止各国跨境资本流动规模的过快上升也可以起到一定的积极作用。由于跨境资本流动主要出现在新兴经济体或者经济较为落后的区域,假如这些国家或区域可以维持国内经济长期稳健发展,同时这些国家的居民生活水平能够不断缩小与经济繁荣的国家或区域的差距,那么就可以在一定程度上降低跨境资本流动的规模(Kim,1993)。

(4)从历史上看,在1997—1998年亚洲金融危机之后,全球银行监督委员会和巴塞尔协会为各国的银行和监管者提供了一些经验教训。随后银行业审慎监管和银行信用风险管理的实施帮助大多数新兴经济体提高了降低金融风险的能力,主要解决问题的内容包括贷款标准差、资本基础薄弱、银行治理效率低下、风险管理体系不健全、竞争和破产安排无效等。亚洲地区的这种降低金融风险的过程是渐进的,相比中欧和东欧地区来说速度慢一些。从实践上看,加强各国银行资本充足率的监管、使用大数据技术对信用风险进行更有效的评估,对于各国降低系统性金融风险、提高资本回报率都是非常有效的,这和本章实证模型的结果是吻合的。

根据本章的实证模型,结合亚洲跨境资本流动的实际情况,笔者针对亚洲各国跨境资本流动的金融风险提出一些防范措施和监管建议,具体内容如下所示:

(1)通过监管措施解决国际间银行跨境资本流动的问题,以实现银行跨境资本来源的多元化,并促进从国外融资转向本币信贷增长融资。如果这些措施能够化解跨境融资外币贷款相关的风险,那么这些措施就是合理的。当前外资银行未能充分化解以上风险,这也是跨境资本流动冲击下外资银行给这些国家带来的金融风险的一部分。

(2)降低金融机构资产负债不匹配的风险。金融机构资产负债不匹配的风险,是系统性金融风险的重要表现形式之一。目前一些国家正在考虑对金融机构的资产负债表进行细分,笔者建议放宽对货币错配和期限的严格限制,并采取相应的降低金融机构资产负债不匹配风险的措施。对货币错配和期限采取严格限制在很多情况下是不必要的,因为它们往往持有大量超额准备金和海外存款。尽管它们能够在公司总部获得充分的流动资金,但这可能导致本国银行严重依赖于外国的信贷资金,并且可能在无意中造成金融脆弱性。如果对货币错配和期限放宽限制,这可以缓解本国银行资产负债不匹配的风险,也能够使外资银行更加灵活地补充和使用当地的资金。与此同时,允许本国银行将一定比例的非常稳定的存款和储蓄视为"核心存款",由此银行可以获得中长期贷款的资金来源,这些资金可能比国外资金的成本更便宜。

(3)降低亚洲各国跨境资本流动的金融风险,需要外资银行和本地银行之间进行密切合作。国际监管机构已经认识到外资银行与外国机构相关的监管挑战,早在1975年,巴塞尔银行监管委员会首次出台了一系列原则和标准,对跨境银行业务进行有效的审慎监管,通常被称为"巴塞尔协议Ⅰ"。到目前为止,巴塞尔银行监管委员会已经对这些原则进行了多次更新和阐述,现在这些监管内容已经更新为"巴塞尔协议Ⅲ"。这些原则的关键目标之一是确保国际上的跨境资本流动不会逃避有效的监督,并且必要时可以采取协调一致的补救行动。尽管如此,在若干问题上,国际上关于最佳方法的协商一致尚未实现,目前并没有建立一个关于跨境资本流动协调干预以应对银行危机的国际监管框架,而且监管实施工作也很非常复杂。发生这种情况的根本问题在于,国际范围的银行监管机构与危机管理的国家范围不匹配。该问题的特殊性表现为,大型全球银行所在国的宏观经济和金融稳定与银行安全和健康的微观经济问题之间的冲突。举例来说,大型全球银行所在国可能担心国内资产价格的繁荣与萧条周期,或者由于信贷快速增长导致的更广泛的需求和外部平衡压力,并且可能难以用现有的政策工具解决这些问题。本地国当局也可能不确定外资银行如何在当地市场管理风险,尤其是在该国处于金融自由化的初始阶段,而这些外资银行非常具有竞争力时,经常会发生这种情况。换句话说,承担大部分金融不稳定风险的本地国当局可能并没有处于最佳状态。在通常情况下,这些问题由于许多国家发生的制度性困难而变得复杂,因为各国中央银行主要负责金融稳定和宏观经济政策,而金融监管机构则关注金融机构的安全和稳健,两者之间的沟通可能存在一定的制度性障碍和协作的困难。此外,一个更困难的挑战是各国之间建立有效机制来监督在不同区域的大型国际和区域银行的运作。基于以上原因,马来西亚等国家要求将降低系统性金融风险的措施纳入风险控制系统,这样做有以下优点:第一,它可以为当地银行的资产负债表提供更高的确定性,能够在遇到困难或失败时更高效地解决问题。第二,当地银行能够实施最低资本要求和风险限额,并且实现当地银行与银行总部之间的风险分离,从而减少系统性金融风险传染的危害。此外,由于金融资产从当地银行被转移到银行总部,这使得它在法律上和实施时变得更加困难。第三,当地银行为银行总部的公司治理奠定了良好的基础,其中包括公司董事会要为当地银行的利益负责。

此外,从长远角度解决该问题最重要的是关于各国跨境资本流动的解决方案和相关细节问题,例如:如果在当地重要的外资子公司或分支机构会发生什么情况？在关键问题和责任方面，本地国的中央银行和监管当局能否在处理跨境资本流动问题时拥有足够的清晰度和透明性？关于这些问题，学界仍然存在一些争论，但普遍认为，最重要的一点在于，让所有来自银行总部和本地国的主要利益相关者参与其中。与此同时，金融危机解决安排带来的激励效应发挥了关键作用。在严重问题爆发时期，各国管理层经常使用金融机构来缓解金融危机对于储户、借款人或投资者的影响，这导致管理层对银行机构有不同的激励效应。在本地国，管理层所担心的不仅是想方设法缓解陷入困境的银行机构的即时流动性和偿付能力问题，而且还要维持整个国家的贷款和资本流入。从金融一体化的角度来看，这些激励问题已经在中国香港、新加坡和其他亚洲国家和地区得到了较为清晰的认识。

（4）积极实施适当的宏观审慎政策，对金融体系的跨市场风险传播与顺周期波动进行逆周期和宏观的调整。短期来看，大规模的跨境资本流动可能影响宏观经济和金融。从历史视角看，亚洲的一些新兴经济体多次出现了跨境资本的大规模流动，并且导致了系统性金融风险隐患的放大效应。当跨境资本出现大规模流入时，这些新兴经济体的货币政策操作空间受到压缩，资产价格也被推高，这在一定程度上削弱了这些国家推动结构转型与经济改革的动力。当跨境资本出现大规模流出时，可能导致这些国家的货币出现贬值、金融市场出现剧烈动荡，金融体系的脆弱性不断增加，系统性金融风险隐患放大。具体来看，以泰国和印度为代表的东南亚国家，没有足够的储蓄，必须向国际社会借贷，具体表现为这些国家多年出现了经常账户赤字，而且这些国家生产的产品无法满足人们的投资和需求。这些国家借贷过多，主要借款是美元和日元，由于外汇汇率容易波动，一旦债权国发生经济或货币波动，那么跨境资本流动会对债务国的经济情况产生严重影响。

在全球金融危机爆发之后，国际社会的重要共识之一就是充分认识到了宏观审慎政策与宏观经济合作的重要性。亚洲的一些新兴经济体调整货币政策时应当充分考虑其对其他国家经济的溢出效应，共同维护好亚洲地区的金融稳定。国际货币基金组织总裁拉加德在2016年指出："当前全球一体化的加深，通过金融、贸易或者信心的影响，增加了各国经济政策外溢效应的可能性。伴随着全球一体化继续向前推进，各国之间的有效合作对于国际货币体系的运作非常重要，这需要所有国家采取集体行动。"因此，亚洲的一些新兴经济体应当积极优化经济和进出口结构、推动经济结构改革，尽快实现经济的可持续增长。各国管理层应当积极实施适当的宏观审慎政策，对于金融体系的跨市场风险传播与顺周期波动进行逆周期和宏观的调整，以此来化解金融风险。

第九章 跨境资本流动的国际经验与借鉴

第一节 全球跨境资本流动的情况

前面几章重点介绍了中国跨境资本流动测算与金融风险的演化的情况。究竟中国跨境资本流动在全球范围内居于什么水平,其他国家有没有值得中国借鉴的经验?这需要我们对全球跨境资本流动的情况进行深入研究。根据全球金融诚信组织的数据统计,2015年全球跨境资本流动的规模已经突破了1万亿美元,每年有8 000多亿美元的贸易资金流出新兴经济体。研究表明,新兴经济体的税收占GDP的比例明显低于富裕国家,贫穷国家收入增加的一个途径是缩小所谓的"政策差距",即制定法律法规,建立新的税收活动类别,使税收制度更加高效和公平。收入增加的第二个途径是缩小"合规差距"。为此,各国政府努力提高各部门的技术能力和效率,确保欠款人缴纳适当的税款。对新兴经济体来说,非法贸易活动有关的税收可以分配给各种扶贫工作,考虑到贸易额,收入可能在数千亿美元。削减这些非法流动的部分资金,将对政府解决最弱势群体的需求的能力产生催化作用。因此,应对非法贸易资金流动应该是所有新兴经济体政府的首要重点。

过去30年来,全球金融一体化给发达和新兴市场经济体的决策者带来了重大机遇和挑战。然而,自20世纪90年代以来,全球金融一体化趋势导致包括墨西哥、俄罗斯和亚洲在内的新兴市场经历了几次金融危机。截至目前,距离我们最近的一次全球金融危机(GFC)起源于美国,它是由次级抵押贷款市场问题以及全球相关证券化和投资活动所引发的。在全球金融危机之后,西方发达国家紧接着推出了量化宽松的货币政策。后来这些量化宽松的货币政策逐渐退出,给新兴市场带来了更多的挑战和不稳定性。在非常规货币政策的背景下,全球利率和资产价格日益相关,这导致全球金融体系面临的挑战更加严峻(Mohanty,2014)。

在全球金融危机之后,自2010年开始,很多以出口为主导的国家选择了汇率贬值作为提高竞争力的途径,随后引发了激烈的辩论,被称为"货币战争"。此时,欧元区经济较为不发达的地区经历了严重的债务危机,引发人们对欧元区可持续性和稳定性的担忧。与此同时,美联储的扩张性政策与欧元区通货紧缩趋势之间的不平衡日益加剧,以及欧元区金融市场动荡不断加剧,导致了欧元兑美元汇率波动加大,并且在2014—2015年第一季度欧元出现了大幅贬值。

事实上,汇率的大幅波动对于外向型经济可持续发展和外部失衡国家的政策来说都是非常重要的问题。因为汇率的大幅波动可能通过很多宏观渠道来对金融稳定产生重大影响,例如可能对一国的资产负债表产生破坏效应。与此同时,20世纪80年代的智利和20世纪90年代的墨西哥发生的严重的债务危机和跨境资本流动与货币替代和汇率上的货币错配有关(BIS,2013)。由于短期跨境资本流动更容易出现突然的逆转,因此汇率波动对跨境资本流动的构成更为重要。在全球金融体系中,西方发达国家的中央银行提出的非常规货币政策导致大量资金流入新兴经济体,并鼓励套利交易活动。近年来新兴市场资本外流的浪潮主要以投资组合形式(包括股票和债务流动)形式出现,因为不确定的国际经济前景也影响了跨境资本流向新兴市场经济体(Ahmed & Zlate,2014)。

当前,关于汇率调整在后全球金融危机时代的重要性的争论还没有结束。有学者认为,西方发达国家的货币政策主要是通过跨境资本流动、信贷增长和金融杠杆影响其他国家的货币政策,这导致新兴经济体的汇率制度类型显得无关紧要。因此,无论汇率制度如何,所有新兴经济体都会对"全球金融周期"较为敏感。因此,货币政策独立性、固定汇率制度和资本自由流动的"三元悖论"有可能转变成货币政策独立性和资本自由流动的"二元矛盾"(Rey,2015)。但是,也有学者认为,关于汇率调整的作用可能被夸大了。主要的原因在于,估值效应是一国外部资产和负债总额的资本收益和损失,是各国净外国资产头寸的越来越重要的部分,而汇率调整只是估值效应的一部分内容(Gourinchas,2015)。对于新兴经济体来说,目前并不存在关于汇率调整的简单的解决方案,也不存在相应的货币政策的压力。虽然跨境资本流动管制可能减轻汇率调整的风险,但这种风险缓解的有效性取决于金融机构的效益和运行情况。从这个视角看,OECD国家面临的风险可能高于新兴经济体。此外,汇率调整和金融开放等宏观政策有可能直接影响新兴经济体的敏感性(Aizenman et al.,2016)。根据美林证券(2012)统计数据,2014至2015年间发展中国家跨境资本流动的规模大约是2008—2009年美国次贷危机爆发时的两倍左右，这可能与发展中国家的经济增速下滑、美元指数走强等因素有关。对于发达经济国家来说，居民的平均收入水平较高，而且国内往往具有长期的政治稳定，国内的货币政策和财政政策应当力图维护社会凝聚力和经济增长。这些国家中主要的跨境资本流动表现为违反现行法律的行为（例如逃税）。

在研究跨境资本流动时，根据新兴经济体面临的冲击及其表现不同，有的学者又将其细分为正常的新兴经济体和脆弱的新兴经济体。其中正常的新兴经济体指的是内部政治和经济安排能够维持稳定的新兴经济体。这些国家解决内部政治的方法可以是多种多样的，但也不同于先进国家，因为它们的扩大再生产通常需要重新分配安排和生产组织方面的非正式安排。这些安排能够使它们在不降低人民生活水平的前提下，以不同的速度实现国内经济的发展。具体而言，中国以及南亚、东南亚和拉丁美洲的大多数国家是正常的新兴经济体。相比之下，脆弱的新兴经济体则是像阿富汗、刚果民主共和国或索马里这样的国家，以及北非和撒哈拉以南非洲的一些其他新兴经济体。在这些国家中，社会上可持续的政治安排尚不存在，而且政治派别会发生暴力冲突。在拉丁美洲和加勒比地区以及中亚地区，有些国家的政治解决方案极易受到破坏。这些国家的跨境资本流动可能引发暴力冲突，并且成为金融脆弱性的核心问题（Khan，2014）。

同时，正常的新兴经济体居民的平均收入较低，在没有暴力冲突的情况下内部政治和经济安排能够维持稳定。在不能提高国内盈利能力的情况下，有些资本流动是有问题的，但并不一定是非法的。脆弱的新兴经济体缺乏政治解决方案，并且可能存在暴力冲突，这些破坏了维持基本社会政治秩序的长期条件。这些国家应当首先构建可行的政治解决方案，使社会走上可持续的经济发展道路。

从国际经验看，许多国家都实行了逐步开放资本账户的政策，并且在此过程中，这些国家根据自己国内跨境资本流动的特点实行了相应的监管措施，这有助于降低跨境资本流动风险导致的系统性金融风险的放大效应。下文将分别分析美国、欧洲国家、亚洲国家和其他新兴经济体的跨境资本流动与金融风险演化情况。

第二节 美国跨境资本流动情况

由于跨境资本流动主要在一些新兴经济体发生，为了规避管理层的监管，一些经济不发达的国家或地区出现了大量的资本外流，流动至监管相对宽松的国家或地区(Kim,1993)；为了防范政治不稳定的风险，人们往往将物质资料从经济不发达的国家或地区转移到经济发达的国家或地区，从而引发了大量的跨境资本流动(Tornell,1992)。基于以上学者的观点，我们难以从美联储等官方渠道查找到关于美国跨境资本流动，尤其是资本净流出的相关数据或证据。在现实中，由于近年来国内经济的回暖和"逆全球化"政策的实施，美国甚至还出现了跨境资本净流入规模上升的现象。

由图9-1可知，除了2007年6月至2009年6月美国发生次贷危机的时间段，在其余时间段中，美国基本处于跨境资本净流入规模大于0的状态之中。根据美国财政部的统计数据，由于近年来国内经济的回暖和"逆全球化"政策的实施，美国的跨境资本净流入规模呈现了上升的态势。

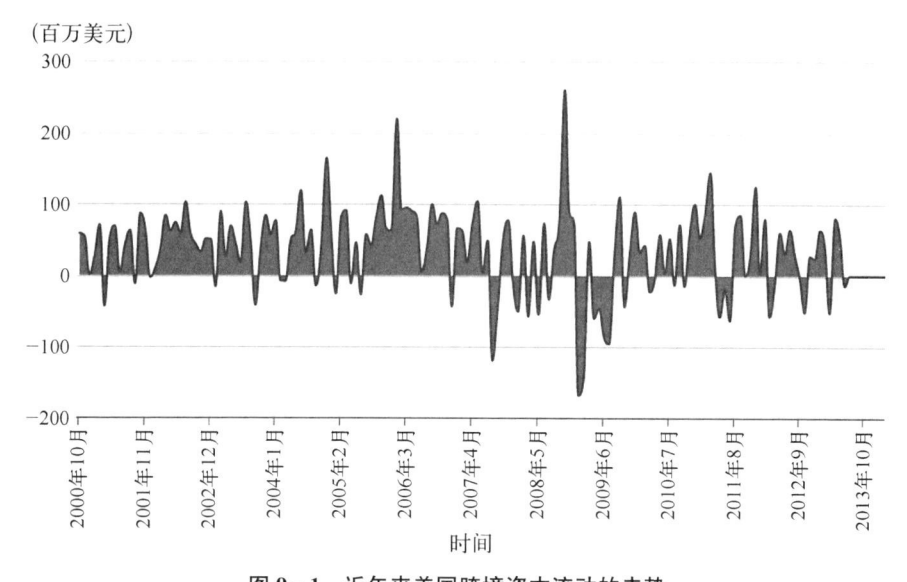

图9-1 近年来美国跨境资本流动的走势

资料来源：作者根据前瞻网(http://www.qianzhan.com/)整理。

在美国，避税和逃税经常会引发社会上的一些争议。有些跨境资本流动情况的动机就是为了避税和逃税，这些资本外流是美国跨境资本流动的重要组成部分。

除了以上情况之外，有些学者认为，美国应当为一些新兴经济体的跨境资本流动负责。1984年，美国终止与荷属安的列斯群岛的税收协定，原因是这个条约已经成为一个"与世界的条约"：每个美国的跨国公司都可以在安的列斯群岛成立一个金融子公司，用它从投资者那里借钱，并且确保对条约第11条下的利息支付不征收预扣税。美国担心，如果居民都可以使用安的列斯群岛条约,那么任何国家都不会有兴趣与它谈判税收协定。然而,该条约的终止也引起了人们的担忧:如果利息需要缴纳30%的预扣税,那么美国政府和美国公司该如何继续向海外投资者借钱呢?一个答案是,来自条约国家的投资者已经从较低的利率中受益。但是,如果较低的利率取决于一项条约,则投资者可能需要交换信息条款,这就意味着他们必须向其居住国申报美国的利息收入。该问题的解决办法是采用组合利息豁免。根据这个豁免,美国人(美国财政部和美国公司,以及美国银行和其他金融机构)可以在不具有付款人股票的百分之一时,进行单方面豁免预扣税。这使得美国人在不损害贷款人逃税的情况下,在借款时无须缴纳预扣税,因此,没有信息需要付款人收集,也没有信息可以与居住国交换。

在税收协定终止之后,结果令人吃惊,仅仅美国从拉美就投资了超过3 000亿美元,这个数字超过了整个20世纪80年代拉美国家所得到的官方援助。正如当时美国财政局部长助理查尔斯·麦克勒(Charles McLure)所承认的那样,当时美国财政部并没有预料到这一点,而且该结果对新兴经济体造成了巨大的损害。此外,税收协定终止确保了自1984年以后,没有一个发达国家能够收取预扣税和向非本国居民支付的利息税,因为如果它试图这样做,那么资金将转移到美国。美国和其他OECD国家从源头上进行免税,并且通常不在居住国进行免税,这就导致了很多国家的投资组合的大量流入,以及数万亿美元的跨境资本流入。

与此同时,从一开始美国就担心美国居民可以利用组合利息豁免将资金转移出美国,然后通过税收保密权再投资美国债券。于是,美国采取了几个步骤来打击美国的潜在逃税行为:严格限制未登记的"不记名债券",要求美国公司在欧洲发行的债券有一个协议,证明它们不打算出售给美国公民。此外,组合利息豁免本身也包含一项规定,允许财政部暂停向不参与信息交换的美国居民申请购买债券。这些步骤证明了美国政府的担心是合理的。"不记名债券"在欧洲债券市场上生存了下来,因为仅仅靠协议是不够的,它不适用于债券的二级销售。此外,信息交换的限制也不适用于组合利息的执行。

为了加强对税收的监管,美国在21世纪初采取了"合格中介"(QI)计划。根据QI计划,银行可通过签署协议来验证客户身份,从而有资格成为QI,然后他们会把这些信息传递给美国的税收扣缴义务人,但是只能以合计的形式,而不会透露所有受益人的实际身份。后来瑞士银行爆料称,QI计划也不足以防止美国公民逃税。瑞士银行派销售代表前往美国富裕聚集的地点,劝说他们在开曼群岛等避税天堂成立公司。然后,避税公司将资金存入瑞士银行,后者又将其投资于美国。瑞士银行声称,只要账户是以避税天堂的名义存在,即使它知道这些公司是美国公民拥有的,他们签署的 QI 协议也不需要透露任何信息。以上分析所表达的是,美国试图帮助在美国投资的外国居民逃税,由于信息收集不扣税,这些条款设计的初衷是为了吸引真正的外国人,但是美国使得本国公民假装他们是外国人,并从同样的条款中受益。

不仅美国如此,欧洲也发生过同样的事情。2000 年以后,德国担心德国居民将资金存入卢森堡的银行,再投资到德国,于是他们试图征收预扣税,但是这将导致跨境资本流入瑞士。在这种情况下,德国人转向欧盟,并设法使其在 2003 年通过"储蓄法令"。根据"储蓄法令",所有欧盟成员国都必须向其他成员国的居民分享信息或征收预扣税。然而,"储蓄法令"并不适用于非欧盟居民(如美国居民)的投资,因此欧盟居民也可以通过假装非居民来逃税。

事实上,要想解决这个问题很简单,即资金不能留在避税天堂,因为它们没有提供足够的投资机会,而应当投资于 OECD 国家。如果所有的 OECD 成员国都开展合作,那么就应当对所有对外国人的付款实行信息通告或进行预扣税,而不是欧盟帮助欧洲人、美国帮助美国人逃税。这样,美国居民不可能冒充欧洲人逃税,欧洲人也不可能冒充美国居民逃税,每个人都会变得更好,而且都会将收入申报到居住国或者扣缴。

正如在美国历史上,很多跨境资本流向迈阿密一样,目前很多美国的大量资本来自新兴经济体的富裕阶层。如果美国同意其他 OECD 国家为其居民实施全球"储蓄法令",就可以将跨境资本流动扩展到非 OECD 国家。在美国和欧盟合作的情况下,美国可以简单地取消组合利息豁免,这笔钱不能逃到另一个 OECD 国家。然后,美国可以向新兴经济体提供所需的信息,对本国的富裕居民征税(Reuven S,2014)。

第三节　欧洲跨境资本流动情况

一、全体欧洲跨境资本流动情况

近年来,随着希腊、西班牙、葡萄牙和意大利等国家先后陷入债务危机,以及英国脱欧公投,欧元区的跨境资本流动问题也很严重。尤其是 2014 年以后,欧元区出现了大规模的跨境资本流动,达到 2010 年希腊债务危机之后的最高值(德意志银行,2017)。

图 9-2 显示了 2000—2014 年 OECD 国家跨境资本的流入和流出情况。

图 9-2 是 2000—2014 年 OECD 国家跨境资本的流入和流出情况。由图 9-2 可知,2004—2009 年 OECD 国家跨境资本的流入和流出的规模较

大,其他年度则规模较小。研究发现,诸如市场风险偏好、市场流动性和美国货币政策行为等外部因素对 OECD 国家跨境资本流动均产生了较大的影响。与此同时,跨境资本流动构成对于外汇市场压力也非常重要。跨境资本的净流量的影响是无效的,短期总资产组合的流入和流出是决定外汇市场压力的重要因素。跨境资本管制似乎大大减少了外汇市场的压力,但影响在很大程度上取决于制度质量(Aizenman,2016)。

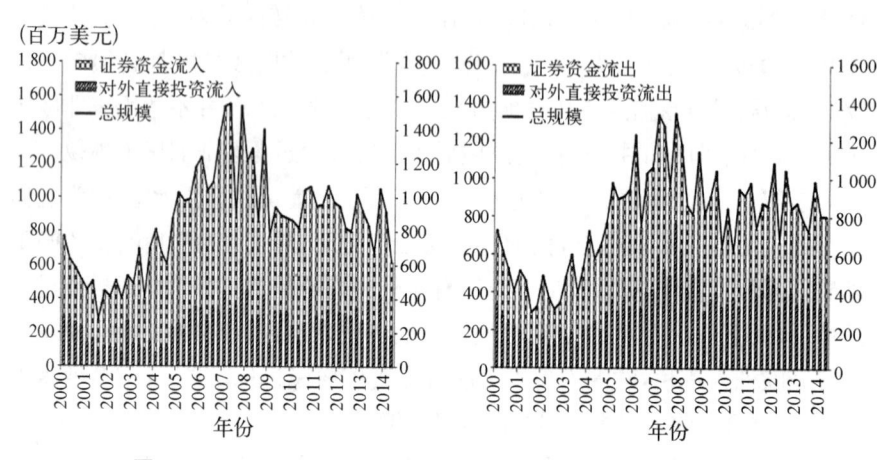

图 9-2 2000—2014 年 OECD 国家跨境资本的流入和流出情况

资料来源:OECD 数据库。

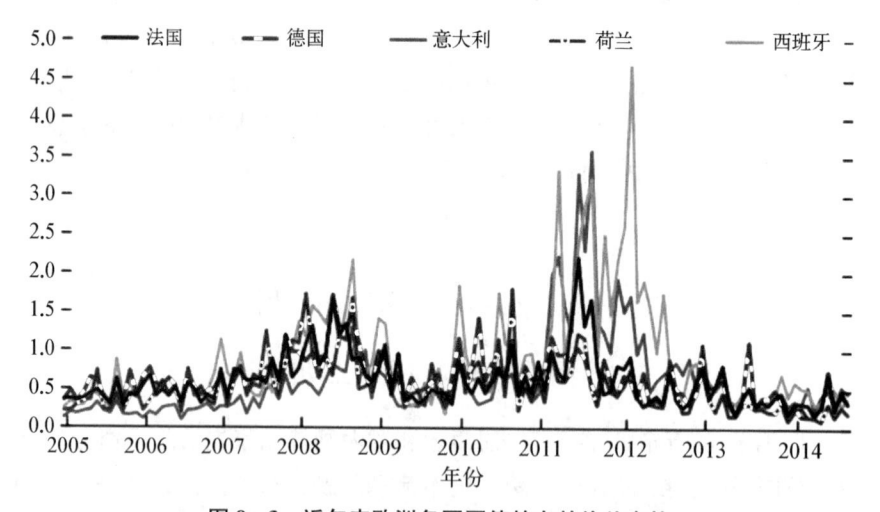

图 9-3 近年来欧洲各国国债的有效价差走势

资料来源:国际货币基金组织:《全球金融稳定报告 2015》。

由图 9-5 可知,由于 2005—2014 年德国、法国、西班牙等欧洲各国国债的有效价差表现为逐渐收窄的趋势,这些国家的跨境资本为了回避风险或者寻求高收益的投资项目,出现了较大规模的跨境资本净流出。

根据国际货币基金组织的统计,欧洲东部和南部的一些新兴经济体由于经济水平相对较低,这些国家的跨境资本流动问题也非常严重。一些研究表明,近年来经济合作与发展组织的许多国家对跨境资本流动现象倍加关注,因为在这些国家中,跨境资本流动往往与这些经济体的结构变化密切相关,而且也导致了制造业在国民经济中占比下降、服务业尤其是金融业增长的结果。这种结果不仅导致了税收和再分配形式结构逐渐改变,而且一些超级富豪也越来越倾向于通过金融创新逃避现有的法律和社会责任。

例如,有学者认为,瑞士的银行机构一直被认为是跨境资本流动的促进者。1998年1月,瑞士通过了新的非常严格的反洗钱法规。目前银行家和其他金融机构必须向瑞士银行当局报告可疑交易,并且这些可疑交易的资金是被法律禁止的。尽管如此,当前瑞士的金融行业仍然存在大量的非法资金流动,并且还有其他方式转移资金以避免政府机构的监测。其中一种技术是操纵国际贸易中的进出口产品的价格。研究表明,瑞士反洗钱法颁布之后,国际贸易定价异常程度发生了重大变化,这些重大变化与瑞士的跨境资本流动有关。

实际上,利用国际贸易价格的操纵进行跨境资本流动并避免被政府当局查出,这是跨境资本流动的最古老的技术之一。从理论上说,一国的管理层可以通过监测贸易单证和调整不合理的价格。但是在实践中,贸易货物的庞大数量使这种监测变得非常困难。实际上,在国际贸易中通过非正常定价转移资金的技术非常简单,但是在大多数情况下是无法察觉的。主要的原因在于,大量的交易和缺乏先进的计算机技术导致了管理层难以对不正常的进出口商品的价格进行监测。目前还不存在一个有效的系统监测和分析进出一个国家的货物价格,也很难确定合适的基准价格和发现不寻常的交易。即使基准价格是根据交易定价的部分数据确定的,仍有相当大的比例会逃脱监测。正是这些政府监督的制约因素,使得国际贸易成为掩盖跨境资本流动的常见工具。

个人和公司试图将资本从一个国家转移到另一个国家的原因有很多,这些原因包括逃避所得税、资本外逃和洗钱。例如,个人和跨国公司可以将应纳税所得额从所赚取的国家转移到另一个国家,这样能够减少所得税的支付。一般情况下,这可以通过对发票进行结算来完成,跨国公司可以通过与外国有关部门的交易来做到这一点,个人则可以通过与在国外的合谋伙伴进行交易来完成这一点。进口货物的超额发票会导致货物成本上升,进而降低应纳税所得额。低于出口发票的结果是低估了销售收入,这也导致应税收入下降(Mariae,2014)。为了对跨境资本流动进行宏观审慎监管,一些欧洲国家还试图通过金融交易税降低跨境资本流动的负面影响(管涛,2018)。

二、俄罗斯跨境资本流动情况

根据统计,2014年俄罗斯的跨境资本流动规模为1 200亿美元左右,几乎占俄罗斯国内生产总值的10%。在2000年以后,跨境资本流动规模出现了迅速增长。由于俄罗斯的跨境资本流动规模较大,因此笔者对该国的具体情况进行详细分析。

2008年爆发的全球经济危机造成了俄罗斯企业在国外扩张的一些结构性转变,例如,一些俄罗斯跨国公司(MNEs)失去了大部分海外资产。在全球经济危机期间,一些俄罗斯跨国公司出售其海外子公司,而其他公司的资产则出现了贬值。俄罗斯的一些大型跨国公司,尤其是卢克石油公司和俄罗斯天然气工业股份公司,在2008—2010年间继续进行广泛的对外直接投资活动,它们对外直接投资的主要特点并没有发生改变。往返投资和对外直接投资在房地产中的比例依然非常高。根据相关文献的研究结论,低透明度的大型私人跨国公司的对外直接投资与政治因素的结合,是导致俄罗斯的跨境资本流动规模较大的重要原因。与此同时,俄罗斯对需要信息服务和保险计划的中小投资者的支持力度是较小的。与许多其他新兴市场相比,俄罗斯已经成为拥有几十家大型跨国公司的国家。其中卢克石油公司是不可否认的领导者,俄罗斯天然气工业公司和几家俄罗斯金属公司也成为该国的顶级跨国公司。总体来看,石油和天然气、钢铁和有色金属工业是俄罗斯跨国公司投资的主要领域。但是,俄罗斯对外直接投资在全球经济中的格局并不能完全反映该国的产业结构。因为俄罗斯国内许多现代高科技产业的内部市场相当庞大,在国内产生了相当高的附加值,但尚未从事国际生产。

目前,Zarubezhneft已经成为第一个投资波斯尼亚和黑塞哥维那的俄罗斯跨国公司。几乎所有的俄罗斯对匈牙利的对外直接投资都是由Surgutneftegaz完成的,该公司已经收购了该国主要石油公司20%以上的股份(尽管Surgutnefetgaz将其转售)。

俄罗斯的跨国公司不仅包括资源型公司,还包括电信公司。此外,俄罗斯核价值链(铀矿开采、核材料和核设备生产以及核电站建设)的企业也开始了对外扩张。俄罗斯跨国公司"第二梯队"的工业范围比较复杂,包括来自建筑和建材行业的各种公司(如Eurocement、LSR集团)、机械行业的各种公司(例如Sistema集团的Sitronics、Borodino的拖拉机厂)、食品工业的各种公司(例如Wimm-Bill-Dann、SPI集团)等。几乎所有的俄罗斯跨国公司的国际化进程都非常令人印象深刻。俄罗斯国有的跨国公司在对外直接投资中的作用相对于发达国家来说相对较大,但与一些新兴市场相比(尤其是中国),作用却相当低。目前俄罗斯主要是国有的跨国公司。

目前,学界最主要的两个外商直接投资理论很大程度上解释了俄罗斯公司在国外的投资扩张。一方面,目前俄罗斯跨国公司广泛寻求市场、效益、资产和资源的动机,符合国际生产的折衷理论。总体来看,俄罗斯投资者通常是大型出口商,他们的对外直接投资支持他们销售和寻求市场的努力。在某些情况下,他们可以降低成品的运输成本(如卢克石油公司在欧洲国家的炼油厂),或者保证其出口不受政治不稳定因素的影响(例如 Gazprom 参与运营管道)。此外,也可以减少美国或欧盟贸易保护主义的影响,尤其是在金属行业。然而,寻求资产的动机对于俄罗斯跨国公司在发达国家的外商直接投资来说也很重要。尤其在哈萨克斯坦和一些非洲国家,对于俄罗斯对外直接投资来说,寻求动机是典型的。寻求效率的动机只有在俄罗斯在独联体国家以及劳动力成本低于俄罗斯的其他一些国家中才能找到。另一方面,俄罗斯跨国公司与前苏联和巴尔干斯拉夫国家的心理距离短,语言和文化障碍低,并且从苏联时期起就具有强大的经济和政治的联系,这在俄罗斯在一些国家的外商直接投资中起着重要作用。此外,许多俄罗斯跨国公司在外商投资活动方面的经验不多,因此通常只能购买那些因文化关系而对俄罗斯态度好的国家的一些企业。与印度形成对照的是,俄罗斯在对外直接投资方面"尤其幸运",特别是在乌克兰,因为橙色革命的负面后果对于大多数俄罗斯跨国公司来说是微不足道的。

从历史视角看,在 20 世纪中叶,许多俄罗斯跨国公司更倾向于通过对财务困难的跨国公司进行并购来发展其投资扩张。在这个过程中,这些跨国公司受到扩张其国际公司内部增值链的潜在优势的驱动,而并非仅仅考虑容易收购的因素。然而,在最近的低迷时期,许多外国公司成为了俄罗斯跨国公司的沉重负担。此外,一些俄罗斯跨国公司不仅通过金融危机前的巨额出口收入,还通过国外贷款,为对外直接投资提供资金。最突出的例子是由 Oleg Deripaska 拥有和控制的主要多元化跨国公司 Basic Element。在全球经济危机期间,它得到了俄罗斯政府提供的数十亿美元的支持。尽管如此,该公司在危机期间损失了机械和建筑方面的部分海外资产。除此之外,一些俄罗斯公司在机械、建筑、保险和其他一些行业中已经失去了所有主要的外国子公司。钢铁行业的情况最为突出,例如 MAIR 和 Estar 破产,Koks 出售了其所有的斯洛文尼亚工厂,谢韦尔宣布出售其最大的欧洲子公司 Lucchini 和一些在美国的企业。

与此同时,全球经济危机也为俄罗斯一些实力较强的跨国公司开辟了新的扩张和多样化的可能性。例如,俄罗斯石油和天然气巨头在新兴经济体尤其是委内瑞拉和伊拉克加强了扩张,俄罗斯电信公司在前苏联地区进行了扩张。在俄罗斯跨国公司第二梯队也可以找到很多例子。例如,在2008—2010年,俄罗斯铁路去了亚美尼亚,扩大了在欧洲国家和蒙古的业务;而俄罗斯的一些IT公司也在国外进行着多元化扩张。在全球经济危机发生以来,俄罗斯的就业转移首次引起了对外直接投资对本国经济的负面影响。在全球经济危机之前,俄罗斯经济迅速增长,就业转移的表现并不明显。在2008—2009年间,俄罗斯跨国公司在国外人数较多,而在国内则大幅裁员。造成这种差异的原因有两个:一方面,俄罗斯和西方国家劳动力生产率之间的差距仍然很高,这为很多企业首先在俄罗斯裁员创造了条件。另一方面,俄罗斯工会的力量较为薄弱,国家相关政策仍不明朗。2010年以后,全球经济开始复苏,根据数据统计显示,俄罗斯仍然是对外直接投资的重要来源。

总体来看,未来俄罗斯对外直接投资活动将继续增加,但是对外扩张的速度将放缓。首先,Lukoil和其他一些大型跨国公司从未停止在国外扩张。其次,克服全球经济危机影响的公司已经宣布了新的项目,其中许多项目是能够顺利实现盈利的。再次,一些来自第二梯队的俄罗斯公司近几年开始开展国际化,预计他们至少可以在独联体国家和其他一些邻近地区进行重要的对外直接投资。一些研究者认为,俄罗斯跨国公司的国际生产活动能够促进俄罗斯经济的快速发展。在俄罗斯跨国公司开展对外直接投资活动时,信息服务是这些公司成功进行对外投资的关键所在。与此同时,很多的俄罗斯大企业尚未与民间社会建立起积极的关系。

第四节 新兴经济体跨境资本流动情况

一、新兴经济体概况

在20世纪80年代和90年代之前,很少有人会去预测新兴经济体跨境资本流动的规模和性质。在那时,学界辩论的焦点大不相同。当时,大多数新兴市场经济体的经常账户赤字需要资金支持,而且有时国际融资变得非常困难,因此当时的政策分析主要集中在跨境资本流动与金融危机之间的联系上。在20世纪80年代和90年代拉丁美洲和亚洲发生一系列危机后,很多新兴经济体的短期跨境资本流动规模较为严重,而且银行等金融机构的监管比较乏力,导致各经济体的宏观经济也不景气,这使得新兴经济体跨境资本流动成为学界辩论的焦点。

从 20 世纪 80 年代开始,改善新兴经济体内部金融中介的重要性日益受到人们的重视。在 1994—1995 年墨西哥爆发债务危机之后,国际清算银行(1998)指出,新兴经济体的金融来源需要扩大,金融工具必须更好地分配风险和回报。最近十年,由于新兴经济体金融市场的发展和金融机构面向国外投资者的进一步开放,这些经济体跨境资本流入资金的来源具有了更多多样性。主要的原因在于,新兴经济体机构投资者(尤其是养老基金)的增长,监管限制在很大程度上出现了放松,以及新兴经济体非官方部门持有的净外国资产大幅增加。在这些经济体中,非官方持有的外国资产,特别是外汇储备,出现了大幅增加。部分新兴经济体外部资产负债表的加强无疑增加了其对宏观经济冲击的适应能力,但是,大量的外汇储备却引发了重大的政策困境。当前,新兴经济体的跨境资本主要流向有较大的两个方向,即养老基金等金融资产和衍生品市场。一些衍生品市场的扩大有助于外国投资者对新兴经济体的资产采取更高的杠杆,并且对相关资产的风险进行对冲。新兴经济体资产负债表的这种结构性变化以及这些杠杆作用的可能性增加,使得金融市场动态变化更为复杂,金融风险也进一步增加。具体来说,主权财富基金在新兴经济体财富的国际投资中扮演着更重要的角色,而且养老基金等机构投资者正在成为主要参与者。一些私人跨境资本流动可能来源于商业银行等金融机构,中国香港就是很典型的例子,中国香港的经常账户盈余与私人部门的跨境资本外流有很大关系,因此中国香港的外汇储备的积累一直比较缓慢。此外,智利近年来的跨境资本流动净额的减少是因为跨境资本流出的"突然开始",而不是以前观察到的跨境资本流入的"突然停止"(Mihaljek,2015)。

从 2002 年到 2007 年,新兴经济体的汇率遭受到了强大的升值压力。与此同时,许多新兴经济体的中央银行以前所未有的规模参与外汇干预,其规模远远超出了人们的预期。很多学者也讨论了各国央行干预外汇市场的各种理由。例如,干预外汇市场可以抵制自我实现的单向期望,也可以帮助当地经济免受外部冲击(Mohan,2015)。除了需要储备积累的预防动机之外,需要对外汇进行干预以防止实际汇率升值以及货币突然崩溃(Pesce,2015)。外汇储备的积累使中央银行有能力应对汇率波动,在秘鲁这样的高度美元化的经济体制下,这种波动可能是代价高昂的。而马来西亚需要缓和泰铢的快速升值,尽管这种对外汇干预的有效性是有限的(Ananchotikul,2016)。还有学者认为,处于发展初期的新兴经济体的汇率与其购买力平价水平相比,在一定程度上打了很大的折扣。

从数据上看,跨境私人资本流入新兴经济体的浪潮开始于 2002 年左右,并在过去四五年内加速。在亚洲的新兴经济体,2015年平均私人资本流入总量约占GDP的17%。虽然目前这些国家的经常账户盈余较大,但该数字比1997—1998年危机前高了7个百分点左右。与亚洲相比,拉丁美洲的跨境私人资本流入规模增速较为缓慢,从2002年平均私人资本流入总量约占GDP的1%,到2015年平均近6%,比20世纪90年代初的历史高点低3%左右。在中东欧地区,近年来由于加入欧盟,使得私人资本流入总量年平均增长近20%,这可能是近年来新兴经济体历史上最高的水平。2015年,中东欧地区跨境私人资本流入规模占到所有新兴经济体跨境私人资本流入总额的26%左右,比1990年代初高出大约15%。从份额上看,2015年拉丁美洲跨境私人资本流入规模占到所有新兴经济体跨境私人资本流入总额的12%左右,亚洲占47%左右,而其他新兴经济体占19%左右。20世纪90年代初,拉丁美洲占29%左右,亚洲占51%左右,而其他新兴经济体占9%左右。在2002—2015年期间,跨境私人资本流入规模的增加要是由于外商直接投资和其他投资流入,分别增加了1.5万亿美元和1.2万亿美元。与此同时,资产组合流入量增加了0.9万亿美元。外商直接投资流入的比重从2002年的45%一直下降到2015年的30%左右,而投资组合和其他投资流入的比重大幅上升,分别达到了32%和38%。与20世纪90年代相比较,近年来新兴经济体跨境资本流入的特点在于,除了中欧和东欧之外,其他经济体拥有强大的外部经常账户头寸,以及大量官方积累的外汇储备。具体来说,新兴经济体的经常账户余额从1990—1997年期间平均每年约600亿美元上升至2015年的6 000亿美元左右;在1990—1997年期间,新兴经济体每年平均外汇储备大约为550亿美元,而仅在2015年,其外汇储备就增加了2.4万亿美元。外汇储备大幅增加的一个后果是,新兴经济体的跨境资本流动的规模也出现了急剧增加。

对于新兴经济体而言,商品价格的巨大变化加剧了以上风险的累积。有些新兴经济体特别关心的问题是食品价格上涨的幅度究竟能有多大。由于新兴经济体的消费篮子中的食品价格高于发达市场经济体,其对消费者物价指数的影响更大。在简单的通货膨胀目标制框架下,这意味着食品价格一定百分比的上涨将导致新兴经济体名义利率的增加比发达国家更大,这就可能导致更强劲的跨境资本流动和汇率升值。如果以上经济体决定采取干预汇率和购买外汇政策,那么各经济体的中央银行或政府也需要决定要发行的货币工具的性质,以及可能采取的措施来限制银行资产负债表的增长。其中可能实施的政策包括货币市场借贷、中央银行或政府债务的发行、回购或外汇掉期业务以及存款准备金的变化。从某种意义上讲,衡量各种货币工具的利弊主要取决于跨境资本流动的性质和规模,以及金融市场的背景。

还有学者认为,新兴经济体跨境银行业务也对各国的金融稳定产生了一定影响。近年来,有些新兴经济体的银行体系越来越依赖于外资,有时甚至会涉及外国银行的分支机构。在某些情况下,向居民贷款的外币借贷主要依靠外国的金融市场。在2008年全球金融危机爆发时,金融市场出现了失灵,证明了这种货币的流动性风险。来自家庭和企业部门的银行贷款的货币错配在一些新兴经济体也存在一定的潜在风险。例如,匈牙利的家庭存在着一定的外汇风险,因为他们从外汇大量借钱,而银行通过借用国外的外汇来平衡其外汇风险。在有些国家中,本地货币长期上涨的压力导致了出口额超过其外汇收入。由于外资往往规模庞大、资本充足,所以各国银行的外资所有者倾向于降低传统银行的偿付能力危机的风险。而且,他们的往往能够看到其开展业务的市场的长期发展机会。一旦他们在当地建立了专营权,他们会一直寻找机会来保护他们的专营权。他们也倾向于关注传统的商业银行业务,而不是交易证券化产品,但也可能低估了新兴市场信贷增长带来的信贷风险积累。由于在全球金融危机爆发之后,西方发达经济国家的银行出现了一系列的问题,新兴经济体的外资银行体系也可能面临跨境资本流动急剧逆转的风险。

除了放宽对跨境资本流动的限制外,新兴经济体近年来的改革还包括以市场为手段处理资本流入问题、改善公共债务管理、消除对投资海外资产的地方机构的限制等内容。过去十年,国际上关于跨境资本流动的趋势是资本流动自由化。即使在资本账户控制的国家,由于金融稳定和货币政策等双重原因,当局也变得更加敏锐和灵活。例如,印度对短期跨境资本流动的相对严格监管以及对外商直接投资、股权投资的偏好反映出其对金融稳定的担忧。Mohan(2015)认为,这种趋势与证券交易有利于增长的证据是一致的,并且限制国内公司的外币借款阻止了这些国内公司"降低货币紧缩的影响"。在过去的几年中,有几个国家试图通过限制跨境资本流动减轻本币升值的压力。例如,阿根廷在2005年阿根廷实行跨境资本流入管制,使灵活汇率制度更具弹性;2006年12月泰国和2007年5月哥伦比亚分别发布政策,旨在遏制部分由于货币紧缩引起的跨境资本流入,并且对短期跨境资本流入进行了控制。几家新兴经济体中央银行的报告指出,放开跨境资本外流的措施可能缓解升值压力。举例来说,2010年以来菲律宾解除了个人购汇的大部分限制,并且鼓励养老基金和一些共同基金在中央银行开立专户存款。但是,如果短期跨境资本流动的头寸被套期,对汇率的影响可能是有限的。此外,跨境资本流动可能使得新兴经济体看起来更"市场友好",从而吸引更多的资金流入。

事实上,人口老龄化也可能对新兴经济体的跨境资本流动形成一定的影响。当前,许多新兴经济体的人口正在开始衰老,包括中国在内的一些国家可能变得相当迅速。在其他条件不变时,人口老龄化趋势也有助于降低该国的国民储蓄率,例如在工作期间的退休储蓄积累。如果投资率不下降,这可能导致经常账户的盈余转为赤字。但是,如果预防性储蓄动机不断加强,相关的财政和资产积累政策可能在未来一段时间内抵消人口老龄化的影响。此外,国民储蓄率的趋势可能受到养老金福利融资的影响。近年来新兴经济体的养老金改革已经从固定收益和现收现付计划转向基于明确的缴费和预缴资金的计划。但是,除了少数例外情况外,没有明确的证据表明这种养老金制度改革能够导致储蓄增加。可能是缺乏金融知识、与养老金改革相关的过渡性财政成本过高,以及养老基金覆盖率过低或下降等因素导致了这些问题出现。

从某种角度讲,近年来新兴经济体的养老基金资产的快速增长可能与金融市场的深化有关。但是,由于新兴经济体的养老基金仍然将很大比例的资产分配给银行存款等内部流动资产,因此对许多经济体的影响仍然是非常有限的。尤其是在拉丁美洲,很多新兴经济体也出售了大量的政府债券,它们的养老基金通常将少量资金分配到股票或外国资产。这种理论可能部分解释了近年来智利的养老基金在海外投资的增长。尽管很多经济体投资的限制已经放宽,但是由于缺乏熟悉度或技术困难的原因,一些新兴经济体的养老基金可能仍然太不情愿投资海外。即便这些养老基金在海外投资,它们也经常对冲外汇风险。新兴经济体内部的短期高回报也是一个重要的影响因素。

根据全球金融诚信组织(Global Financial Integrity)的统计数据,在2004—2013年间,欧洲、亚洲与部分西半球的新兴经济体的跨境资本流动问题较为严重,其他地区的新兴经济体的跨境资本流动情况稍微好些。研究发现,在这十年间,整个新兴经济体损失了7.8万亿美元,而且这些跨境资本流动每年增长6.5%。在2008年全球金融危机之后,跨境资本流动不断上升,2011年以来逐步接近1万亿美元,到2013年达到1.1万亿美元的新高峰。

全球金融诚信组织使用两个指标度量跨境资本流动:贸易错误定价和国际收支遗漏。其中贸易错误定价是新兴经济体发生跨境资本流动的主要可衡量手段。在过去十年期间,新兴经济体发生非法资金流出的平均值为83.4%,这主要是由于贸易错误定价造成的。虽然贸易错误定价在新兴经济体非法资金流出总量中的份额在过去十年中有所下降,但是2004年到2013

年间这些国家贸易误导的总量仍然大致增加了一倍,并继续处于上升轨道中。统计发现,亚洲仍然是新兴经济体发生跨境资本流动规模最大的地区。在这十年中,亚洲新兴经济体的跨境资本流动规模占总数的38.8%。其次是欧洲的不发达地区(25.5%)、西半球(20.0%),撒哈拉以南非洲地区(8.6%)。同样,亚洲在2004年至2013年间跨境资本流动规模的增长率最高,在此期间平均每年增长8.6%。其后依次是欧洲的不发达地区(7.0%)、西半球(3.4%)和撒哈拉以南非洲地区(3.0%)。

如果按跨境资本流动规模占国内生产总值的百分比计算,撒哈拉以南非洲位居榜首,跨境资本流动规模平均占该地区国内生产总值的6.1%。欧洲的不发达地区的数据为5.9%,亚洲的数据为3.8%,西半球的数据为3.6%。全球金融诚信组织的报告还将跨境资本流动规模与官方发展援助(ODA)和外商直接投资进行了比较。研究发现,在多数年份中,跨境资本流动规模已经超过了官方发展援助和外商直接投资的总和。尽管有大量的资本流入记录,但未记录的非法资本流出继续增长,对许多国家的经济发展产生了有害的影响。例如,在2012年,新兴经济体平均有一美元的资本流入,同时就有十美元非法资本流出。此外,由于贸易错误定价造成的跨境资本流动规模特别高,有迹象表明非洲一些国家的毒品贩运者可能正在利用贸易错误定价来洗钱。总体来看,跨境资本流动,尤其是非法的资本外流可能对国内资源协调产生不利影响,阻碍经济的可持续增长。因此,在讨论一国经济可持续增长时,有必要考虑跨境资本流动的作用。同时,不仅要看新兴经济体的资本流入,还要考察由于国际收支和贸易误导引致的资金的非法流出情况。

具体而言,亚洲的中国、印度、马来西亚、泰国和印度尼西亚的跨境资本流动规模都较大。欧洲的不发达地区主要以俄罗斯为主,它的跨境资本流动规模在2008年和2011年都超过了中国。墨西哥和巴西的跨境资本流动规模占了西半球的大部分。在过去十年间,欧洲不发达地区的跨境资本流动规模占全球的总份额保持了相对稳定。但其他区域集团发生了一些显著变化。例如,撒哈拉以南非洲地区的份额从2007年全球总数的11.0%下降到2012年的6.4%,之后在2013年略微上升到6.8%。西半球的份额从2004年的26.0%下降到2013年的19.5%。而亚洲的份额则从2008年的33.5%的低点迅速上升到2013年的44.2%。

根据全球金融诚信组织的统计数据,在2004—2013年期间,中国的跨境资本流动规模的平均值在全球范围内位居首位。亚洲成为全球跨境资本流动规模最大的地区,因为跨境资本流动规模最大的十个经济体中有五个位于该地区。在这十个经济体中,西半球和撒哈拉以南非洲地区分别有两个,其中南非从第十位跃升至第七位,超越尼日利亚,成为非洲跨境资本流动规模最大的经济体。欧洲的不发达地区仅有俄罗斯进入了前十名。从总体规模上看,2013年排名前十位的经济体跨境资本流动规模占全球总规模的62.3%。之所以跨境资本流动规模在不同经济体有所不同,部分原因是各经济体的经济活动规模不尽相同。如果按跨境资本流动规模与地区生产总值的百分比计算,可发现,对全体新兴经济体来说,从2004年以来(除了2007年略有波动外),跨境资本流动规模占地区生产总值的比例一直在下降。在2004年跨境资本流动规模达到新兴经济体GDP的5.0%之后,2013年的跨境资本流动规模下降到GDP的3.7%。换句话说,自2004年以来,新兴经济体的地区生产总值增长速度比跨境资本流动规模的增长速度更快。但是,新兴经济体的跨境资本流动规模仍然占地区生产总值的3.5%以上,对这些经济体的经济发展形成了重大的挑战。而且对于许多新兴经济体来说,跨境资本流动规模在全体经济活动中的份额要比3.5%高得多。

2015年全球金融诚信组织对中国的一项研究(发表于美国《经济学家》)指出,来自英属维尔京群岛等避税天堂的资金往返可能是跨境资本流动的一种表现形式。全球金融诚信组织随后的一份报告认为,"全球经济的快速增长,使得国际贸易成为通过与货物和服务贸易相关的金融交易转移非法资金的一个重要途径"[①]。因此,全球金融体系持续不透明,很大程度上促进了新兴经济体的跨境资本流动。这种不透明性以许多众所周知的方式表现出来,例如避税天堂和保密协议、匿名信托和空壳公司等。此外,还有一些洗钱技术和贸易错误定价,也助推了新兴经济体的跨境资本流动。

根据国际货币基金组织的统计,2014年之后全球大多数新兴经济体跨境资本流动的规模均超过了2008年全球金融危机爆发时的规模。该现象发生的主要的原因包括:国内经济的回暖和"逆全球化"政策的实施,导致美国出现了跨境资本净流入规模上升;新兴经济体的经济增速放缓,以及部分国家的政局不太稳定,导致资本有回避风险和寻求高收益项目的需求;一些新兴经济体的债务风险过高,其痛苦的"去杠杆"过程也导致这些国家跨境资本

---

① 3 Financial Action Task Force,"Trade Based Money Laundering"(Paris, France: Financial Action Task Force (FATF), June 23, 2006), 3, http://www.fatf-gafi.org/media/fatf/documents/reports/Trade.

流动规模的上升。

图9-4为近年来新兴经济体跨境资本流动规模占GDP的比重。由图9-4可知,自2013年起新兴经济体跨境资本流动规模占GDP的比重表现为不断上升的态势。从这些地区跨境资本流动的具体类型看,股权投资、债权投资、银行资本与外商直接投资是导致跨境资本流动发生的重要因素,以上四种资本也是新兴经济体跨境资本流动规模大幅上升的最重要的因素。除此之外,新兴经济体的经济增速放缓,以及部分地区的政局不太稳定和债务风险过高,都是引发资本流动规模上升的影响因素(国际货币基金组织,2017)。

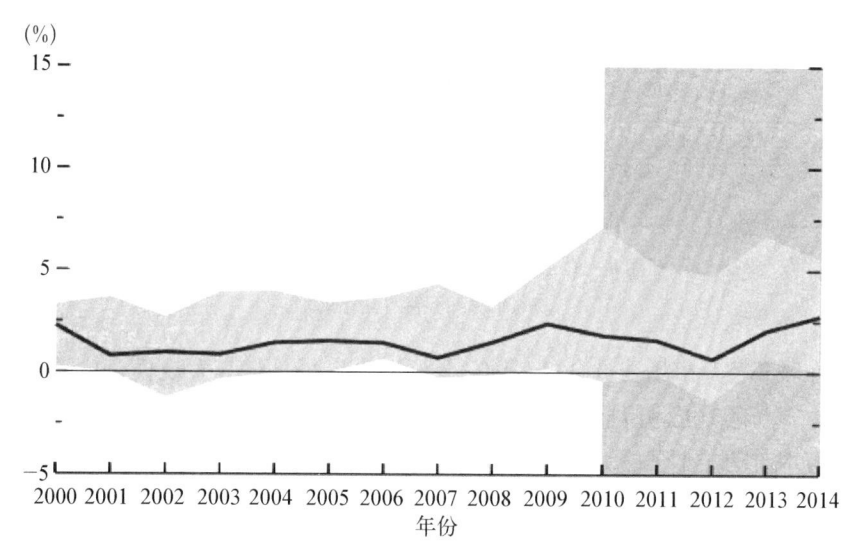

图9-4 近年来新兴经济体跨境资本流动规模占GDP的比重

资料来源:国际货币基金组织:《世界经济展望2015》,2015。

由图9-5可知,2010年以后俄罗斯、阿根廷、马来西亚和印尼等新兴经济体的外汇储备呈现出逐渐减少的趋势,尤其是俄罗斯的外汇储备下降幅度非常大。这些新兴经济体的外汇储备出现大幅下降,主要的原因包括经济增速放缓、债务风险过高,以及"逆全球化"政策的实施等。

一些学者认为,新兴经济体的跨境资本流动与这些国家的外汇市场压力之间有着显著的关联。对于新兴经济体而言,近年来汇率波动受到了西方发达国家量化宽松政策逐渐退出和大规模资产购买降低的影响。自2013年开始,美联储的政策制定者和市场人士就大规模货币刺激政策的退出策略进行了重大辩论。2013年5月22日,当时的美联储主席伯南克提出了量化宽松政策逐渐退出的可能性。实际的退出过程开始于2013年12月18日,美联

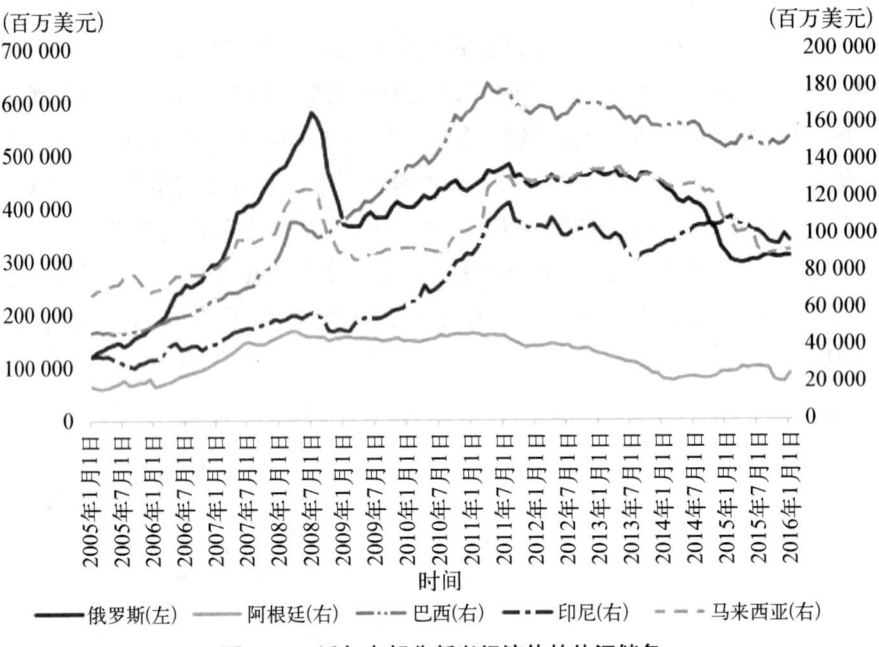

图 9-5 近年来部分新兴经济体的外汇储备
资料来源：世界银行数据库。

储在联邦公开市场委员会（FOMC）会议上决定每月将其大规模资产购买额减少100亿美元，并且随后几个月逐步减少。这些政策对于新兴经济体的跨境资本流动产生了较大的影响。

目前，大多数新兴经济体都采取中间汇率制度，其政策措施还包括外汇市场干预和利率调整等，用以抵御汇率压力。研究发现，一些短期和长期债务、股票、外商直接投资和衍生产品等外债总额较高的新兴经济体，可能具有更大的风险敞口，而且在金融方面更为脆弱（Hutchison，2012）。此外，跨境资本流动有可能导致资产价格的大幅波动。主要的原因在于，跨境资本流动是国际资本溢出的重要渠道，尤其是新兴经济体金融稳定最重要的因素之一。在2007年金融危机爆发之后，衡量总体规模而非净值的跨境资本流动在评估系统性金融风险时是非常重要的，这是由于近年来跨境资本流动总规模快速增长，而净值并没有快速增长的现象所导致的（Broner等，2015）。

图9-6是2000—2014年新兴经济体的跨境资本流入和流出情况。由图9-6可知，2000—2003年新兴经济体的跨境资本流动规模较小，2004—2008年新兴经济体的跨境资本流动规模出现了较大的提升，2008—2009年间受到全球金融危机的影响，新兴经济体的跨境资本流动规模出现了大幅下降，2009年以后又再次出现了大幅提升。

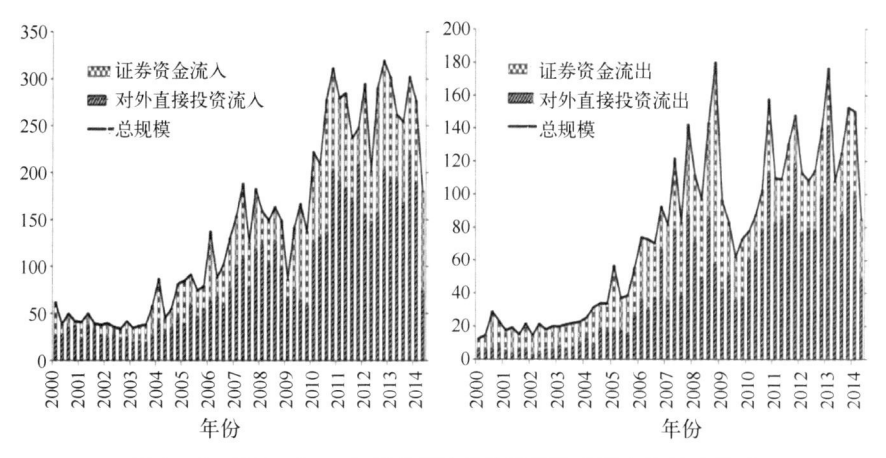

图 9-6 2000—2014 年新兴经济体的跨境资本流入和流出情况

资料来源：世界银行数据库。

从政策层面看，目前很多新兴经济体通过各种方式应对近期资本流入浪潮的宏观经济挑战，其内容取决于各国的货币政策框架和具体的政策目标。鉴于大多数经济体维持某种形式的汇率或货币目标，对跨境资本流入的政策反应一般是为了解决"三元悖论"的困境。伴随着各经济体在与全球资本市场逐渐接轨的情况下放开资本账户，并且试图实现明确的或隐含的通货膨胀和汇率目标，这将对现行的货币和汇率政策组合形成较大的压力。结合新兴经济体汇率的波动情况，这些经济体降低通货膨胀的目标吸引了跨境资本流入，并且给货币和汇率目标带来了升值压力。面对这些政策取舍，各地区管理层不得不自己选择应对跨境资本流入的规模还是应对其影响。一般来说，多数新兴经济体采取了两种方法的组合。

近年来，一些新兴经济体采取的一项政策反应是允许更高的汇率灵活性。在过去几年中，巴西、韩国、泰国和中欧的大部分地区汇率出现了大幅度上升。更高的汇率灵活性可以帮助各经济体管理层解决各种政策目标之间的紧张关系，并且让各国汇率升值应对跨境资本流入的影响。在波兰、南非和土耳其等国家，更为灵活的汇率阻止了短期投机性跨境资本的流入，也帮助市场参与者降低了双向汇率的风险。然而，在捷克共和国、印度尼西亚和斯洛伐克等国家，汇率升值似乎与更多的资本流入有关。此外，汇率升值对外部竞争力的不利影响使得许多新兴经济体的管理层不愿意大幅加强本国货币。一些新兴经济体保持了固定汇率制度，短期内汇率水平几乎没有变动。为了支持这些政策，多年来这些经济体的中央银行进行了大规模的干预。

在其他条件相同时,外汇储备积累往往会增加货币基础,并且放松货币扩张的条件。一般情况下,各国的中央银行采取措施限制或"消灭"外汇干预对于货币的影响。许多新兴经济体(特别是中国和印度)往往通过发行不同期限的债券,或者通过提高对银行的准备金要求完成这项工作。然而,这项工作通常很难完成,通常还会出现一些货币或信贷条件的缓解。在外汇储备积累的早期,由于低通货膨胀和大量的产能过剩,很多新兴经济体的央行都故意放松货币政策。这导致各经济体的短期利率出现了大幅下滑,特别是在亚洲。实际上,如果各经济体央行容忍利率和货币扩张的下行压力,那么这种干预在一定程度上难以实现预期的目标。

二、撒哈拉以南非洲国家情况

一般情况下,非洲可以划分为东非、西非、中非、北非和南非等地区。其中南非共和国有"彩虹之国"的称号,经济较为发达。有研究表明,南非共和国的制造业投资对其政治状况以及经济不确定性方面高度敏感。政治变量的增加并没有改变以前关于投资经济决定因素的结论,但是政治因素的确解释了投资业绩随时间的变化的现象。在政治自由化的时期,南非共和国的投资表现好于预期,而且其跨境资本流动规模也在可控范围之内(Fielding,2012)。

接下来,笔者将重点分析撒哈拉以南非洲跨境资本流动的情况,主要的原因在于,该地区的跨境资本流动问题较为严重,而且也非常具有代表性。

撒哈拉以南非洲的跨境资本流动规模占 GDP 的比重高达 6.1%,在全部新兴经济体位居首位。撒哈拉以南非洲经常被称为世界资本匮乏的地区。2016 年世界银行《全球发展金融报告》公布的统计数据表明,2015 年流入该地区新兴经济体的净外商直接投资净流量不到 5%。同时,这些外商直接投资总额流入了 5 个国家(安哥拉、赤道几内亚、尼日利亚、南非和苏丹),这些国家都是石油和矿物质丰富的,所以外商直接投资开采这些矿产部门。该地区的汇款规模也很小,只占汇款总额的 4%,在新兴经济体中几乎份额最小,而其他地区的平均水平超过了 25%。该地区大多数国家严重依赖于资源和商品,非常容易受到贸易条件和外部冲击的影响。多年来,这些国家大部分都面临着长期的国际收支危机,依靠外债弥补不断增长的资金缺口。然而,随着时间的推移,外部债务的积累使得非洲的外债达到了不可持续的水平,其外债在 20 世纪 90 年代达到了国内生产总值的 45%左右。随着外债不断增加,高额成本的偿债支付也进一步削弱了投资和增长潜力。此外,这个地区的外部负债累积反映在大量的跨境资本流动上,以及居民自愿离开非洲大陆,去往发达国家。统计发现,撒哈拉以南非洲当前每年的跨境资本流动规模快速接近5万亿美元,是对外总负债的两倍多。短期来看,大量的资本流出和国民储蓄的流失,抑制了私人资本的形成。从中长期来看,支持资本形成和扩张的投资的延迟导致税基继续缩小。跨境资本流动可能鼓励外部借款,这些国家的外债也会增加,进一步损害公共投资前景。此外,跨境资本流动对绝大多数国家的穷人造成不利的福利损失,增加了收入不平等,危及了就业前景。在此区域的大多数国家中,由于缺乏投资和工业基础设施,失业率一直居高不下。该地区跨境资本流动的规模很大,这表明跨境资本流动确在该地区仍然是一个严重的问题,可能对这些重债穷国调动国内资源、支持投资和经济增长产生潜在的不利影响。与此同时,大部分研究者可能忽视了对于撒哈拉以南非洲的跨境资本流动的资本遣返问题研究。全球金融危机之后,在撒哈拉以南非洲各国官方发展援助水平可能下降的情况下,它们更加需要增加国内资源调动以及非债务性外部资源。跨境资本流动的资本遣返可以促进撒哈拉以南非洲各国的经济发展,同时保持其金融稳定性,并且不会通过外部借贷来降低子孙后代的福利。从数量上表明,资本遣返收益很大,并且主导了债务减免等其他来源的预期收益。据估计,如果有四分之一的资本外逃资金回流到撒哈拉以南的非洲地区,那么将对该地区的经济发展起到显著的推动作用(Fofack,2016)。

三、拉丁美洲国家情况

在20世纪80年代拉丁美洲国家发生了债务危机以后,很多学者对这些国家的跨境资本流动问题展开了深入的分析和探讨。有人认为,阿根廷在2002年后发生严重的跨境资本流动之后,如果固定汇率被放弃,那么跨境资本流入就会大幅恢复。同样,近年来跨境资本流入哥伦比亚的规模似乎没有增加,但是跨境资本流出的规模出现了大幅上升,这有可能受到了养老基金持仓变动的影响或冲击。由于民众对于汇率波动预期的变化也会引致跨境资本流动的上升,这对新兴经济体也产生了重大影响。一些拉丁美洲国家的货币和债券市场正在逐步扩大,管理层有能力根据汇率的预期调整外币和本币的组合,当地机构投资者也正在管理包含外币资产的投资组合(Pesce,2014)。

图9-7为近年来拉美四国的外债规模变化走势。由图9-7可知,2006—2015年间,巴西和墨西哥等新兴经济体的外债规模呈现了大幅上升的态势,特别是巴西的外债规模在2014年以后出现了快速拉升。从图9-7可知,阿根廷和智利的外债规模上升的趋势相对较为平缓。以上国家的外债

规模变化趋势可以在一定程度上反映出这些国家近年来的经济风险和跨境资本流动的大致走势。

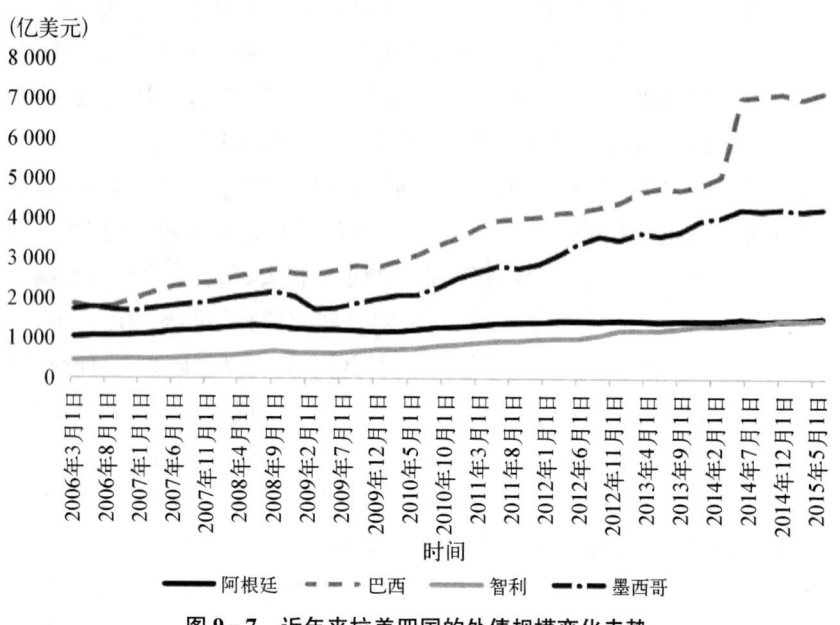

图 9-7　近年来拉美四国的外债规模变化走势

资料来源：世界银行数据库。

在历史上，大多数拉丁美洲国家都出现了不同形式的跨境资本流动管制。尽管在第一次世界大战后的大部分时间里，一些跨境资本流动管制的政策的目的都是避免跨境资本"逃离"，但在某种程度上，各国也在试图避免大量的跨境资本流入。人们认识到，跨境资本流动的相关法律并不总是被转化为对这些资本流动的实际限制。实际资本流动和合法资本流动之间的区别一直是各国管理层激烈辩论的话题。当然，这个辩论直接关系到跨境资本管制的有效性等重要问题。有历史证据表明，跨境资本管制的实际资本流动和合法资本流动具有较强的异质性。由于某些国家的管理层对跨境资本的管制较为严格，这些国家的私营部门传统上采用进口高估和出口低估来回避跨境资本流动方面的法律管制。在 20 世纪 80 年代拉丁美洲的债务危机爆发之后，该地区出现了大量的跨境资本流动。以上现象表明，面对"适当"的激励措施，公众可以有效地找到国际上回避跨境资本流动政策的方法。从经济角度来看，如何衡量跨境资本流动的规模和国内资本市场融入世界资本市场的程度，仍然是学界广泛争论的话题（Mathieson & Rojas，2014）。有研究发现，资本市场的有效融合程度应该通过国家间私人收益率的收敛来衡量。如果有完美的资本流动性，储蓄和投资的变化在一个特定的国家是不相关的。

也就是说,在没有资本流动限制的国家,国内储蓄的增加往往会"离开祖国",转移到其他富裕的国家。同样,如果国际资本市场完全整合,国内投资的增长将倾向于由世界其他国家提供资金,而不一定是国内储蓄(Feldstein & Horioka,2013)。

20世纪80年代拉丁美洲发生了严重的债务危机之后,很多学者逐渐关注拉丁美洲的跨境资本流动。有研究认为,美国和拉丁美洲国家的税法之间的相互作用为拉丁美洲的跨境资本流动创造了诱因。对于大多数拉丁美洲国家而言,如果其他国家大幅度地限制外国人的资本流入,那么这些国家资本外流就没有税收优势。然而,美国不征税外国人的大部分其他资本收益,还免除了很多外国人的大部分利息收入,因此美国税法有助于吸引拉丁美洲的资本,导致了这些国家跨境资本流动规模的增加(Cambridge,2008)。

在南美洲的哥伦比亚,尽管该国的反洗钱立法是世界上最先进的,但效果却差强人意。为了避免反洗钱的控制,该国的跨境资本流动规模也较大。在哥伦比亚,洗钱主要与非法药物行业有关,犯罪活动经常跨越国界,付款通常在国外进行。这些资金的接受者主要关心的不仅是洗钱,而且还要把钱带到他们的国家,包括回到哥伦比亚。这种问题在海地、印度尼西亚、沙特阿拉伯和一些非洲国家也存在。

墨西哥在经历了严重的外部危机之后,于20世纪80年代后期进行了较大规模的改革,旨在实现经济现代化。在面临激烈的国际竞争时,墨西哥进行了大规模的私有化进程,并且对大部分经济交易放开了管制。很大程度上是由于这些改革,导致1990年之后,大规模的跨境资本开始流入墨西哥。1994年12月,墨西哥发生的金融危机引发了很多政策研究者和金融从业者的重视和焦虑。有人质疑墨西哥货币政策的适当性,包括使用名义汇率作为降低通货膨胀的方法。几乎所有的文献都以墨西哥的跨境资本流动为研究的重点和中心。一些作者认为,大量的跨境资本流动使得墨西哥在基本面疲弱的情况下,消费水平得到了快速增加。其他人则认为,这些跨境资本流动的主要"投机"表明,墨西哥肯定会遇到严重的外部危机。还有人认为,墨西哥的错误是过早地提高了资本管制,使这些"投机"的资金流动扰乱了国家的宏观经济基础。根据以上观点,墨西哥的更适当的政策立场是维持某种形式资本管制的基础,就像智利、哥伦比亚和以色列等新兴经济体做的那样。这种观点的支持者认为,资本管制将使这些年轻的经济体免受波动的短期跨境资本流动的影响,帮助它们在面临外部冲击(包括投机性攻击)时,降低金融机构的脆弱性。

从历史视角看,在20世纪60年代和70年代初期,拉丁美洲与国际金融市场基本处于隔绝状态。除了有限的外商直接投资外,很少会有私人资本流入该地区。在整个这个时期,拉丁美洲主要依靠国外官方资本流动,主要来自世界银行、美洲开发银行和国际货币基金组织。在某种程度上说,拉丁美洲是多边机构的重要客户之一。在此期间,以当时主导的"两缺口"经济发展方式,有人认为,外资融资的增加将使该地区放松"外来约束",加速增长速度(Eaton,1989)。在20世纪70年代中后期,主要受到石油价格冲击的结果,拉丁美洲的国际私人流动性显著增加,并且成为遭遇"石油美元"冲击和影响的主要地区。仅在1981年1月,该地区就获得了(净)私人资本流入量的21%左右。与此同时,不同国家的情况在这段时间内差别很大。例如,在巴西、墨西哥和委内瑞拉,这些跨境资本中的大部分流入该国政府,并且被用来弥补政府的财政赤字。在阿根廷和智利,这两个国家在早期的市场化时期就开始对它们的私营部门进行改革。在1979—1981年间,尽管受到大宗商品价格的冲击,拉丁美洲的大多数国家仍然保持着健康的增长速度,有些国家甚至正在试验以市场为导向的改革。在这些国家中,有三个令人非常担忧的现象:(1)实际汇率显著高估,严重损害了出口的竞争力;(2)国内储蓄保持平稳,与可持续快速增长不符;(3)大部分跨境资本流入被用来为可疑的消费品或投资项目提供资金。这些跨境资本流动大部分是由银行参与的,几乎不受监管,很快成为这些国家发生危机的重要来源。1982年8月,墨西哥财政部长发布消息称,该国没有能力偿还债务。1982年末到1983年初,拉丁美洲的很多国家都发生了严重的跨境资本流动,就连智利和哥伦比亚这两个债务较少的国家,都经历了严重的跨境资本流动引发的金融危机。它们遭遇到了"邻里效应"的影响(Ocampo,1989)。1989年3月,很多债权国和多边机构认识到,在许多情况下,为某些国家提供债务免除符合每个人的利益。这种做法的基础是,对于负债沉重的国家来说,部分债务减免将鼓励该国的出口增长和市场导向型改革。反之,更快的出口增长将使它们能够加速偿还剩余的债务。1990年3月,美国财政部长宣布了一项基于自愿减债的新政策。这个新政策相当于将旧债换成新的面值较低的长期债务,其确切的转换比率和新工具的详细特征将由债务国与其债权人进行谈判。为了使这种新办法对债权银行具有吸引力,发达国家和多边机构投入了大约300亿美元,用以保证新的"布雷迪"优惠债券的顺利发行。在通常情况下,这些新证券的本金支付是由三十年零息美国国库券支付的,利息支付则需要三年滚动保证。1989年至1997年期间,哥斯达黎加、墨西哥、委内瑞拉、乌拉圭、阿根廷、巴西和秘鲁与债权人达成协议,约定要减轻其债务负担。

为了有资格进行布雷迪计划谈判,各国不得不使用"一些先行的行动"进行严肃的以市场为导向的经济改革。这个计划被认为是奖励那些真正致力于实施现代化改革的国家的一种方式,但是会提高相应的债务负担。1989年,墨西哥和哥斯达黎加达成了布雷迪计划框架内的第一个协议,并成为其减少债务的国家。委内瑞拉和乌拉圭在1990年和1991年紧随其后,阿根廷和巴西于1992年签署了协议草案。1996年,秘鲁成为在布雷迪计划范围内与债权人达成协议的最新国家。

到1990年,拉丁美洲的绝大多数国家都进行了市场化改革,虽然各国的方案各不相同,但它们表现出三个共同之处:(1)实施稳定方案,目的是降低通货膨胀率并创造可持续增长的经常账户。在大多数国家中,财政紧缩和重大税制改革,是这些计划和方案的核心。(2)这些经济体向国际开放。虽然每个国家都大大降低了贸易壁垒,但资本账户开放的方式却是多种多样的。在一些国家中,例如墨西哥和阿根廷,跨境资本的管制被取消;在其他一些国家如巴西、智利和哥伦比亚,保持了某种形式的跨境资本管制,特别是针对跨境资本流入。(3)企业私有化和放松管制方案,旨在降低国家在经济事务中的重要性。随着改革的进行,许多国家将执行针对穷人的方案,并且将其作为新的发展战略的重要组成部分(Edwards,1995)。

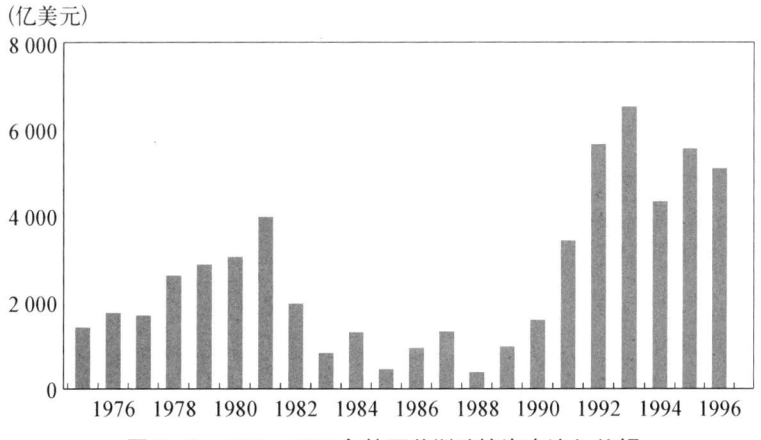

图9-8是1975—1996年拉丁美洲跨境资本流入总额。由图9-8可知,1978—1982年拉丁美洲跨境资本流入总额较多,并拥有较为丰盈的回报;1983—1989年拉丁美洲跨境资本流入总额较少,与该地区的经济紧缩有一定的联系;1990—1996年的跨境资本流入总额较多,对各国的实体经济也形成了一定的影响。从1990开始,各国重要的特征之一是官方资本流动(相对而言)出现了大幅下降,特别是来自IMF和世界银行等多边机构的资

图9-8 1975—1996年拉丁美洲跨境资本流入总额

资料来源:世界银行数据库。

金。然而，1995年，由于墨西哥危机，国际货币基金组织、世界银行、美洲开发银行和美国的官方净流量出现大幅增长。这是过去几年官方融资发生重大变化的生动反映，有些国家已经从最重要的提供者和唯一的外国资金提供者，变成稳定资金的提供者。多边官方机构在某种程度上为拉丁美洲提供了各种各样的保障功能，其主要作用是在发生危机时提供救济。

从1990年开始，大多数拉丁美洲国家吸引到了一定的私人资本。到1992年，跨境资本流入总额已经超过该地区出口的35%，很多学者已经开始讨论拉丁美洲的"跨境资本流入问题"（Calvo, Leiderman & Reinhart, 1993; Edwards, 1993）。有些人认为，资本稀缺和跨境资本流入的突然变化令人吃惊，这也反映了国际市场投机活动的增加。还有些人认为，这些国家在重大危机之后仅仅十几年就可以开拓国际市场，这反映了市场化改革的成功。如果市场愿意用大量的资金来对这些国家进行投资，那么这也反映出市场化改革正在取得的成果。

从具体数据的构成上看，拉丁美洲跨境资本流入的构成可以分为三类：(1) 外商直接投资——至少在一定程度上反映了东道国投资者的长期承诺；(2) 证券投资——包括权益和债务交易证券；(3) 其他类型的资金流动——包括长期和短期的贸易信贷，以及双边和多边的官方贷款。这些数据展现了一些重要的趋势。首先，证券投资在这些国家是一个崭新的现象。直到20世纪80年代后期，"其他投资"在大多数国家构成了主要的资本流入形式。其次，在一些国家中，投资组合流动是迄今为止跨境资本流入的主要形式，阿根廷和墨西哥的情况尤其如此。一般来说，这些投资组合流动有两种基本形式：外国投资者收购股票（主要以美国存托凭证形式）以及国际市场债券发行。世界银行的报告指出，发达国家越来越多的机构投资者（包括养老基金）正在将新兴经济体的股权纳入其投资组合。这种严重依赖股票和债券的情况与20世纪70年代相反，银行贷款构成拉丁美洲国家跨境资本流入的主要形式。再次，各国对外商直接投资的重要性出现了很大的差异。例如，智利、哥伦比亚和秘鲁在过去几年受到了大量的外商直接投资的冲击。在以上三种情况下，这些资金主要用于自然资源密集型行业，比如智利和秘鲁的采矿行业和哥伦比亚的石油行业。

2000年以后，拉丁美洲国家跨境资本流入，尤其是资产组合流入的大幅增加，是两股力量作用的结果。首先，国际金融形势的发展，特别是1990—1991年以来美国利率下降，鼓励发达国家的投资者在包括拉丁美洲在内的其他市场寻求更高的回报。有人认为，周期性外部因素是影响拉丁美洲国家跨境资本流入的最重要的因素（Calvo, Leiderman & Reinhart, 2005）。世界银行对新兴经济体私人资本大规模流入的研究证实了这些结果。其次,拉丁美洲经济前景的改善,包括与实行以市场为导向的改革有关的国家风险的降低,增加了这些国家对国际投资者的吸引力。研究发现,拉丁美洲国家自身的因素与周期性外部因素一样重要,都可以解释拉丁美洲国家跨境资本流入的原因。此外,利率差别在确定短期流量方面起着关键作用,但在确定长期流量方面并不重要。因为这些因素都受到长期的结构性变化的影响,特别是受到以市场为导向的改革的影响(Larrain, Laban & Chumacero, 2007)。

在过去多年拉丁美洲国家跨境资本流动规模大幅度提升的背景下,国际上学者纷纷对此进行深入研究和分析。有些学者认为,当一些国家经历大规模跨境资本流动的冲击时,这些国家的管理层有可能失去对货币政策的控制,经济将更容易受到外部冲击的影响,而且会导致居民的心理预期出现偏差。如果一个国家跨境资本流动的规模很高,政策制定者往往会对选择汇率制度的自由性表示担忧。还有人认为,资本的充分流动将导致"过度借贷",最终将导致重大的债务危机。在银行体系薄弱、执行现代监督管理制度能力有限的国家里,这个问题将表现得更加突出。此外,大量跨境资本流入对国内储蓄的影响也成为决策者和学者关注的问题。关于资本流动自由化的其他问题还包括实际汇率不稳定性增加,以及实际汇率升值导致的国际竞争力的潜在损失。还有一些学者认为,资本账户的过早开放可能导致大量的跨境资本流动。目前这些问题的讨论越来越多,也导致关于各国最适当的自由化和稳定化改革的文献在不断增加。实际上,关于拉丁美洲国家跨境资本流动的规模和程度一直是各国管理层激烈辩论的话题,这些讨论直接关系到资本管制政策的有效性。

20世纪90年代上半期拉丁美洲国家跨境资本流入的增加,使该地区国家大幅度增加了总支出。其后果是给国内价格带来压力,进而导致实际汇率大幅升值和国际竞争力下降。这种现象引起了学界和决策者的关注,也成为了关于经济改革的辩论的热门话题。尤其是,资本账户是应该在自由化进程中较早开放还是应该推迟改革、在改革时应当达到什么样的进程这些问题引发了很多人的思考。

关于资本账户的改革顺序的辩论,在很大程度上是由拉丁美洲国家对外开放引发的。在20世纪80年代,在讨论阿根廷、智利和乌拉圭的经验时,学者们首先考虑了这个问题,并且强调了替代序列的政策后果(McKinnon, 1992; Frankel, 1996)。这次辩论的结果得到了学界的普遍认可,并且认为在大多数情况下,首先必须解决各国的财政不平衡问题,并在改革进程的早期实现最低程度的宏观经济稳定。大多数的学者也认为,资本账户的自由化只有在贸易自由化改革实施后才能实现,只有现代有效的银行监管和监管框架才能实施金融改革(包括放宽资本管制)到位。越来越多的人认为,在改革过程中应尽早放松劳动力市场的管制,主要的理由如下：首先,在新自由化的环境中,监管不力的银行往往为可疑的项目提供资金,这会增加金融危机发生的可能性。而且,由于银行监管不力,特别是在存在隐性存款保险的情况下,会出现严重的道德风险问题。其次,劳动力市场的灵活性将导致相对价格变动之后的资源的重新分配。再次,跨境资本流入引发的实际汇率升值可能使一些国家降低出口部门的国际竞争能力,进而可能使贸易自由化改革最终失败。

在1997—1998年亚洲金融危机爆发之后,资本账户应该放开的观念重新获得了世界各国政府的重视。举例来说,国际货币基金组织总裁Micde Camdessus在接受金融时报的采访时表示,各国需要有条不紊地推进资本流动的自由化,并且促进短期跨境资本的流动。

从跨境资本流动与实际汇率的作用机制上看,跨境资本流入转化为实际汇率升值的确切方式,取决于名义汇率制度的性质以及货币当局对主要宏观经济变量变化的反应。在固定汇率制度下,国外资源的增加将导致中央银行国际储备积累、货币扩张和通货膨胀加剧,这些情况又反过来会迫使区域经济一体化。目前许多国家试图通过控制跨境资本流动来解决这些问题。另外,在灵活的汇率制度下,大量的跨境资本流入将导致名义和实际的汇率产生升值(Edwards,2013)。

一些学者认为,大量的跨境资本流入之后,一国实际汇率的升值是一个均衡现象,也就是基本面改善所出现的现象。例如,在墨西哥面临大量的跨境资本流动时,有些人指出,墨西哥比索的不断升值是不可持续的,有可能引发重大的金融危机。这种解释的局限性在于,它并没有在大量的跨境资本流入之后,将股票流动动态纳入研究框架。传统观点认为,大多数新兴经济体都面临着大量的跨境资本流动的冲击。然而,当有关国家开始实施市场化改革时,这种为了应对跨境资本流动冲击的外部信贷政策往往会放松。这种外部信贷约束的放松主要包含以下两个含义：首先,这将导致长期可持续的跨境资本流入的增加,而且这将取决于外国人对该国证券的股票需求、国家的实际增长率以及世界利率的变化。其次,放宽资本约束将导致跨境资本流入国内的短期超调。其原因在于,为了使一国证券的股票需求在短期内生效,跨境资本提供的额外信贷已经支付了资本流入和经常账户赤字,并且超过它们的长期均衡量。在大多数情况下,这个调整过程不会是短期的,在某些情况下这个调整过程甚至需要几年的时间。世界银行的报告指出,从历史上看,跨境资本流入大量增加导致了一国证券需求量的快速增长,跨境资本流入的总量大约占 GDP 的 20% 至 30%,年度流入量达到 GDP 的 7% 至 9%。

从理论角度看,引发上述转变的最重要的动态效应之一就是实际汇率的变化。随着跨境资本的流入,一国的实际汇率会升值。这种升值的程度因国家而异,主要取决于两个关键变量:一方面是总需求的跨期弹性,另一方面是非贸易商品的需求和供给的收入弹性。其中非贸易品需求和供给的收入弹性将取决于跨境资本流动将在多大程度上对非交易价格产生压力(Edwards,2014)。一旦跨境资本停止流入,或者即使跨境资本流入的速度减缓并向新的长期均衡水平移动,那么实际汇率也将"过度"升值。为了保持跨境资本流动的均衡,实际汇率可能需要大规模调整。因此,跨境资本流动和经常账户调整的动力将要求实际汇率先升值再贬值,并且达到均衡状态。在跨境资本流动规模大幅增加的同时,实际汇率没有任何障碍地出现了升值,并且名义工资和价格刚性使得一国所需的实际汇率的贬值变得非常困难。

除了墨西哥以外,智利和哥伦比亚在过去几年中一直是拉丁美洲跨境资本流动限制最为严重的国家。在这两个国家中,跨境资本流动限制措施是管理层共同努力的结果,其目的是避免一些破坏金融稳定的短期效应,尤其是跨境资本流入规模增加导致的实际汇率升值。1991 年智利实行了跨境资本流动限制,哥伦比亚在 1993 年实行了跨境资本流动限制。在这两个国家中,跨境资本流动限制都是以资本进口商必须将无息储备存入中央银行的要求为基础的。

第五节 亚洲跨境资本流动的现状

一、亚洲跨境资本流动的发展现状

根据国际货币基金组织(2016),新兴经济体一般是指"人均 GDP 水平低于发达经济体的国家或地区"。根据以上定义,新兴经济体包含的范围十分宽广,通常包括拉丁美洲和非洲等一些经济不发达的国家或地区。虽然在很多论文或者专著中,人们经常把亚洲各国归类于新兴经济体,但是根据以上分析,亚洲各国并不等同于新兴经济体,例如日本就应当归属为经济发达国家。鉴于近年来亚洲各国的跨境资本流动问题非常严重,本节将对其展开详细的分析和探讨。

自 2014 年起,伴随着新兴经济体的经济增速逐步放缓和"逆全球化"趋势来临,亚洲各国的跨境资本流动规模呈现出上升的趋势,引发了很多学者的关注。有学者认为,亚洲的一些国家已经成为跨境资本流动的重要的"资金来源国"。与此同时,亚洲在与其他新兴经济体共同变化的外部融资模式中也表现出一些特点。外商直接投资开始在资本流动中发挥更重要的作用,尽管投资组合的可持续性仍然存在疑问,但投资组合投资已经呈现稳定增长,成为资本流动的重要新形式。这种跨境资本流动的根本因素之一是这些国家在经济增长过程中的宏观经济平衡的结构性发展。尽管长期的国际银行贷款已经在净减少,但跨国银行的债权和负债相对于国内经济活动正在逐渐增加,它们扩大和深化了该地区经济体之间的国际资本交易。在共同发展的背景下,东亚国家在亚洲提供了各种外商投资的先决条件。它们创造了增加资本流动所必需的条件,一方面帮助解决宏观经济失衡,另一方面挖掘技术溢出效应,并且为国际经济气候变化以及来源国的变化创造了充足的条件(Kohsaka,2015)。

图9-9为2009—2016年亚洲新兴市场外汇占款和资金流动指标。由图9-9可知,在2014年以前,亚洲新兴市场的外汇占款都为正数。自2014年起,随着这些国家的经济增速逐步放缓和"逆全球化"趋势来临,外汇占款出现了较快下降,并且于2015年跌至-7 500亿元的最低点,之后出现了反弹。与此同时,亚洲新兴市场资金流动指标与外汇占款的走势几乎保持一致,自2014年起出现了较快下降,并且于2015年跌至最低点,之后展开反弹。

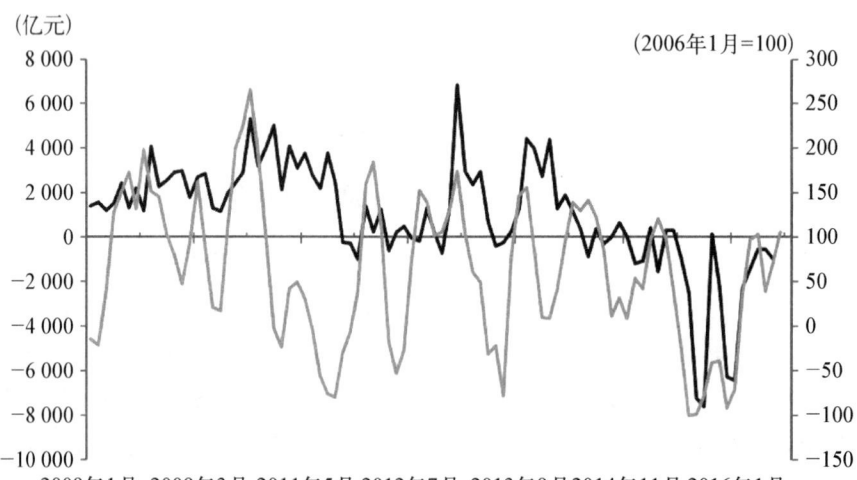

图9-9 2009—2016年亚洲新兴市场外汇占款和资金流动指标

资料来源:申银万国证券研究所:《跨境资金流动有惊无险 汇率关注三标准》。

伴随着亚洲各国跨境资本流动规模增加和汇率波动，各国长期债券市场与全球债券市场联系变得更加紧密。许多国家的经常账户由赤字转为盈余，导致国家风险溢价下降，并且进一步推动了这种融合。外国投资者在当地货币债务市场的投资，可能导致亚洲各国长期利率逐步走低。作为长期低利率的必然结果，资产价格可能被推高。因此，亚洲各国基准长期利率对国际影响的反应可能更为敏感(BIS，2015)。

近年来，国际货币基金组织也积极关注拉丁美洲与亚洲的跨境资本流动走势。由图 9-10 可知，在 2013 年之前拉丁美洲与亚洲的新兴经济体呈现出跨境资本净流入，2013 年之后以上现象发生了非常大的变化。在 2013 年 7 月、2014 年 1 月、2015 年 1 月和 2015 年 7 月，拉丁美洲与亚洲的新兴经济体均出现了较大规模的跨境资本流出。根据国际清算银行的统计分析，在 2015 年间，亚洲最大的 QFII(合格境外机构投资)ETF 基金在该区域抽离了大约 300 亿美元，这导致该基金的总规模减少了 60% 左右。以上数据在一定程度上反映出近年来拉丁美洲与亚洲等新兴经济体跨境资本流动问题的严峻性和复杂性。

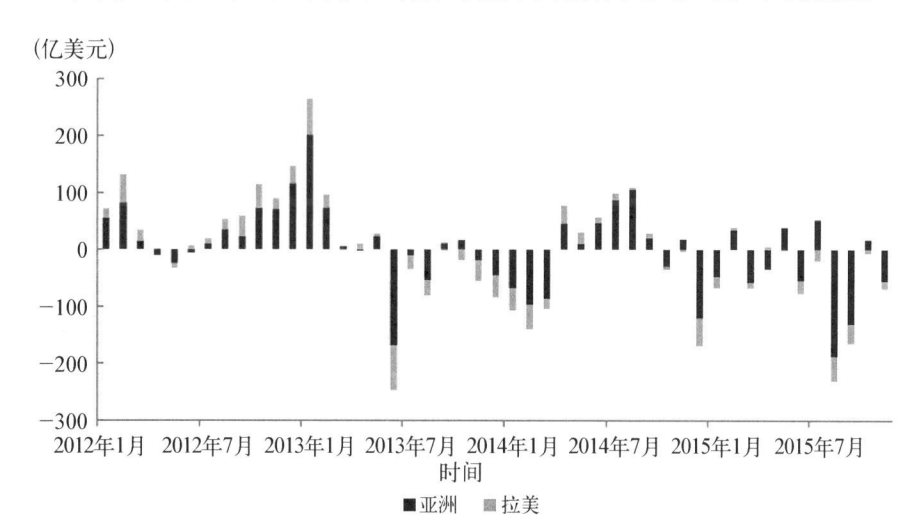

图 9-10　近年来拉丁美洲与亚洲的跨境资本流动走势

资料来源：国际货币基金组织网站。

图 9-11 为近年来印尼、泰国、马来西亚和新加坡的官方储备资产的变动情况。由图 9-11 可知，在 2012—2015 年间，泰国与马来西亚的官方储备资产整体上呈现出逐步下降的态势，而且二者的走势非常相似；新加坡官方储备资产的走势与以上两国有所不同，它在 2014 年之前呈现出快速上升的态势，在此之后出现了较快下跌；印度尼西亚的相关走势则相对平稳，它在 2013 年 7 月之前略有下跌，之后出现了较快反弹。综合来看，多数亚洲新兴

市场国家的官方储备资产呈现出逐步下降的趋势,主要的原因包括"逆全球化"趋势来临、国家的经济增速逐步放缓以及由以上因素导致的跨境资本流动规模的上升。

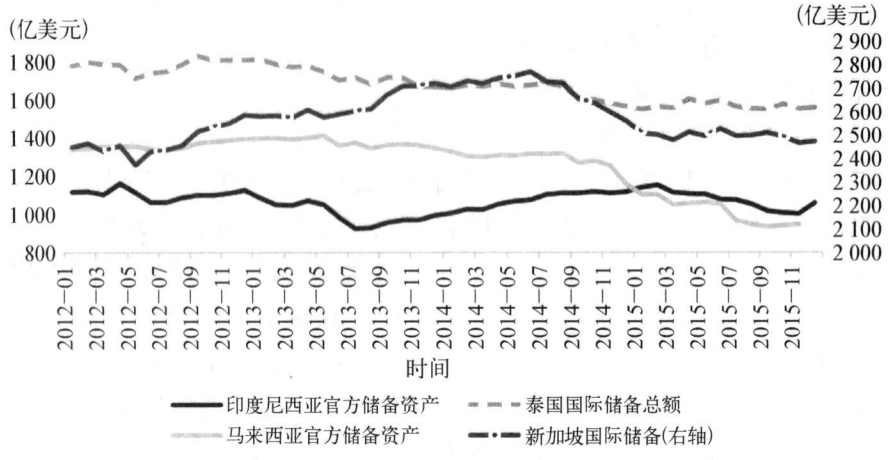

图9-11 近年来印度尼西亚、泰国、马来西亚和新加坡的官方储备资产
资料来源:世界银行数据库。

图9-12为近年来部分亚洲国家和地区的外债变化趋势。由图9-12可知,在2010—2015年间泰国、马来西亚和印度的外债规模呈现出不断上升的趋势,尤其是泰国和印度外债规模的上升斜率几乎一致,而马来西亚的外债规模在2015年左右出现了上升斜率陡然增加。中国台湾的外债规模在2013年上半年之前的上升走势相对平缓,之后该曲线的上升斜率出现了快速上升,直到2014年9月才有所变化。印度尼西亚的外债规模在2013年上半年之前呈现出逐步增加的趋势,之后则略有下降。相对于以上国家和地区而言,韩国的经济水平较高,它的外债规模变化趋势也较为平稳。综合来看,多数亚洲国家和地区的外债均呈现出较快上升的趋势,这也反映出近年来这些国家和地区的债务密集度不断增加,以及对应的"灰犀牛"风险在提升。

在亚洲金融危机爆发之后,很多亚洲国家都总结了危机时的经验和教训,它们将国内的固定汇率制度转变为有弹性的、较为灵活的浮动汇率制度。该汇率制度可以在一定程度上防范跨境资本流动引发系统性金融风险的放大效应,并且减少金融危机爆发的概率。主要的原因在于,当一个国家坚持使用固定汇率制度时,假设该国经历了较为严重的跨境资本流动的冲击,那么此时政府就必须利用国际储备资产来化解汇率风险。一旦这些国际储备资产被用尽时,政府就不得不接受货币贬值的现状,而且难以实施积极有效的应对措施。从以上汇率制度转变的效果来看,由于浮动汇率制度在实际操

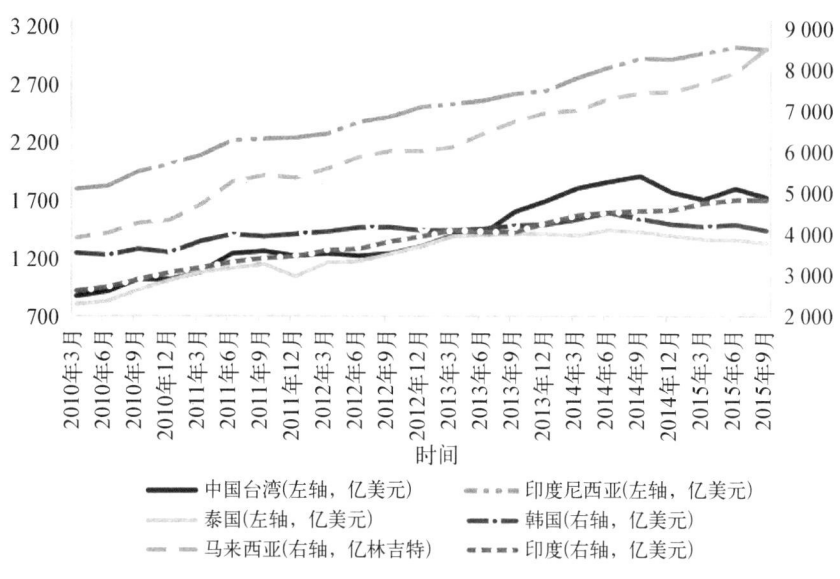

图 9-12 近年来部分亚洲国家的外债变化趋势

资料来源：世界银行数据库。

作中要比固定汇率制度更加灵活，而且弹性也更大，因此目前已经被多数亚洲国家所接受。由图 9-18 可知，在亚洲金融危机爆发之后，印度尼西亚、菲律宾、泰国等国家都已经将国内的固定汇率制度转变为浮动汇率制度，巴基斯坦和马来西亚使用其他管理安排，越南则使用了稳定化安排。

汇率安排方式	中国内地	中国香港	印度	印度尼西亚	韩国	马来西亚	巴基斯坦	菲律宾	中国台湾	泰国	越南
Under IMF Article VIII			●	●	●	●	●	●		●	●
稳定化安排											◇
类似爬行安排	◇										
其他管理安排						●	●				
浮动			●	●	●			●		●	

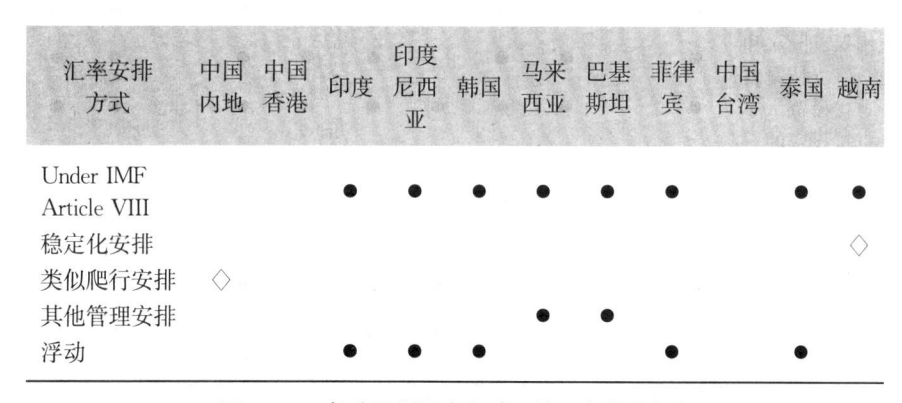

图 9-13 部分亚洲国家和地区的汇率安排方式

资料来源：国际货币基金组织：《全球金融稳定报告 2017》，2017。

亚洲金融危机爆发之后，一些亚洲国家不但将国内的固定汇率制度转变为较为灵活的浮动汇率制度，而且还逐步加强了资本账户管控的规范。在亚洲金融危机爆发之前，这些亚洲国家在资本账户管控方面暴露了很多问题。之后，各国管理层深入思考和分析以上问题有可能引发的金融风险，并且加大了对资本账户管控的力度。由图 9-19 可知,印度对资本市场上几乎全部机构、投资者和产品的交易都实行了严格的管控;中国只对商业信用项目的管控力度较小;印度尼西亚只对个人资本交易和直接投资的清算等项目的管控力度较小,对其余项目的管控力度均很大;巴基斯坦、菲律宾和越南等国家只对直接投资的清算的管控力度较小,对其余项目的管控力度则很大。此外,中国台湾和中国香港对资本市场上几乎全部机构、投资者和产品的交易的管控力度均很小,韩国则只对不超过一半的资本交易项目实行了管控。由图 9-14 还可以看到,大多数亚洲国家和地区尤其是经济不发达国家,它们普遍对放松资本账户管控持有较为慎重的态度,这在一定程度上降低了跨境资本流动的负面影响和发生金融危机的可能性。

项目	中国内地	中国香港	印度	印度尼西亚	韩国	马来西亚	巴基斯坦	菲律宾	中国台湾	泰国	越南
Under IMF Article VIII			●	●	●	●	●	●		●	●
资本市场证券	●		●	●	●	●	●	●		●	●
货币市场工具	●		●	●	●	●	●	●		●	●
集合投资证券	●		●	●	●	●	●	●		●	●
金融衍生品和其他工具			●	●	●	●	●	●		●	●
商业信用			●	●	●	●	●	●		●	●
金融信用	●		●	●	●	●	●	●		●	●
担保、证券、和金融支持设备			●	●	●	●	●	●		●	●
直接投资	●		●	●	●	●	●	●		●	●
直接投资的清算			●			●				●	
房地产交易	●		●	●	●	●	●	●		●	●
个人资本交易	●		●		●	●	●	●		●	●
商业银行和其他金融机构	●		●	●	●	●	●	●		●	●
机构投资者	●		●	●	●	●	●	●		●	●

图 9-14 近年来部分亚洲国家和地区的资本账户管控

资料来源:国际货币基金组织:《全球金融稳定报告 2017》,2017。

近年来,为了规避管理层的监管,一些经济不发达的国家或地区出现了大量的资本外流,流动至监管相对宽松的国家或地区(Kim,2013)。根据国际货币基金组织的统计数据,在 2004—2014 年的十年内,拉丁美洲、非洲和亚洲的一些新兴经济体的跨境资本流动规模较高,亚洲新兴经济体的问题也较为突出。

目前,多数亚洲国家的经济与发达国家的经济水平仍有较大差距,即这些国家为新兴经济体。由于这些国家的跨境资本流动可能对经济增长形成较大冲击,因此我们应当对亚洲国家的经济发展水平做一些介绍。在2008年全球金融危机爆发之后,多数亚洲国家都度过了经济萧条—经济复苏—经济重新发展的过程,但随着美元走强和各国的汇率相对贬值,这些国家的经济增长都面临着很大的压力。

图9-15为近年来韩国、中国台湾、马来西亚、泰国、印度尼西亚和菲律宾的工业产值同比情况,以上数据经过了季节调整。由图9-15可知,泰国的工业产值2010年之前出现了大幅上升,之后则逐步下降,2011年左右出现快速下跌,2012年左右又出现了快速拉升,之后又出现了较快下跌。除了泰国之外,其余各国家或地区的工业产值的增长率在2010年之前出现了大幅上升,2011年之后由于各国家或地区经济逐步进入了"新常态",这些国家或地区的工业产值同比也呈现出横盘震荡的走势。

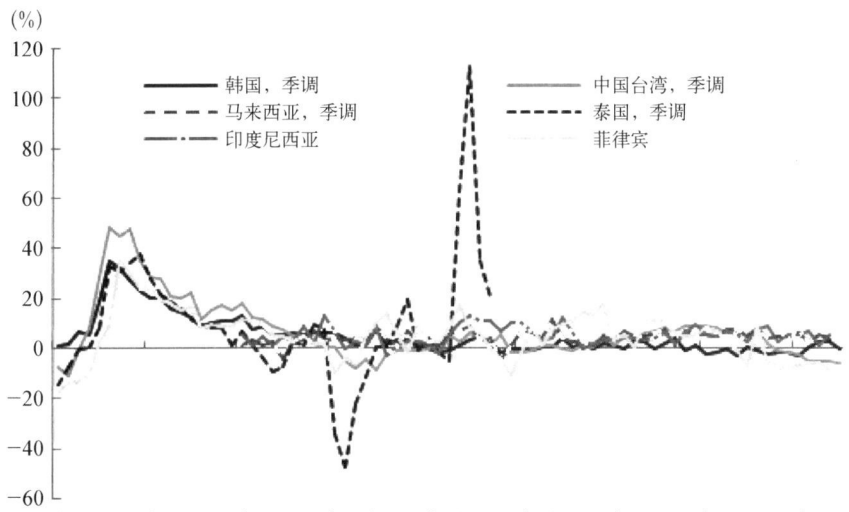

图9-15 近年来韩国、中国台湾、马来西亚、泰国、印尼和菲律宾的工业产值同比情况

资料来源:世界银行数据库。

图9-16为近年来韩国、中国台湾、马来西亚、泰国、印尼和菲律宾的CPI同比走势。由图9-16可知,同属于亚洲四小龙的韩国和中国台湾的CPI同比走势也非常相似,即在2019年下半年开始出现较快上升,之后呈现出震荡走势,直到2014年之后出现了较快下跌。两者CPI同比走势的差异

在于，中国台湾的CPI要比韩国同期低2.5%左右。泰国的CPI同比走势也与中国台湾的类似，不过2014年以后，泰国的CPI比中国台湾的下降的速率更快。此外，在2009—2015年间，菲律宾和马来西亚的CPI都维持为正数，并且呈现出震荡的走势。印度尼西亚的CPI同比走势具有一定的特殊性。该国在2009—2015年间出现了较为严重的通货膨胀，因此它的CPI在这些年份中普遍要比其他国家高，而且震荡的幅度也更大。

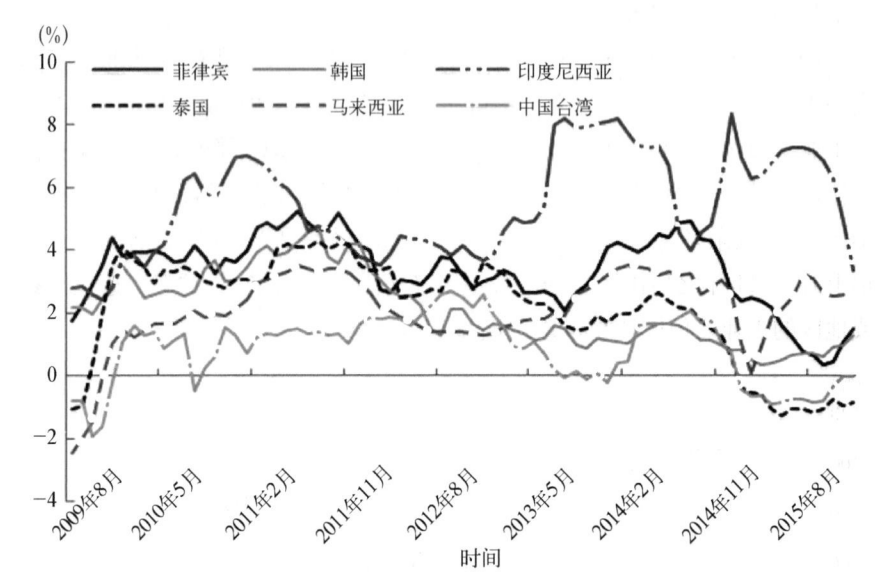

图9-16　近年来韩国、中国台湾、马来西亚、泰国、印度尼西亚和菲律宾的CPI同比走势

资料来源：世界银行数据库。

2013年之后，伴随着美元走强、新兴经济体的汇率相对贬值和经济增速放缓，一些亚洲国家的跨境资本流动规模呈现出不断上升的态势。为了防范其可能引发的系统性金融风险的放大效应，这些国家应当在积极推动金融开放的同时对资本账户的开放仍需谨慎，在实践中协调好宏观审慎监管与微观金融机构管理的关系，对可能出现的跨境资本流动保持严格监控，密切关注外汇储备规模的变动趋势，并且推动宏观经济长期稳健发展，这样才可以有效提升居民对于国内经济的信心和他们对未来经济的预期，并且为防止跨境资本流动规模过快上升营造良好的经济环境。

二、案例：亚洲金融危机爆发以来马来西亚管理层对跨境资本流动的管控

在亚洲金融危机爆发之后，马来西亚当局加强了对跨境资本流动的管

控,为可能出现的金融风险防范提供了保障,并且其管控的效果和成本都是适度的。从管控的效果看,金融部门监管导致汇率大幅贬值,资金不太可能大幅流入资本账户,这是该国进行全面放开先决条件。在直接对外投资方面,尽管其规模仍然低于危机前水平,但是这种变化并不能归咎于管控政策的影响。一般情况下,管控政策对跨境资本的流入和流出都会形成较为严重的影响。在投机泡沫较为严重的背景下,最常用的管控政策是对跨境资本流入进行管制,这样可以使社会抵御资本流入所造成的通胀压力,缓解汇率升值对外贸和生产的扭曲作用。此外,短期资本大量流入扭曲了债务的期限结构,并有效地压缩了国内金融体系中介的能力。当社会的监管体系较为薄弱时,这个问题就更加严重。

在历史上,在1992年的西班牙、1997—1999年的泰国、1998—1999年的马来西亚,管理层对跨境资本流动进行严格的管制。在这些国家中,资本账户基本上已经开放。当汇率波动存在强大的投机压力时,管理层对跨境资本流动采取了控制措施,这导致外汇储备出现下降,国内利率的上调又进一步导致国内需求的疲软。一般情况下,对市场管控主要依靠特殊税收、无息存款或汇率兑换制度,这些类型的管控政策有助于提高特定资本账户的交易成本,从而阻止跨境资本流动。它们经常被用来控制跨境资本的流入和流出,也通常被用来应对外国资本的投机行为。资本账户的管控涉及限制或禁止特定的资本账户交易,通常通过银行系统进行管理,其中最常见的是禁止货币互换交易。资本管制与外汇管制措施与两级交易所的外汇管制措施密切相关,马来西亚和泰国的管理层经常限制本国货币和股票的离岸交易,作为控制期内遏制投机压力的手段。

自1973年马币自由浮动以来,马来西亚开始了资本账户交易自由化的稳步进程。在1987—1989年度将资本账户交易自由化进行大幅放宽的同时,管理层又采取了放松金融体系的步骤。然而,在20世纪90年代初,马来西亚经历了较为严重的资本流动。虽然长期资金流动与强劲的经济基本面相关,但当局认为,短期资金流动是由国内利率决定的,因此有必要控制当时国内较高的利率。当跨境资本流动导致银行体系债务证券和外部债务大幅增加时,这种资本流动经常被认为是危险的。在经历了储备金增加之后,马来西亚管理层担心失去对货币基础的控制,在1994年2月对跨境资本流动进行了几次直接和市场化的控制,其中包括放松向非本国居民出售短期证券的限制、投机性掉期远期交易和银行非贸易相关外债,以及对境内银行开立无息存款要求等内容。这些政策的效果很快显现,1994年下半年短期资本项目的顺差很快被缩小,股票市场也出现了快速回调。这些跨境资本控制措施在1994年年底之前被解除。从实践效果看,利差的减少有助于抑制跨境资本流动,总体上这些跨境资本控制措施是非常有效的。

1995年之后,马来西亚恢复了逐步自由化的政策。1997年,马来西亚管理层放松非本国居民的金融交易限制,投资组合的流动不受限制,向非本国居民提供的信贷可以延长至6个月。非本国居民首次发行证券和居民境外发行证券需要经过批准;银行可以向国外借款,也可以向本国居民和非本国居民借用外汇;居民借入外汇超过一定数额时则币需要批准。除了一些部门受到限制外,对外直接投资均是完全免费的。有了以上政策,马来西亚在新加坡成立了一个活跃的离岸市场,并且在伦敦、纽约和香港也有交易。这些市场是非常具有吸引力的,主要原因在于,很多机构参与者没有达到国家银行要求的在岸机构相同的高准备金率。这些市场包括马来西亚境外的一切交易,包括货币买卖、存款、贷款和衍生工具的买卖,如掉期合约和期权等,并且对外贸易可以以马币计价和结算,这就消除了马来西亚出口商和进口商的外汇波动风险。然而,外贸伙伴不得不对冲他们的外汇波动风险,他们只能通过离岸市场提供的掉期合约和期权等手段进行对冲。除了提供高效的交易和对冲机会外,离岸市场还为马来西亚建立了一条基准收益曲线。对于允许国内外投资者有效地对马来西亚的证券进行风险定价,并且促进马来西亚资本市场发展来说,这是非常重要的。

在亚洲金融危机爆发以前,马来西亚大部分的离岸贸易都是通过国外账户系统实现的,这些国外账户系统存有马来西亚居民持有的外国银行的存款。理论上讲,这些外国银行的存款是马来西亚银行体系的外债。无论是出于贸易还是投机目的,离岸交易最终都必须通过这些国外账户之间的转账来解决。投机者可以从他们的离岸银行借用马币,在未来的日子里还款,而他们的离岸银行可以通过对冲马币的风险来适应这种需求,或者通过签订掉期协议解决货币风险,或者从国外账户提取资金来提前给客户。以上行为造成了马币资产和负债的抵消变化,就相当于可以从马来西亚的代理行借入马币,或者通过提高利率来吸引马币存款,从而形成马币债务,并且抵押其以客户贷款形式存在的马币资产。事实上,无论套期保值机制如何,投机行为增加了对马币的信贷需求,这导致了短期利率的上升,并对货币政策形成了一定的压力。

在危机爆发以前,马来西亚的经济经历了连续几年的快速增长。1996年底的外债比前三年下降了大约31%,短期债务仅占债务总额的四分之一左右。但是,有迹象表明,1997年马来西亚的经济增长表现乏力。当年国内信贷增长率达到36%,经常项目出现赤字,并且亏损的幅度增加。连续几年房地产行业的信贷扩张年增长率达到了30%,导致资产价格上涨。股市在1996年上涨了24.4%,并且在1997年2月达到三年来的高点。在政策的初期,选择性信贷控制是为了应对资产价格膨胀。1997年上半年,马来西亚管理层认为,资产价格的财富效应上升,叠加信贷扩张的强劲,银行体系的需求可能下降,将导致通货膨胀,并且金融机构更加脆弱。于是,管理层对财产和股票担保的银行信贷分别设定了15%和20%的上限。总体上看,管理层意识到生产部门不能像财产和股票市场那样过度扩张,高利率会造成损害,因此希望通过信贷上限来遏制高利率导致的压力。随着7月份马币的贬值,马来西亚的汇率遭遇到强大的压力。股市中的投资组合头寸已经被清算,银行介入外汇市场买入马币,隔夜银行间市场利率高达40%。汇率压力的持续存在和不断波动表明,金融市场的不稳定可能是长期的,而且高利率可能是必要的。

1997年下半年,马来西亚的不良贷款开始增加,1998年经济萎缩加速。在所有贷款率不到四分之一的金融公司中,房地产和股票购买贷款方面的情况最为糟糕,并开始影响商业银行。随着金融机构更加关注不良贷款,银行的贷款规模增速开始放缓。一些借款人的信用价值受到较高利率和需求萎缩的影响,导致信贷紧缩。1998年初,当局开始担心信贷扩张不足,难以维持经济复苏。1998年8月,海外马币的存款利率上升至20%以上。由于担心跨境资本流动的加速和国内利率的压力,1998年9月1日,马来西亚管理层实行了一揽子资本账户规定。

从政策实施的效果看,马来西亚管理层对于跨境资本流动管制的效果是复杂而全面的。基本上,他们试图通过消除与基本贸易或外商直接投资无关的所有国际金融交易来减少投机头寸对抗马币的机会。此外,他们有效地关闭了离岸市场,切断了对外国人对于马币的信贷,并暂停了跨境资本流动。1998年下半年,马来西亚跨境资本流动管制的目标是遏制对马币的投机压力,通过适度调节国内利率和汇率来提供稳定。这些政策被视为临时措施,部分原因是它们能够使经济免受外部冲击和邻国金融危机的蔓延影响。人们逐渐认识到,马来西亚的金融和企业部门在结构上存在一些弱点,必须在中期内解决。而跨境资本流动管制被视为提供了政策空间,以便管理层启动方案处理这些问题,并帮助恢复居民的信心,减少国际收支的压力。与此同时,所有国际金融交易都要求明确的书面证据,并且明确将交易与相关贸易或外商直接投资联系起来。因此,马来西亚跨境资本流动管制最初引起了国内金融机构的一些混乱。不过,国内宣传部门进行了有效的宣传活动,并且对公众详细描述了跨境资本流动的控制措施,并且在网站发布了相关信息。

随着时间的推移,它提供了工作实例,并且详细说明了如何将控制措施应用于各种交易。

事实上,从1997年第四季度开始,印度尼西亚、马来西亚与菲律宾等国家来自国外的进口规模出现了大幅萎缩,这导致外汇储备增加,居民对区域货币信心增强。这些国家的名义汇率在1998年年底以前全部见底,并在第三季度趋于稳定,因为各国的管理层允许货币政策和利率放松。这些国家的GDP增长复苏则开始于1998年第二季度。马来西亚、韩国、泰国、印度尼西亚和菲律宾等国家在1998年采用财政刺激措施之后,1999年继续使用并扩大了财政刺激措施。不同国家的这些财政刺激措施有相似之处,但马来西亚的外汇管制有一些独特之处。

与马来西亚相似,1997年5月泰国管理层也实施了跨境资本流动管制,但是在政策实施仅8个月之后又把管制放开。泰铢信贷需求旺盛时,正逢投机的高潮,泰国管理层实施了跨境资本流动管制。国外居民借入的泰铢被转换为外汇,并且预期泰国货币贬值、汇率下行压力较大和外汇储备降低。这些跨境资本流动管制措施有效地关闭了泰国互换市场国内银行系统的信贷来源,给投机者造成了巨大的损失。然而,这些措施并没有像马来西亚那样严格执行,而且泰铢外流的替代渠道被用来套利,在岸和离岸借贷利率的差距在1997年6月初扩大到12.9%。为了避免资本继续流出、外汇储备降低,1997年7月2日泰国中央银行最终允许泰铢汇率浮动。1998年1月,泰铢的汇率贬值了50%以上,后来又升值了大约30%,并在四个月内稳定在这个水平。泰铢汇率的调整对于缓解外部压力至关重要,对金融企业进行重组和结构性改革以及重新建立居民的信心也是非常必要的。总体上看,泰国试图使用跨境资本流动管制政策调整高估的汇率,但是没能实现预期目标,而且最终不得不放弃。

至1998年1月底,在马来西亚跨境资本流动管制政策推出七个月之后,马币的汇率贬值了80%。随着政府在企业和金融领域推出全面的重组计划,马币的汇率开始走强。1998年9月,汇率从1月的低点升值了20%。1987年以来,韩国的资本账户的限制也逐渐放松,但是跨境资本流动不像泰国或马来西亚那样自由。韩元的境外交易有限、汇率浮动和利率偏高,导致金融危机期间国外对韩元的投机活动微乎其微。韩国没有对跨境资本流动管制体系进行调整,而是把重点放在企业和金融部门改革上。以上案例表明了建立可信的结构改革计划的重要性,以及作为恢复和稳定经济增长关键的汇率调整的必要性。在马来西亚、韩国、泰国、印度尼西亚和菲律宾等国家中,除了泰国之外,其他国家的跨境资本流动管制政策并没有调整,表明这些政策可以发挥短期稳定的作用。

综合来看,在亚洲金融危机最严重时期,马来西亚对于跨境资本流动的管制政策是较为成功的。到1998年中期,马来西亚的区域经济动荡已经消除了。因此,马来西亚的跨境资本流动管制政策为国际资本流动和金融市场的进一步稳定提供了保障。管理层有效利用管制层面提供的政策空间,开展长期增长所需的结构性改革,其中包括对银行业务进行重组、开展企业和财务重组、处置不良贷款、实行破产法、推动重大公司治理、开展银行业监督管理等工作。尽管缺乏案例证实,在没有跨境资本流动管制政策的情况下,这些改革是否可能快速或深入地进行,但跨境资本流动管制政策可以使经济免受潜在的进一步冲击,并且提供一定的安全边际,以便这些关键的计划顺利落实。

与此同时,马来西亚跨境资本流动的管制政策在实践中也存在一定的成本。例如,在1998年8月的俄罗斯违约之后,几乎所有新兴经济体的利差都大幅上涨,而马来西亚的利差比泰国、韩国和菲律宾的利差涨幅超过大约300个基点。在亚洲金融危机之后,1998年和1999年马来西亚的外商直接投资规模大幅度下降,2000年仍保持疲软。但是,由于亚洲金融危机之前投资率过高以及整个地区产能过剩,还难以判断跨境资本流动的管制政策是否对外商直接投资产生抑制作用。

马来西亚跨境资本流动的管制政策面临的另一个难题是退出策略。管理层从一开始就宣布马来西亚跨境资本流动的管制政策是暂时的,部分是为了尽量减少对投资者情绪和国家风险溢价的影响。1998年2月管理层放松了对跨境资本流动的管制,也是对公众释放了一个信号,即该管制政策只是暂时的。由于担心于出口税被进口税取代,1998年2月和3月跨境资本出现小幅净流出。与1997年危机高峰期相比,股票市场的下滑是短暂的,而且波动幅度并不大。直到1999年9月,马来西亚跨境资本流动的管制政策仍没有完全退出。对于大多数其他中等收入国家而言,马来西亚对投资者的吸引力仍然是10%的出口税。此外,马币票据的进出口是有限度的,居民投资者如果想要获得境外投资的金额超过1万马币,仍然需要管理层的批准。对于掉期交易、国内外居民之间的信用交易的限制,以及外汇交易的要求,都被管理层保留。亚洲金融危机之后的改善金融部门监管框架的大规模计划,特别是在资本账户改革引入的跨境交易风险方面,得到了适当推进,而货币政策和汇率制度也有所改变。但是,预期汇率调整将增加短期资本升值的风险,如果汇率制度更为灵活,并且推动资本账户交易自由化进程,那么会得到较好的结果。

马来西亚跨境资本流动的管制政策在亚洲金融危机的后期得到了落实。其结果是,大部分跨境资本流动得到了控制,汇率大幅贬值,并被固定在低估水平,减小了资本外逃的可能性。股市出现了回升,国内生产总值出现了正增长,利率得到了放松,这些都与跨境资本流动管制政策的预期目标是一致的。但是奇怪的是,这些变化在所有其他危机国家都可以找到,但他们并没有遵循同样的跨境资本流动的管制政策。

总体来讲,马来西亚跨境资本流动的管制政策为可能遭遇到的风险提供了保障,并且为进行必要的改革创造了政策的空间。在整个政策实施时期,管理层推进了金融部门和资本市场的监管和监督改革,这是全面资本账户开放的重要前提。这些跨境资本流动的管制政策有效地实现了关闭离岸市场的目标,并且有助于推进降低国内利率的计划,减轻了不良贷款在金融体系中的集聚,并且使国内企业免于利率和汇率波动的冲击。在亚洲金融危机爆发以后,马币币值处于低估状态,管理层应当实现汇率弹性,这有利于平稳资本账户开放的方式,但需要配合金融市场监管的进展。从成本收益的视角看,马来西亚跨境资本流动的管制政策的成本并不高,通过认真和全面的设计和执行,这些成本可以降到最低。

第十章 政策建议与未来研究展望

第一节 本研究的创新之处

本研究的创新之处主要包括以下几点：

一、中国跨境资本流动的规模测算

测算跨境资本流动的规模，是对跨境资本流动进行理论分析和实证研究的重要前提。学界对跨境资本流动的理解具有异质性和多样性的特点，而且新兴经济体和发达国家的国情不同，因此关于跨境资本流动的测算方法有多种。国外文献的测算方法主要包括直接法、间接法和混合法，国内文献关于跨境资本流动的测算方法则集中在直接法、间接法和平均法。笔者首先介绍了国外和国内关于跨境资本流动的测算方法，然后使用世界银行与李扬的方法分别测算出了1992—2019年中国跨境资本流动的规模。为了使测算结果更加准确，本研究还将年度数据转化为月度数据。从两种方法测算出的数据看，2002—2010年采用世界银行的方法得到的结果相对数值较高，而在其他年份则得到了相反的结果。本研究重点分析使用世界银行法测算得到的结果，发1992—2019年中国跨境资本流动具有规模较高、资本外流和流入共存、阶段性特征较明显和可能导致系统性金融风险隐患放大等特点。

二、中国跨境资本流动与经济增长的关系分析

为了刻画和阐释中国跨境资本流动对经济增长的影响机制，应当使用世界经济学、动态经济等知识来构建理论模型，并且对以上模型的现实意义进行深入分析。本研究首先对跨境资本流动和经济增长之间的关系进行概述，然后构建了动态的 Mundell‐Fleming 模型，并且增加了跨境资本流动变量，

最后对此模型进行求解,得到的解为一负一正的两个根,即存在鞍点稳定的解。加上跨境资本流动变量后的动态 Mundell - Fleming 模型,能够用以验证"不可能三角定理"是否正确。具体而言,一个国家或地区难以同时实现货币政策的独立性、资本管制完全开放和固定汇率制度,最多只能实现以上三项中的两项。本研究构建的理论模型的结论具备一定的现实意义,即跨境资本流动与汇率波动、经济增速都有关,并且可能触发系统性金融风险的放大作用等。

近年来在"逆全球化"趋势来临、中美贸易摩擦和中国经济增速放缓的背景下,二者之间的关系是发生了较大的变化,还是和多数文献的观点保持一致? 这是亟须研究的问题。本研究首先使用邹至庄检验,将 1992—2019 年称为全体阶段,并且以 2001 点为临界点,设置 2001 年之前为第一阶段,2001 年之后为第二阶段。然后,使用结构向量自回归模型和广义最小二乘法检验全体阶段跨境资本流动对经济增速的影响,发现结果并不显著;接着,使用广义最小二乘法检验第一阶段二者之间的关系,发现跨境资本流动对经济增速的影响也不明显;最后,采用广义最小二乘法、结构向量自回归模型和极大似然法来检验第二阶段二者之间的关系,并对模型做了稳健性检验,发现跨境资本流动和经济增长在长期存在负相关的关系。本研究的最终结论和现有文献存在一定的差异,可能的原因在于,近年来中国跨境资本流动对经济增速的影响出现了结构性的变化。

三、跨境资本流动冲击下金融风险的演化分析

从世界范围看,新兴经济体与发达经济体之间的经济金融一体化成为近些年来全球经济发展的突出特点之一。为了深入研究跨境资本流动冲击下金融风险的演化,本研究首先探讨了跨境资本流动与金融风险演化的传导机制,即当一个国家遭遇严重的外部冲击或者内部冲击时,贸易摩擦、"逆全球化"、国内的房地产价格或股市出现大跌等因素会引发跨境资本流动,尤其是资本外流规模的大幅度增加。在此背景下,跨境资本流动规模的大幅度增加会导致该国的汇率出现贬值,并且引发对外部门出现危机。与此同时,跨境资本流动规模的大幅度增加还会导致该国的流动性下降、利率上升,在该国可能引发非金融企业去杠杆、房地产价格加速调整等风险,甚至导致银行业出现危机;在国际金融市场上,由于交叉传染风险的出现,该国的跨境资本流动规模的大幅度增加会影响其他国家的居民对于金融稳定的信心,并且引发这些国家金融市场的波动幅度加大,从而导致系统性金融风险放大效应的出现。

其次，本研究构建了跨境资本流动与金融风险演化的动态耦合模型，对两者之间的关系进行阐释。动态耦合模型显示，在开放经济下，只有当 $\xi\psi-\eta\gamma s>0$ 时，跨境资本流动才会对一个国家的经济增长率起到正向促进作用。如果该条件不满足时，跨境资本流动就会对该国的经济增长率产生负面影响，从而可能导致系统性金融风险隐患放大。

最后，本研究使用固定效应模型和 PVAR 模型对亚洲各国跨境资本流动和金融风险之间的关系进行实证检验。实证结果表明，跨境资本流动可能导致系统性金融风险的放大效应。

四、跨境资本流动的国际经验与借鉴

过去三十年来，全球金融一体化为发达和新兴市场经济体的决策者带来了重大机遇和挑战。与此同时，全球金融一体化趋势导致包括墨西哥、俄罗斯和亚洲在内的新兴市场经历了几次金融危机，这些金融危机都与跨境资本流动存在着较为密切的关联。随着国内经济回暖和"逆全球化"政策的实施，美国近几年出现了跨境资本净流入，其跨境资本流出的主要动机是避税和逃税；随着希腊、西班牙、葡萄牙和意大利等国家先后陷入债务危机，以及英国脱欧公投，欧元区的跨境资本流动问题也很严重；俄罗斯的跨境资本流动问题尤为明显；新兴经济体跨境资本流动引发的金融风险较为严重，尤其是撒哈拉以南非洲和拉丁美洲国家；亚洲国家的情况也不容乐观，资本外流的趋势更为明显。从亚洲各国来看，2000—2017 年间，马来西亚的跨境资本流动占 GDP 的百分比可能最高，中国紧随其后，孟加拉国、泰国和巴基斯坦的情况也不容乐观，印度尼西亚和印度的数值相对较低。研究跨境资本流动的国际经验，可以为中国防范系统性金融风险隐患放大和金融危机起到借鉴作用。

第二节 政 策 建 议

在跨境资本流动压力较大的情况下，跨境资本流动管理措施应当成为防范金融危机发生的重要政策的一部分(IMF，2018)。[①] 根据理论模型和实证模型的结论，并结合中国的现实情况，本研究针对中国跨境资本流动的金融风险提出一些防范措施和监管建议，具体内容如下所示：

---

① 资料来源：国际货币基金组织 2018 年 10 月发布的《全球金融稳定报告(2018)》。

一、继续推动人民币汇率市场化改革

根据《中国金融稳定报告(2018)》,中国的人民币汇率是建立在市场供求之上,并且参照一揽子汇率进行调整的有管理的浮动汇率,而且市场在整个汇率制度安排中发挥着越来越重要的作用。目前,中国的人民币汇率正积极朝着市场化方向发展,而且中国人民银行基本不再对人民币汇率的日常波动进行干预。继续推动人民币汇率改革,不仅可以使人民币汇率对国际收支平衡发挥自动稳定器的作用,而且对跨境资本流动和经济增长也会起到积极的促进作用。从数据上看,2018年中国人民币汇率的波动幅度大约为4.2%,比欧元和英镑的波动幅度还要小,表明中国人民币汇率的波动较为稳定。①

从人民币汇率的改革历程看,中国央行自2005年以来一直坚定推动人民币汇率市场化改革。从时间节点看,2007年、2012年和2014年,人民币兑美元汇率的波动幅度发生了三次较大的调整,从0.3%上升至2%,这反映出人民币汇率市场化改革的一定成效。2005年,央行宣布取消非美元货币对人民币汇率的波动区间的限制。2014年,央行又宣布取消客户美元挂牌汇率的波动区间的限制。2015年,央行宣布继续完善人民币兑美元汇率中间价的浮动制度,即在银行间外汇市场每个交易日开盘之前,做市商不仅需要参考银行间外汇市场上一个交易日的收盘价格,还要考虑全球其他国家汇率的变化和本国外汇的市场供求情况来提供中间价报价。该制度的优点主要体现在以下两个方面:其一,它可以促使人民币汇率根据市场力量进行适当调整,并且使其在偏离程度过高时回到合理的均衡水平;其二,该制度提高了人民币汇率中间价的市场化水平,增强了市场供求在人民币汇率波动中的作用,并且有助于降低市场汇率和汇率中间价之间的偏差,进而促使汇率中间价的基准作用和市场化水平显著提高。2016年10月1日起,国际货币基金组织决定将人民币纳入特别提款权(SDR)组合,人民币在特别提款权中的权重高于日元和英镑,这也是国际货币基金组织对人民币汇率市场化改革成果认同的一种体现。

很多学者认为,在中美贸易摩擦、"逆全球化"趋势来临等因素的影响下,中国应该继续推动人民币汇率改革。近几年来中国的经济增速位于6%—7%的区间范围内,且对于汇率波动而言,经常项目的变动趋势是一个非常关键的因素,目前中国的外贸关系中还出现规模较大的经常项目差额。从这些

---

① 《中国金融稳定报告(2018)》,报告来源为 http://www.gov.cn/xinwen/2018 - 11/03/5337137/files/48b31c0c3cec41ac977b18a2b6b9590a.pdf。

背景看，人民币汇率的短期疲弱很有可能是市场供求变化而形成的结果，在长期而言它的表现应当较为强势。中国政府应将重点放在保外汇储备上而非汇率上，主要的原因在于：如果中国的外汇储备规模较高，就能够从容应对一些金融风险，如果外汇储备规模下降速度过快，那么就可能引发汇率贬值与外汇储备规模下降的双重负面效应。相比于外汇储备规模下降来说，汇率贬值引发的金融风险更容易被人们防控（余永定，2016）。在新形势下，中国的央行应该继续推动人民币汇率改革，更多发挥市场供求的作用，并且界定市场和政府各自的边界。尤其是在加入了国际货币基金组织的特别提款权以后，中国的汇率仍然存在被高估的问题，因此管理层应当让市场发挥更多的作用，人民币汇率也应当遵循市场规律，在中长期出现一定的贬值（张明，2015）。

在经济"新常态"的背景下，笔者认为，让市场供求力量更多地来决定人民币汇率的波动情况更加符合逻辑。图10-1为固定汇率制、货币政策独立性与资本自由流动所构成的"三元悖论"示意图。由图10-1可知，它们构成了"不可能的三角"，即三者不能同时出现，最多只有两个同时出现。基于以上理论，相对于固定汇率制，浮动汇率制度比较具备弹性，可以让全球的投资者对人民币汇率更加具有信心和稳定的预期，还可以避免货币政策出现失效的现象。

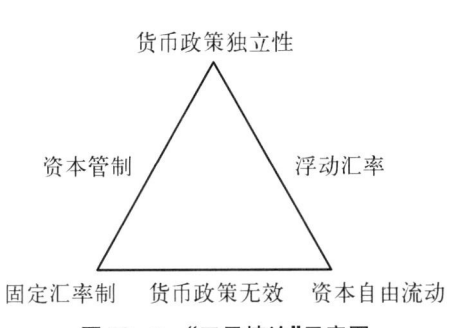

图10-1 "三元悖论"示意图

资料来源：刘敏和李颖：《"三元悖论"与人民币汇率制度改革浅析》。

此外，在金融市场开放的趋势下，居民会对人民币汇率的波动更加适应。而且，随着债券、股票市场的日益开放，金融市场中的对冲工具日益完善，人民币汇率的波动导致的金融风险会被这些对冲工具抵消掉一部分，这有利于我们对其引发的金融风险进行防控。

从国际经验上看，目前亚洲的大多数国家都在追求较高的汇率弹性，尤其是韩国、印度尼西亚和泰国。一些西方发达国家，如加拿大、美国等国家的汇率弹性也很高，并没有证据表明，汇率弹性高会引发严重的金融危机

(Aizenman & Ito,2016)。

综合以上分析,笔者认为管理层应当继续推动人民币汇率市场化改革,进一步加强人民币汇率双向浮动的弹性,并且建立以市场为导向的汇率调节国际收支的长效机制,这对中国的经济增长和防范跨境资本流动导致的系统性金融风险隐患的放大效应将起到积极作用。

二、尽量提高外汇储备的管理水平

图10-2为2015年8月—2016年11月中国外汇储备规模变动趋势。由图10-2可知,在2015年8月汇改之后,中国的外汇储备规模呈现不断下降的趋势,短短一年的时间下降了0.55万亿美元左右。2015年汇改之后的10月至2016年1月,外汇储备规模的下降速率最快,2016年9月又出现了较快下跌,在其余的时间段内波动幅度则较为平缓。

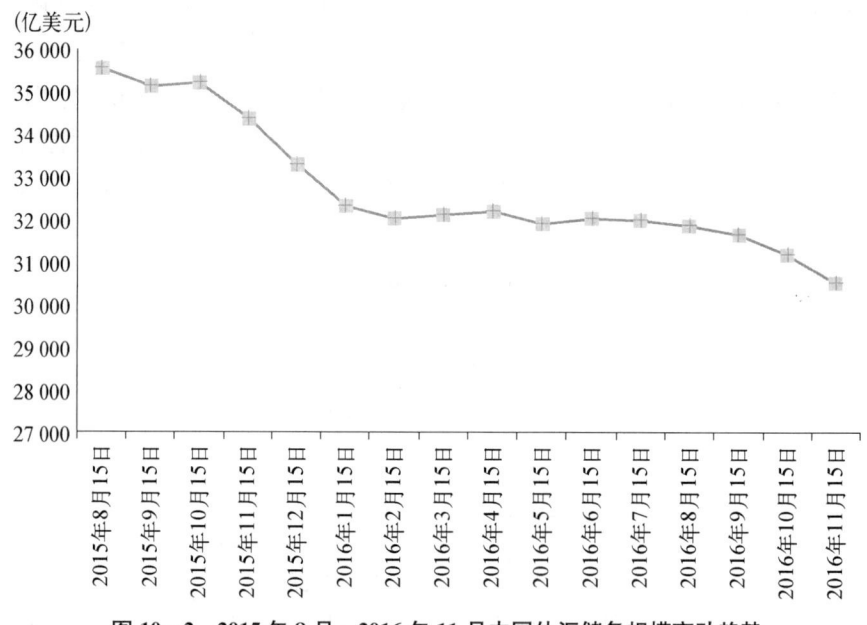

图10-2 2015年8月—2016年11月中国外汇储备规模变动趋势

资料来源:国家外汇管理局网站。

从图10-2可知,在人民币汇改的推进、"逆全球化"趋势来临和跨境资本流动规模上升等因素的冲击下,中国外汇储备规模呈现出下降的态势。外汇储备也可以称为汇存底,它是指中央银行或其他政府机构为满足国际收支的需要而集中储备起来的外汇资产,其作用主要表现为对外汇市场进行适当调控和对国际收支逆差进行清偿。

尽管外汇储备的规模过高可能引发通货膨胀,但是外汇储备的增加可以提高中国的国际信誉和综合国力,可以加强对宏观经济的调控能力,对国内经济的发展也可以起到一定的促进作用。反之,如果外汇储备的规模下降速度太快,就可能引发一定的金融风险。首先,当外汇储备的规模出现大幅下降时,会导致中国金融市场的资金面出现紧张,甚至会出现"资金荒"的局面,这意味着股市、债券等金融市场的波动幅度变大、走势疲软,实体经济也会因此而受到不利的影响。其次,由于当前中国存在着诸多的资本外流的非合法途径,外汇储备规模的大幅下降也会导致人们的信心下降,进而导致一些资本通过非合法途径流出至国外。

根据余永定(2016)的研究,在国际收支平衡表中,"错误与遗漏"项目往往可以反映一个国家非合法跨境资本流动的规模。目前中国国际收支平衡表中"错误与遗漏"项目的规模已经高达两千多亿元,这表明中国非合法跨境资本流动的规模已经很高。这些资金包括投机套利资金和一些企业通过地下途径转移至境外的资金等。一旦中国外汇储备的规模出现大幅度下降,有可能引发人们对人民币汇率贬值的担忧,并导致国内资本加剧流出。因此,尽量提高中国外汇储备的管理水平,使用外汇储备和资本管制来防范汇率大幅波动引发的金融风险,将是中国宏观经济调控的重要手段。

三、管理层仍需慎重对待资本账户开放问题

从实践看,自从亚洲金融危机爆发之后,一些亚洲国家逐步加强了资本账户管控的规范。在亚洲金融危机爆发之前,这些亚洲国家在资本账户管控方面暴露了很多问题。之后,各国管理层深入思考和分析以上问题有可能引发的金融风险,并且加大了对资本账户管控的力度。印度对资本市场上几乎全部机构、投资者和产品的交易都实行了严格的管控;中国只对商业信用项目的管控力度较小;印尼只对个人资本交易和直接投资的清算等项目的管控力度较小,其余项目的管控力度均很大;巴基斯坦、菲律宾和越南等国家只对直接投资的清算的管控力度较小,其余项目的管控力度则很大。

在"逆全球化"趋势来临、中国经济增速放缓和跨境资本流动规模上升等条件的制约下,中国管理层仍需慎重对待资本账户开放问题。主要的原因在于,目前人民币是不能够自由兑换的,如果管理层加快资本账户开放的步伐,就可能导致很多居民换汇行为的出现,这不仅会导致跨境资本流动规模的快速上升,而且可能导致系统性金融风险的放大效应出现。

如果中国的资本账户出现加速开放,那么一些企业或居民会有很强的动机进行全球资产配置,这将造成国内资本外流的规模大幅增加。举例而言,自2015年开始,中国的一部分高净值家庭(净值大于100万元),就可以通过

QFII2(合格境外机构投资者)渠道对国外金融市场进行直接投资,这成为近年来中国跨境资本流动大幅增加的重要原因之一。因此,从这个角度上讲,资本管制成为金融整顿、防范金融风险的"必要防火墙"(陆婷和张明,2017)。在新形势下,全球金融周期变化对跨境资本流动对跨境资本流动形成了很大的影响,最大的变化是将资本管制、固定汇率和独立货币政策的"三难困境"转变了"两难困境"或者"不同调和的两难困境",即只有资本账户得到管制,独立的货币政策才有可能实现(Rey,2015)。

国际经验表明,一些新兴经济体未能慎重对待资本账户开放问题,即开放速度过快,导致它们出现了较为严重的金融风险。Babson(1999)认为,正是由于中国对于跨境资本流动和资本账户的管制较为严格,帮助中国的金融部门与其他国家的金融市场隔离,使得中国在1997年亚洲金融危机中受到的损失较小。Turner(2018)指出,各国政府应该对跨境资本流动和资本账户开放做出一定的限制,因为从某种意义上讲,全球金融体系一定程度的分割并非坏事。例如,欧元区由于存在全体政治制度设计方面的缺陷,因此它难以有效防控跨境资本流动的金融风险,如果缺乏彻底的改革,那么欧元区未来的经济增长就很难取得成功。此外,由于过度的跨境资本流动可能对中国的金融安全形成负面影响,因此中国应当有序开放资本账户(马理、朱硕,2018;王子博,2015;杨子晖、陈创练,2015;周工等,2016;陈创练等,2017;智琨、傅虹桥,2017;Henry,2007;Dong et al.,2012;Bayoumi & Ohnsorge,2013)。

因此,中国管理层仍需慎重对待资本账户开放问题,应当继续坚持逐步开放的现有政策,用以规避和防范一些金融风险。由于诸如直接投资、证券投资的资本项目基本上已经实现了开放,该政策主要是指居民储蓄换汇等短期跨境资本流动方面。

四、加强对跨境资本流动的宏观审慎监管

宏观审慎政策工具的发展是2000年以来金融业监管政策中重大的变化之一,其目的在于在降低金融市场的系统性风险。从实践看,中国的宏观审慎监管政策是动态发展的,该政策实施的目的是管理层通过对系统性金融机构监管、使用逆周期调控等手段防范化解重大金融风险。由于管理层对跨境资本流动进行监管的一个重要特征为逆周期性,它的目标和手段在一定程度上与宏观审慎监管政策是一致的,因此管理层可以在现实中将二者结合起来使用。

IMF(2016)认为,金融危机表明,很多国家缺乏有效的机制监测金融机构相互联系日益复杂的金融风险,并且难以评估这些金融风险造成的潜在的

溢出或传染效应。此外,很多国家面临的主要的挑战是,难以评估影响资产质量、资金和资产负债错配的宏观金融冲击。Allen 和 Carletti(2012)指出,微观审慎监管政策被证明无法维持金融稳定,主要是因为它没有认识到系统性风险的问题。系统性风险主要有以下来源:资产价格泡沫的常见风险,尤其是房地产泡沫;流动性错配和资产错误定价;金融市场的恐慌;风险传染;政府主权违约和银行体系中的货币错配等。宏观审慎监管处理的是系统性风险,不再仅仅是单一金融机构失败的风险;而且它还包含逆周期资本监管等措施,即在正常时期,银行和其他金融机构可以积累资本储备和缓冲,使它们能够经受住金融体系的严重冲击。因此,宏观审慎监管要比微观审慎监管政策更加适合于对系统性风险的监管。Aysan(2015)调查了土耳其 2010 年底推出的宏观审慎政策的有效性。自 2008 年全球金融危机爆发以来,一些发达地区如美国、日本、欧洲等均实行了量化宽松政策,给包括土耳其在内的大多数新兴国家的金融稳定带来了严重的冲击。使用由 46 个国家构成的面板数据模型表明,在对一系列国内外变量进行控制之后,相比于一些发达国家和新兴国家而言,在实施宏观审慎政策后,土耳其的跨境资本流动对全球因素的敏感性相对较低,即宏观审慎监管对防范跨境资本流动导致的系统性金融风险的放大效应起到了缓冲的作用。孙国峰等(2016)指出,即使汇率可以自由浮动,央行也应该对跨境资本流动进行一定程度的宏观审慎监管。主要的原因在于,资本管制在"不等边不可能三角形"体系中处于最重要的地位,如果缺乏必要的宏观审慎监管,那么就不太可能实现宏观经济的均衡或者最优状态。Aizenman 等(2017)则认为,当一个国家出现经常账户赤字、持有较低水平的国际储备、金融市场相对封闭、经历净投资组合流量增加或信贷扩张时,政府更广泛地实施宏观审慎政策将导致它在实行扩张性货币政策时,获得货币独立性。因此,宏观审慎政策可以被视为一套独立于其他货币政策的有利于金融稳定的政策工具。

从国际经验的角度分析,目前巴西、澳大利亚与法国等国家的管理层在实践中较为重视对跨境资本流动的宏观审慎监管,并获得了一定的成效。这些国家的成功经验值得中国借鉴和学习。

五、建立针对跨境资本流动的风险应急机制

跨境资本流动可能对一个国家的宏观经济形成巨大的负面冲击,甚至有可能引发金融危机,而建立有针对性的风险应急机制可以缓解跨境资本流动所带来的风险和负面影响,因此风险应急机制的构建成为中国的当务之急。

从实践角度看,针对跨境资本流动的风险应急机制应当包含金融风险的

预警机制、应对机制和化解机制三部分,构建该风险应急机制是一项复杂的系统工程。就金融风险的预警机制而言,管理层应当使用经济手段调控和引导合理的跨境资本流动,构建国内重要金融机构和跨国公司的外汇资金流动监测系统,完善国际短期资本和非贸易项下跨境资金流动的监测系统。这些均有助于从根源上防范跨境资本流动导致的系统性金融风险的放大效应。就金融风险的应对机制而言,管理层应当成立应对跨境资本流动引发金融风险的领导小组,并负责应急方案启动等事宜。在具体的工作职责上,管理层应尽快制定相应的应急方案,准确把握应急方案启动和信号发布的时间窗口,并且提高信息沟通传递的频率和速度。就金融风险的化解机制而言,中国应当建立应对跨境资本流动引发金融风险的紧急财政援助机制和贷款机制,探索建立可以为金融机构提供流动性支持的市场风险基金,并且完善金融风险分散机制。以上针对跨境资本流动的风险应急机制的构建,可以为中国缓解跨境资本流动所带来的风险和负面影响提供重要的支持作用。此外,中国可以借鉴和参考韩国建立外汇资本流动监测系统的经验,逐步完善保险、证券等跨境资本流动的实时监测系统(毕海霞等,2018)。

六、提高国际间货币政策的协调度

在开放经济下,全球各国货币政策的协调度正在不断提升,而且这已经演变成一种新趋势(孙国峰、段志明,2017)。在 2000 年之前,全球各国的货币政策呈现类似于微观经济学中斯塔克伯格博弈的不平等博弈的关系,而且各国的货币当局的地位导致了决策秩序的不平等。在这些决策顺序中,美国是货币政策和价格的领导者,其他国家的货币政策只能选择是否跟随美国的货币政策。从实践上看,有证据表明,近年来全球各国货币政策的协调度正在上升。这种趋势既和各国金融开放的推进、货币政策目标的变化密切有关,又和近年来各国的经济结构趋于接近、产出和通胀的溢出效应增加有关。当前,一个国家在调整货币政策时,不仅需要考虑本国的经济状况,还要考虑其他国家的产出和通胀情况。从以上视角来说,提高国际货币政策的协调度意味着各国的货币政策是不完全独立的,在实践中应当更加注重提升国内居民的福利和宏观经济实现均衡状态。

从提高国际间货币政策协调度的实现方式看,目前这种协调方式是非常灵活的。这主要表现为,很多国家在制定货币政策时,往往将其他国家的经济或金融周期运行状况、货币政策规则等纳入本国的考量范围之内,而不是通过双边或多边的协议进行约束。随着经济全球化的程度不断加深,提高国际货币政策协调度的难度正在逐步降低,可操作性在逐步增强。在金融全球化背景下,各国的金融市场在推动国际货币政策协调度的提高方面日益发挥着重要作用。由于它们之间存在交叉传染和相互影响,它们成为各国货币政策关联的纽带。例如,2016—2018年期间,美联储多次实施紧缩的货币政策,而中国尽管下调了存款准备金,但是由于国外因素的传导效应,国内的债券市场和货币市场的利率也呈现出了上升趋势,这在一定程度上反映出国际货币政策的协调度正在提升。

七、中国应当注重经济"调结构"与"稳增长"的协调

随着"逆全球化"趋势来临、贸易摩擦可能常态化和债务风险增大,未来新兴经济体的经济增速有可能呈现普遍下滑的局面,尤其是重债穷国的金融脆弱性较高(世界银行,2019)。在以上背景下,中国应当在"调结构"和"稳增长"之间保持平衡,也就是说,既要考虑产业升级、高质量增长,又要保持较高的经济增速来降低金融风险,这样才能够实现中国经济的长期稳健发展。当前中国经济增速下滑较快,而且经济增速相当稳定地向下走,这构成了中国宏观经济的最大风险。因为如果按照目前的速率下行,五年后中国的经济增长周期可能消失,会导致跨境资本流动规模大幅增加、失业率上升等风险(余永定,2019)。

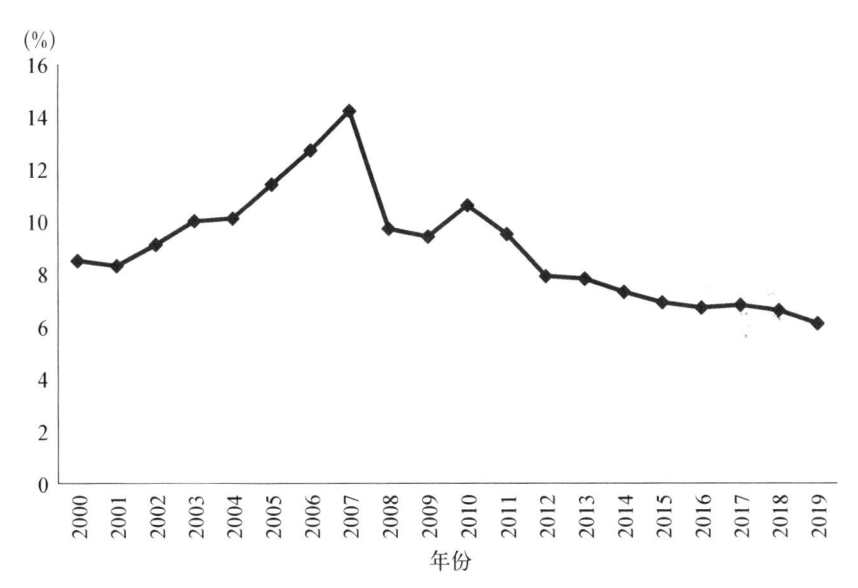

图 10-3 2000—2019 年中国 GDP 增速变化

资料来源:国家统计局网站。

由图10-3可知,2000—2019年中国GDP增速的波动幅度较大。在2007年之前,该数据呈现持续上升的态势,但在2007年之后出现了较快下

跌。2009年虽然在"四万亿"政策的刺激下有所反弹,但是之后又出现了震荡下跌。2015年之后,中国GDP增速一直维持在6%—7%之间。2020年受到新冠肺炎疫情的影响,中国GDP增速可能出现较大的下滑。

从前面章节的实证结果看,中国经济增长的提高与跨境资本流动的规模上升呈现负相关的关系。基于以上结论,中国保持一定的经济增速,维持经济的高质量增长,对于防止跨境资本流动规模的过快上升也可以起到一定的积极作用。从另一个角度而言,假如中国经济不能实现"稳增长",那么"调结构"也会受到较大的冲击。目前,中国的财政政策的发挥空间要高于货币政策,管理层也应当更加注重使用财政政策来对宏观经济进行调控。因此,在开放经济中,中国应当注重经济"调结构"与"稳增长"的协调,以为降低跨境资本流动带来的风险提供一定的环境和保障(张明,2015)。

第三节 未来研究展望

尽管本研究对中国跨境资本流动的规模测算和金融风险的深化做了较为深入的分析,但是随着经济形势和外部环境的变化,该领域仍有一些问题需要我们进一步关注和探讨。未来笔者的研究方向主要包括以下几点:

一、从理论上深入论证跨境资本流动与货币政策、汇率制度之间的关系

孙国峰等(2017)将传统的"不可能三角"拓展至"不等边不可能三角形",并且指出,即使汇率可以自由浮动,央行也应该对跨境资本流动进行一定程度的宏观审慎监管。主要的原因在于,资本管制在"不等边不可能三角形"体系中处于最重要的地位,如果缺乏必要的宏观审慎监管,那么就不太可能实现宏观经济的均衡或者最优状态。

图10-4是孙国峰(2017)的"不等边不可能三角形"示意图。由图10-4可知,资本流动、汇率制度和货币政策的独立性之间呈现出三维关系,而且三者之间并非是传统的等边三角形,而是不等边三角形。

全球金融周期变化对跨境资本流动形成了很大的影响,最大的变化是将资本管制、固定汇率和独立货币政策的"三难困境"转变了"两难困境"或者"不同调和的两难困境",即只有资本账户得到管制,独立的货币政策才有可能实现。主要的原因在于,在全球金融周期的交替过程中,各国金融杠杆的内生反应和金融风险的顺周期性和交叉传染使得货币政策的传导机制不再

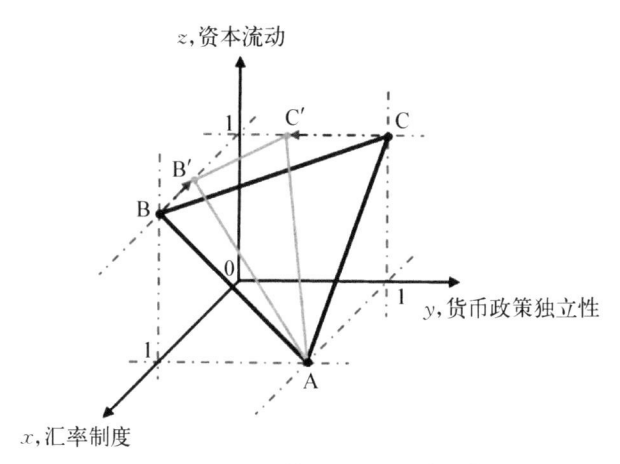

图 10-4 "不等边不可能三角形"

资料来源：孙国峰：《后危机时代的全球货币政策新框架》，《国际金融研究》2012 年第 12 期。

受到汇率灵活性的阻碍，因此，传统的"三难困境"就演变成了"两难困境"（Rey，2015）。

但是，也有学者对 Rey(2015)的观点提出了质疑。由于在全球范围内风险偏好水平对跨境资本流动的影响较大，很多国家的跨境资本流动波动呈现出趋同性的特点，这在新兴经济体的表现中尤为明显。尽管浮动汇率制度能够在一定程度上缓解全球风险冲击对跨境资本流动的负面影响，但是由于该缓冲起到的作用较小，难以完全抵消外部风险带来的负面影响，因而会出现 Rey(2015)指出的"两难困境"的假象（刘粮、陈雷，2018）。

以上理论和观点表明，关于跨境资本流动与货币政策、汇率制度之间的关系仍需我们认真研究和思考，而且随着现实条件的变化，需要对原有的理论进行补充和拓展。

二、对跨境资本流动的溢出效应进行深入分析

在开放经济下，当一个国家遭遇严重的外部冲击或者内部冲击时，例如贸易摩擦、"逆全球化"趋势、国内的房地产价格或股市出现大跌等，都会引发跨境资本流动，尤其是资本外流规模的大幅度增加。在此背景下，跨境资本流动规模的大幅度增加将导致该国的汇率出现贬值，并且会对其他国家的金融市场形成金融风险的交叉传染，即出现溢出效应。

Kaur 等(2015)利用 2001 年至 2012 年 16 个新兴市场经济体（EMEs）资本管制行动的新颖高频数据集，对资本管制的国内和多边影响进行了深入研究。实证结果显示，资本账户开放程度的提高降低了货币政策的自主性，提

高了汇率的稳定性。该研究也证实了货币政策三重困境的约束。在2008年后全球流动性充裕的环境下，更严格的资本流入限制产生了重大溢出效应。

在实践中，有些国家采取的政策行动可能没有考虑到外部因素和对其他经济体的溢出效应，因此从全球角度来看不是最佳的。例如，2008年全球金融危机之后一些发达国家实行的非常规货币政策（包括大规模资产购买和零利率等量化宽松政策），可能并未考虑这些政策对新兴市场跨境资本流动的溢出效应(IMF,2018)。

此外，未来的深入研究，还应当分析跨境资本流动的溢出效应。这种溢出效应既包含发达国家对新兴经济体的溢出效应，也应当包含新兴经济体对发达国家的溢出效应，因为近年来全球金融市场一体化程度的提高增强了各国间的溢出效应。尽管新兴经济体产生的溢出效应仍然小于发达国家，但是随着这些国家跨境资本流动规模的增加，它们的溢出效应有所增加，应当引起人们的重视(IMF,2017)。

三、对中国跨境资本流动的规模和金融风险进行持续关注和研究

随着金融市场的日益开放和国内外经济环境的变化，中国跨境资本流动的规模和引发的金融风险也会随之发生变化。

2019年初，习近平总书记指出，要防范化解各领域的重大风险。因此，我们应当对中国跨境资本流动的规模和金融风险进行持续关注和研究，为管理层应对和化解金融风险提供一定的理论支持和相应的政策建议。

参 考 文 献

Aghion, P., P. Bacchetta, A. Banerjee, "Financial development and the instability of open economy", *Journal of Monetary Economics*, No.3, 2011, pp.1077–1106.

Agénor, P. R., K. Alper, L. A. P. D. Silva, "Sudden floods, macroprudential regulation and stability in an open economy", *Journal of International Money and Finance*, No.2, 2014, pp.68–10.

Aizenman, J., H. Ito, "East asian economies and financial globalization in the post-crisis world", *NBER Working Papers*, No.11, 2016.

Aizenman, J., M. Chinn, H. Ito, "Financial spillovers and macroprudential", *Policies NBER Working Papers*, No.5, 2017.

Allen, F., E. Carletti, "Systemic risk and macroprudential regulation", *The Global Macro Economy and Finance*, No.3, 2012, pp.191–210.

Al-basheer, A. B., T. M. Al-Fawwaz, A. M. Alawneh, "Economic determinants of capital flight in Jordan: An empirical study", *European Scientific Journal*, No.4, 2016, pp.322–334.

Angrist, J. D., V. Lavy, "Using maimonides' rule to estimate the effect of class size on scholastic achievement", *Quarterly Journal of Economics*, No.2, 1999, p.533–575.

Asongu, S., J. Amankwah-Amoah, "Military expenditure, terrorism and capital flight: insights from Africa", *School of Economics, Finance and Management*, No.2, 2016, pp.18–24.

Avdjiev, S., V. Bruno, C. Koch, H. S. Shin, "The dollar exchange rate as a global risk factor: evidence from investment", *BIS Working Papers*, No.25, 2018.

Beja, E. L., P. Junvith, J. Ragusett, "Capital flight from Thailand", *Capital Flight and Capital Controls in Developing Countries, Edward Elgar Publishing*, No.4, 2004.

Boyce, J. K., L. Ndikumana, "Capital flight from sub-saharan african countries: updated estimates, 1970–2010", *PERI Working Papers*, No.4, 2012, pp.42–48.

Bruno, V., H. S. Shin, "Cross-border banking and global liquidity", *Review of Economic Studies*, No.2, 2015, pp.535–564.

Cheung, Y. W., S. Steinkamp, F. Westermann, "China's capital flight: Pre-and post-crisis experiences", *Journal of International Money*, No.4, 2015, pp.28 - 36.

Collins, M., *Money and Banking in the UK: A History*, London: Routledge, Vol. 6, 1993.

Cuddington, J. T., *Capital Flight: Estimates. Issues and Explanations*, Princeton: Princeton Studies in International Finance. No.5, 1986, pp.24 - 40.

Davis, J. S., "Emerging-market debtor nations likely to follow Fed rate boosts", *Economic Letter*, No.4, 2016, pp.53 - 58.

Dickey, D., W. Fuller, "Distribution of the estimators for autoregressive time series with a unit root", *Journal of the American Stastical Association*, No.4, 1979, pp.427 - 431.

Dong H., Cheung L., Zhang W., Wu T., "How would capital account liberalization affect china's capital flows and the renminbi real exchange rates?", *China & World Economy*, No.6, 2012, pp.29 - 54.

Dornbusch, R., "Expectations and exchange rate dynamics", *Journal of Political Economy*, Vol. 84(6), No.3, 1976, pp.1161 - 1176.

Dunning, J. H., "Explaining the international direct investment position of countries: towards a dynamic or developmental approach", *Review of World Economics*, No. 5, 1981.

Edison, H., M. Klein, L. Ricci, T. Slok, "Capital account liberalization and economic performance: a review of the literature", *IMF Working Paper*, No.120, 2012.

Edwards, S., "Capital flows, real exchange rates, and capital controls: some Latin American experiences", *In Capital Flows and the Emerging Economies: Theory, Evidence, and Controversies*, Chicago: University of Chicago Press., 2000, pp.197 - 246.

Fernald, J. G., O. D. Babson, "Why has China survived the Asian crisis so well? What risks remain?", *International Finance Discussion Papers*, No.16, 1999.

Frankel, J. A., "On the mark: a theory of floating exchange rates based on real interest differentials", *American Economic Review*, vol. 69, No.4, 1979, pp.110 - 122.

Fuller, W. A., "Introduction to statisical time series", *New York: Wiley*, No.5, 1996, pp. 211 - 256.

Furceri, D., S. Guichard, E. Rusticelli, "Medium-term determinants of international investment positions", *OECD Economics DepartmentWorking Papers*, No.863, 2011.

Geda, A., A. Yimer, "Capital flight and its determinants: the case of Ethiopia", *African Development Review*, No.3, 2016, pp.23 - 32.

Gillespie, P., "Lethal liabilities: the human costs of debt and capital flight", *Third World Quarterly*, No.1, 2013, pp.18 - 25.

Henry, P. B., "Capital account liberalization: theory, evidence, and speculation", *Discussion Papers*, No.4, 2007, pp.887 - 935.

Hermes, N., R. Lensink, "Capital flight and the uncertainty of government policies", *Economics letters*, No.3, 2001, pp.377–381.

Hossain, M. S., A. E. Haque, A. M. Rahman, "Stock market crash induced capital flight: experience of an emerging economy", *International Journal of Economics and Finance*, No.1, 2014, pp.114–128.

IMF, "Annual report on exchange arrangements and exchange restrictions", IMF Annual Report on Exchange Arrangements and Exchange, 2012–2018.

IMF, "International financial statistics yearbook", 2015–2018.

Ishii, S., K. F. Habermeier, "Capital account liberalization and financial sector stability", *IMF Occasional Paper*, No.211, 2008.

Kant, C., *Foreign Direct Investments and Capital Flight*, Princeton: Princeton University, 1996.

Kaur, P. G., F. Matteo, B. Martin, A. Joshua, "Domestic and multilateral effects of capital controls in emerging markets", *Journal of International Economics*, No.3, 2018, pp.28–42.

Khan, M. S., N. U. Haque, "Foreign borrowing and capital flight: A formal analysis", *Staff Papers*, No.4, 1985, pp.606–628.

Kydland, E., E. Prescott, "Rules rather than discretion: yhe inconsistency of optimal plans", *Journal of Political Economy*, No.8, 2004.

Lucas. R., "Why doesn't capital flow from rich to poor countries?", *American Economic Review*, Vol. 80, No.4, 1990.

Meyer, A., M. S. B. Marques, "A fuga de capital no brasil", *Centro de Estudios Monetarios e de Economia Internacional*, No.1, 1989, pp.56–78.

Mikkelsen, J. G., "An econometric investigation of capital flight", *Applied Economics*, vol. 23, No.1, 1991, pp.73–85.

Mody, A., A. P. Murshid, "Growing up with capital flows", *Journal of International Economics*, vol. 65, No.1, 2005, pp.249–266.

Ndikumana, L., "Causes and effects of capital flight from Africa: lessons from case studies", *African Development Review*, No.1, 2016, p.35–42.

Newman, P., M. Milgate, J. Eatwell, *The new Palgrave dictionary of money & finance*, New York: Stockton Press, 1992.

Pastor Jr, M., "Capital flight from latin America", *World development*, No.1, 1990, pp.1–18.

Prasad, E. S., "Some new perspectives on india'sapproach to capital account liberalization", *NBER WorkingPaper*, No.14658, 2012.

Rey, H., "Dilemma not trilemma: the global financial cycle and monetary policy independence", *NBER Working Papers*, No.21162, 2015.

Saxena, S. P., I. Shanker, "Dynamics of external debt and capital flight in India", *Scholedge International Journal of Management & Development*, No.2, 2016, pp. 58 - 63.

Sun G., Li W., "Monetary policy, exchange rate and capital flow — from 'equilateral triangle' to 'scalene triangle'", *The People's Bank of China Working Paper Series*, No.3, 2017, pp.12 - 23.

The World Bank, World Development Report, 1985.

The World Bank. Global Economic Prospects, 2014.

Tornell, A., A. Velasco, "The tragedy of the commons and economic growth: why does capital flow from poor to rich countries?", *Journal of Political Economy*, No. 3, 1992.

Tropina, T., "The nexus of information technologies and illicit financial flows: phenomenon and legal challenges", *Era Forum*, No.3, 2016, pp.369 - 384.

Turner, L. A., "Between debt and the devil: beyond the normalization delusion", *Business Economics*, No.1, 2018, pp.10 - 16.

Williamson, J., "Globalization, labor Market and Policy Backlash in the Past", *Journal of Economic Perspective*, No.12, 1998.

Wu F., Tang L., "China's capital flight, 1990 - 1999: estimates and implications", *Review of Pacific Basin Financial Markets and Policies*, No.1, 2000, pp.59 - 75.

安起雷、李治刚:《国际短期资本流动对中国金融安全的影响及对策研究》,《宏观经济研究》2011年第2期。

白晓燕、唐晶星:《汇改后人民币汇率形成机制的动态演进》,《国际金融研究》2013年第7期。

毕海霞、陈小荣、刘玉娟:《中国跨境资本流动新动态、潜在风险与化解对策》,《经济纵横》2018年第5期。

曹垂龙:《论人民币汇制改革对中国跨境资本流动的影响》,《经济纵横》2006年第11期。

曹勇:《做市商制度、人民币汇率形成机制与中国外汇市场的发展》,《国际金融研究》2006年第4期。

陈创练、黄楚光:《资本账户开放、金融风险与外汇储备的非线性关系研究》,《财经研究》2015年第8期。

陈创练、杨子晖:《"泰勒规则"、资本流动与汇率研究》,《金融研究》2012年第11期。

陈创练、姚树洁、郑挺国、欧璟华:《利率市场化、汇率改革与国际资本流动的关系研究》,《经济研究》2017年第4期。

陈瑾玫、徐振玲:《中国国际短期资本流动规模及其对宏观经济的影响研究》,《经济学家》2012年第10期。

陈俊:《中国资本外逃问题研究》,华中科技大学博士毕业论文,2014年7月。

参考文献

陈浪南、陈云：《人民币汇率、资产价格与短期国际资本流动》，《经济管理》2009年第1期。

陈卫东、王有鑫：《人民币贬值背景下中国跨境资本流动：渠道、规模、趋势及风险防范》，《国际金融研究》2016年第4期。

陈卫东、王有鑫：《人民币资金跨境流动新特点及其影响因素研究》，《国际金融研究》2015年第5期。

迟红丽：《美国量化宽松货币政策退出对中国跨境资金流动的影响》，吉林大学博士毕业论文，2015年7月。

戴金平、王晓天：《中国的贸易、境外直接投资与实际汇率的动态关系分析》，《规模经济技术经济研究》2012年第11期。

邓敏、蓝发钦：《金融开放条件的成熟度评估：基于综合效应的门槛模型分析》，《经济研究》2013年第12期。

董小君：《金融的力量——振兴中国之紧急计划》，经济管理出版社2012年版。

冯霞：《开放经济条件下中国利率汇率联动风险机制研究》，上海交通大学博士毕业论文，2011年7月。

冯艳红：《亚洲新兴经济体国际资本流动管理研究》，辽宁大学博士毕业论文，2013年7月。

刚健华、赵扬、高翔：《短期跨境资本流动，金融市场与系统性风险》，《经济理论与经济管理》2018年第4期。

高国华：《开放经济条件下人民币汇率与利率互动关系研究》，上海交通大学博士毕业论文，2013年7月。

葛奇：《新兴市场资本流动与金融脆弱性——一个三维分析框架》，《金融监管研究》2015年第2期。

勾东宁：《跨境资金流动监管的国际借鉴》，《中国金融》2015年第11期。

管涛：《危机十年中国跨境资本流动管理回顾与前瞻》，《国际金融》2018年第5期。

桂预风、李巍：《基于动态因子模型的金融风险指数构建》，《统计与决策》2017年第20期。

国家统计局：《中国统计年鉴（2005—2015）》，中国统计出版社2005—2015年各版。

国家外汇管理局国际收支分析小组：《2010年中国跨境资金流动监测报告》，中国金融出版社2011年版。

国家外汇管理局江苏省分局经常项目处课题组、陈锋：《跨境资本流动的影响因素及风险防范研究》，《金融纵横》2016年第5期。

国家外汇管理局：《中国跨境资金流动监测报告》，2015年10月。

韩继云：《中国资本外逃的现状、成因与防治策略》，《改革》1999年第6期。

韩剑、高海红：《跨境资本自由流动的政治经济学分析》，《世界经济与政治》2012年第6期。

韩龙：《IMF对跨境资本流动管理制度的新认知述评》，《环球法律评论》2018年第

3期。

贺力平、张艳花：《资本外逃损害经济增长吗？——对1982年以来中国数据的检验及初步解释》，《经济研究》2009年第12期。

黄彤华、王振全、汪寿阳：《中国资本外逃规模的重新测算：1982—2004》，《管理评论管理科学与中国经济安全专刊》2006年第6期。

黄益平：《防控中国系统性金融风险》，《国际经济评论》2017年第9期。

季成鹏：《跨境资本流动的驱动因素研究——对国际差异和中国特征的实证分析》，复旦大学博士毕业论文，2013年7月。

季云华：《新兴经济体国际资本流动管理的实践及启示》，《南方金融》2014年第5期。

贾宪军：《金融资本跨境流动与储备货币地位——基于日元经验的研究》，《国际金融研究》2014年第8期。

江曙霞、秦国楼：《中国资本外逃研究》，《金融学家》2000年第1期。

姜爱林、陈海秋：《金融危机后的亚洲五国金融监管——纪念亚洲金融危机10周年》，《天府新论》2008年第5期。

经济增长前沿课题组：《国际资本流动、经济扭曲与宏观稳定——当前经济增长态势分析》，《经济研究》2005年第4期。

李超、马昀：《中国的外债管理问题》，《金融研究》2012年第4期。

李国林：《人民币汇率预期的稳定性与国际资本流动关系的实证研究》，中国海洋大学博士毕业论文，2011年7月。

李庆云、田晓霞：《中国资本外逃规模的重新测算：1982—1999》，《金融研究》2000年第8期。

李巍：《东亚经济地区主义的终结？——制度过剩与经济整合的困境》，《当代亚太》2011年第5期。

李伟、乔兆颖、吴晓利：《宏观审慎视角下短期跨境资本流动风险防范研究》，《金融发展研究》2015年第4期。

李晓峰：《中国资本外逃的理论与现实》，《管理世界》2000年第4期。

李心丹、钟伟：《国际资本逃避理论及对中国的实证分析》，《统计研究》1998年第6期。

李扬：《中国经济对外开放过程中的资金流动》，《经济研究》1998年第2期。

刘粮、陈雷：《外部冲击、汇率制度与跨境资本流动》，《国际金融研究》2018年第5期。

刘仁伍、刘华、黄礼健：《新兴经济体的国际资本流动与双危机模型扩展》，《金融研究》2008年第4期。

刘仁伍、覃道爱、刘华：《国际短期资本流动监管理论与实证》，社会科学文献出版社2008年版。

刘晓东、黄毅、黄鑫：《跨境资本流动、金融风险与均衡实际汇率的变动关系研究——基于面板平滑转换回归模型PSTR的检验》，《金融与经济》2016年第7期。

陆婷、张明：《如何度量金融系统性风险：一个文献述评》，《金融监管研究》2017年第6期。

马理、朱硕:《跨境资本流动的原因及对金融安全的影响》,《武汉金融》2018年第8期。

马岩:《利率汇率市场化改革对中国跨境资金流动的影响——以佳木斯为例》,《黑龙江金融》2015年第6期。

彭兴韵、王伯英:《跨境资本流动与宏观审慎管理》,《中国金融》2016年第12期。

秦文波:《俄罗斯卢布自由兑换后的资本外逃研究》,北京理工大学硕士毕业论文,2015年7月。

曲凤杰、李亮:《近期跨境资本流动特点及趋势》,《宏观经济管理》2015年第11期。

曲凤杰:《中国短期资本流动状况及统计实证分析》,《经济研究参考》2008年第4期。

任惠:《中国资本外逃的规模测算和对策分析》,《经济研究》2001年第11期。

佘晓叶:《试论马来西亚的资本账户自由化与资本管制及其启示》,上海外国语大学博士学位论文,2009年7月。

盛斌、陈镜宇:《亚太新兴经济体资本流动与资本管制政策的新动向——兼论对APEC金融合作的启示》,《亚太经济》2013年第4期。

石刚、王琛伟:《中国短期国际资本流动的测算——基于BOP表》,《宏观经济研究》2014年第3期。

《世界经济年鉴》,辽宁教育出版社出版,1992—2015年。

宋文兵:《中国资本外逃问题的研究1987—1997》,《经济研究》1999年第5期。

孙国峰、段志明:《中期政策利率传导机制研究——基于商业银行两部门决策模型的分析》,《经济学(季刊)》2017年第1期。

孙鲁军:《从国际经验看资本管制的有效性》,《中国货币市场》2008年第5期。

唐珏岚:《无息准备金:管理短期资本流动的重要工具》,《上海经济研究》2008年第5期。

唐钰岚:《新兴经济体的资本外逃》,上海社会科学院博士毕业论文,2006年第7期。

托马斯·皮凯蒂:《21世纪资本论》,中信出版社2014年版。

王碧珺、潘圆圆、张明:《跨境资本重新流入,投资结构略有优化——2013年上半年中国跨境资本流动报告》,《国际金融》2013年第7期。

王东纬、马培沛、颖青:《中国资本外逃的主要途径与防范建议》,《时代金融》2012年第12期。

王家强、韩丽颖、吴新瑞,等:《中国资本账户开放的全球影响》,《国际金融》2014年第3期。

王晋斌、袁忆秋:《资本管制能够起到防火墙的作用吗?——来自新兴经济体跨国面板数据的证据》,《安徽大学学报(哲学社会科学版)》2013年第3期。

王世华、何帆:《中国的短期国际资本流动:现状、流动途径和影响因素》,《世界经济》2007年第7期。

王书朦:《中国跨境资本流动的宏观审慎监管研究——基于新兴经济体的国际借鉴》,《金融发展研究》2015年第11期。

王书朦:《中国跨境资本流动监管:基于新兴经济体宏观审慎监管的国际借鉴》,《新金融》2015年第12期。

王艇：《国内资本外流的趋势和应对策略研究》，上海交通大学博士毕业论文，2013年7月。

王叙果、范从来、戴枫：《中国外汇资本流动结构对实际有效汇率影响的实证研究》，《金融研究》2012年第4期。

王子博：《国际资本流动冲击有利于经济增长吗》，《统计研究》2015年第7期。

吴彬、金海平：《利率和汇率市场化改革对中国短期跨境资金流动的影响》，《华北金融》2015年第1期。

吴少新、马勇：《中国资本外逃的规模测算：1988—2000》，《湖北经济学院学报》2005年第3期。

项卫星、王达：《国际资本流动格局的变化对新兴经济体的冲击》，《国际金融研究》2011年第7期。

肖凤娟：《1978年以来中国的外汇管理体制改革与资本管制政策》，《中央财经大学学报》2011年第5期。

邢毓静：《放松资本管制的进程》，中国金融出版社2004年版。

徐明东、解学成：《中国资本管制有效性动态研究：1982—2008》，《财经研究》2009年第6期。

薛雅奇：《人民币汇率变动对中国热钱流动的影响及政策建议》，沈阳工业大学博士毕业论文，2015年7月。

闫晶：《中国资本外逃规模的测算及其对宏观经济的影响分析》，吉林大学博士毕业论文，2007年7月。

杨海珍、陈金贤：《中国资本外逃：测算与国际比较》，《世界经济》2000年第1期。

杨海珍、黄秋彬：《跨境资本流动对银行稳健性的影响：基于中国十大银行的实证研究》，《管理评论》2015年第10期。

杨海珍、刘新梅：《中国资本外逃的测算、成因及对策研究》，《规模经济技术经济研究》2000年第5期。

杨胜刚、刘宗华：《资本外逃与中国的现实选择》，《金融研究》2000年第2期。

杨子晖、陈创练：《金融深化条件下的跨境资本流动效应研究》，《金融研究》2015年第5期。

杨子晖：《政府债务、政府消费与私人消费非线性关系的国际研究》，《金融研究》2011年第11期。

叶辅靖：《新兴经济体对资本流动的监管》，《经济研究参考》2012年第5期。

易行健：《人民币有效汇率对中国货币替代与资本外流影响的实证检验》，《世界经济研究》2016年第12期。

殷剑峰：《中国资金存量表的统计和分析》，《中国社会科学》2018年第3期。

尹伟华、张焕明：《中国资本外逃的问题研究——基于修正的间接法》，《统计教育》2009年第4期。

尹晓民、刘佳、黄欢、李庆祯：《跨境资本流动的影响因素分析——基于汇率市场化改革视角》,《金融与经济》2017 年第 12 期。

于洋、杨海珍：《中国资本控制有效性的实证检验及启示》,《管理评论》2005 年第 5 期。

余永定、肖立晟：《论人民币汇率形成机制改革的推进方向》,《国际金融研究》2016 年第 11 期。

余永定：《亚洲金融危机和资本项目自由化》,《新金融》2016 年第 5 期。

余永定,张斌,张明：《冷静看待人民币贬值》2016 年第 3 期。

余永定、张明：《资本管制和资本项目自由化的国际新动向》,《国际经济评论》2012 年第 5 期。

张广婷、王叙果：《新常态下中国跨境资本流动的影响因素》,《财政研究》2015 年第 4 期。

张广婷：《新兴市场国家跨境资本流动的驱动因素研究——基于因子分析法的实证分析》,《世界经济研究》2016 年第 10 期。

张礼卿：《人民币国际化面临的挑战与对策》,《金融论坛》2016 年第 3 期。

张明、匡可可：《中国面临的跨境资本流动：基于两种视角的分析》,《上海金融》2015 年第 4 期。

张明、肖立晟：《国际资本流动的驱动因素：新兴市场与发达经济体的比较》,《世界经济》2014 年第 8 期。

张明、郑英：《透视新一轮资本管制浪潮》,《中国金融》2011 年第 9 期。

张明：《中国面临的短期资本外流：现状,原因,风险与对策》,《金融评论》2015 年第 3 期。

张婷：《亚洲新兴经济体的资本管制对经济发展与金融稳定的影响分析》,吉林大学博士学位论文,2009 年 7 月。

张旭、巫雪艳：《资本外逃和经济开放程度的实证研究》,《经营管理者》2011 年第 3 期。

张旭欣：《汇率与国际资本流动结构》,复旦大学硕士学位论文,2012 年 7 月。

张莹：《资本管制经济效应的对比分析与当今国际资本管制的突出问题》,《辽宁经济》2009 年第 9 期。

郑挺国、宋涛：《中国短期利率的随机波动与区制转移性》,《管理科学学报》2011 年第 1 期。

郑英梅、郑思敏：《资本外逃测量方法再探讨：以亚洲国家为例》,《山东大学学报（哲学社会科学版）》2011 年第 2 期。

智琨、傅虹桥：《不同类型资本账户开放与经济增长：来自中低收入国家的证据》,《经济评论》2017 年第 4 期。

中国人民银行南昌中心支行招标课题组：《中国市场化改革对跨境资金流动的影响》,《金融与经济》2014 年第 12 期。

钟小云：《新兴市场经济国家资本外逃机制与成因的新探究——基于货币错配视角》,中共上海市委党校博士毕业论文,2010 年 7 月。

钟震、郭立、姜瑞:《当前中国跨境资本流动:特点、成因、风险与对策》,《宏观经济研究》2015 年第 12 期。

周工、张志敏、李娟娟:《资本账户开放对中国跨境资本流向的影响研究》,《宏观经济研究》2016 年第 10 期。

周维颖、田仲他、王桂梅:《贸易项下国际短期资本流动及跨境套利贸易风险治理研究》,《上海金融学院学报》2015 年第 2 期。

周小川:《共商共建"一带一路"投融资合作体系》,《中国金融》2017 年第 9 期。

周小川:《转轨期间的经济分析与经济政策》,中国经济出版社 2004 年版。

邹小龙:《汇率利率市场化改革对跨境资本流动的影响》,《金融经济》2016 年第 4 期。